名师工程

教师成长系列

新教师必备

吴能表 ◎ 主编

西南大学出版社

国家一级出版社 全国百佳图书出版单位

图书在版编目(CIP)数据

新教师必备 / 吴能表主编. — 重庆：西南师范大
学出版社，2020.7
(名师工程)
ISBN 978-7-5697-0314-6

Ⅰ.①新… Ⅱ.①吴… Ⅲ.①师资培养 – 研究 Ⅳ.
①G451.2

中国版本图书馆 CIP 数据核字(2020)第 103672 号

新教师必备
XIN JIAOSHI BIBEI

吴能表　主编

责任编辑：赖晓玥
装帧设计：闰江文化
排　　版：陈智慧
出版发行：西南大学出版社(原西南师范大学出版社)
　　　　　　地址：重庆市北碚区天生路 2 号
　　　　　　邮编：400715
经　　销：新华书店
印　　刷：重庆共创印务有限公司
幅面尺寸：170mm×240mm
印　　张：16
字　　数：380 千字
版　　次：2021 年 1 月　第 1 版
印　　次：2022 年 9 月　第 2 次印刷
书　　号：ISBN 978-7-5697-0314-6

定　　价：58.00 元

编委会

主编：吴能表

编委：皇甫倩　石定芳　钟晓燕

　　　杨红丽　李富强　蒙　静

　　　宋　洁　郎红梅　付伟丽

　　　应　斌　廖国建

序

百年大计,教育为本;教育大计,教师为本。新时代对人才有了新的需求,对教师的综合素质也提出了更高的要求。《中共中央 国务院关于全面深化新时代教师队伍建设改革的意见》中明确指出,要造就党和人民满意的高素质、专业化、创新型教师队伍,培养德智体美全面发展的社会主义建设者和接班人。那么,该如何适应时代发展的需要?如何成为一名高素质、专业化、创新型教师?这是每一位教师尤其是新教师应思考的问题。

德国哲学家雅斯贝尔斯说:"教育就是一棵树摇动一棵树,一朵云推动一朵云,一个灵魂唤醒另一个灵魂。"教育是一项传播思想、塑造灵魂的工作。我们要培养的是思想端正、思维灵活、专业扎实,能提出好问题、解决真问题的创新型人才。这需要教师用先进的教育理念武装头脑、掌握教育发展动态、保持终身学习态度,不断提升自身的师德素养、教学素养、育人素养和发展素养。

如今的教育不再是向学生注满一桶水,而是要点燃学生心中的一把火,如何点燃这把火?对于新教师而言,扎实的专业知识是基础,灵活的教学技能是支撑,优质的教学设计是关键。课堂内要充分融入新课改理念,渗透核心素养,创设真实的问题情景,激发学生的求知欲;课堂外要积极开展实践教学,在实验、实训和科技实践活动中引导学生主动探究,提高学生的实践能力和创新能力。

随着教育信息化进程的不断加快,掌握一定的信息技术成为教师的必备技能之一,新教师要学好、用活信息技术,创新教学与技术的融合方式,丰富教育教学形式,促进学生个性化发展。叶澜教授说:"一个教师写一辈子教案难以成为名师,但如果写三年反思则有可能成为名师。"因此,新教师致力于教学工作的同时应积极进行教学反思,开展教学研究,增长教育智慧,促进自身专业化成长。

那么,作为新教师该如何提升自身素养?如何增强基本技能?如何做好教学设计?如何参与班级管理?如何科学地对学业进行评价?如何促进教育与信息技术融合?如何开展教学研究?这一系列问题将在本书中一一得到解答。

最后,衷心感谢参与本书编写的老师们!感谢你们的辛苦付出,才得以使本书顺利出版!

目 录

第一章

基本素养

　　习近平总书记同北京师范大学师生代表座谈时总结出好老师的四个共同特质：有理想信念、有道德情操、有扎实学识、有仁爱之心。成为"四有"好老师是每一位老师的理想和追求。然而，要想成为一名好老师，首先要成为一名合格教师，要做一名合格教师先要具备基本的素养。基本素养是一名教师专业能力和素质的体现，也是成为一名合格教师的关键。随着新课程改革的持续推进，教师基本素养的内容也发生了新的变化。下面我们将从教育理念、师德素养、教学素养、育人素养、发展素养五个方面阐述新教师应具备的基本素养。

本章相关视频

第一节　教育理念

　　教师在工作情境中的决策和行为依托于教师内化为自身价值观念的深层次的教育理念。先进的教育理念可以展现教师的价值观和教育思想,也能全面提升教学效果。因此,作为一名新教师,首先应具备正确的教育理念,才能在教育理念的指导下,更好地开展教育实践。

(一)教育理念的功能

　　教育理念是一种文化氛围、一种精神力量、一种价值期望、一种理性目标,对激发教师的教学积极性,促使老师更好地开展教学实践具有重要意义。其具有以下功能。

1.育人功能

　　教育的本质是育人。教育理念作为教育活动的核心要素也必然蕴含着育人功能。教育过程从本质上说,其实就是师生之间的心理交往、情感沟通、智慧碰撞、视界融合以及思想同构的过程。教师正是以其深刻而厚重的教育理念、明确而坚定的教育信念、丰富而多样的教育情感、民主而平实的教育作风,搭起与学生对话、交流、理解和沟通的教育平台。新教师要努力拥有独具特色的、先进科学的教育理念,并能以此统帅文化知识的传授,掌握教育技能技巧的运用,用自己的教育理念去感召学生,启迪思维,激活心灵,引领学生发展的方向,实现其自然生命和精神生命的超越和升华。

2.导向功能

　　教育理念是教师在长期教育实践中经过亲身体验和理性思考而形成的对教育的根本性判断和观点,一经形成,就会立即反作用于教师的教育实践,产生强有力的导向功能。主要原因就在于它能够帮助教师深刻认识教育现象和教育问题,把握教育本质和规律。教育理念能促使教师进行深度思考,提高教师的教育认识并形成正确的教育思想、教育观念和教育信念,从而使教师成为真正拥有并能有效利用教育智慧的教育行家。

3.调控功能

教育理念总是蕴含着相应的价值取向和价值选择,因而它能调节和控制教师的教育活动和行为,使之不违背特定的教育价值取向。教育理念的调控功能首先表现为对"培养什么样的人"的教育目标的分解和落实。其次,表现为对教育内容的编排和取舍。同样的教育内容,在不同的教育理念的调控之下,会采用不一样的方法,产生不一样甚至截然相反的教育效果。再次,表现为对教育手段与方法的选择。在不同的教育理念调控下,教师选用的教育方法和手段也不同。教师开展教育教学改革,是教育理念调控功能的最突出体现。

4.反思功能

教育理念一旦形成,就会转化为教师的教育方式、生活方式和思维方式,促使教师及时进行自我分析、自我评价和自我总结,客观理性地分析和评价自己的教育行为和结果,学会调整教育目标,改进教育策略和完善教育技能,最终完成由"自发"的教育者向"自觉成熟"的教育家的转变。实践证明,教师要想从外行变为教育的"行家里手",就需要一种自我反思的意识、能力和素养,这是教师专业化发展和快速成长的内在根据。教师有效进行自我反思的条件之一就是要形成教育理念,学会教育思维,拥有教育智慧。教师正是在不断总结和生成教育理念的过程中,开阔了教育视野,增强了教育认识、反思意识和能力。

(二)教师应秉持的基本理念

既然教育理念对指导教师开展教育教学实践具有非常重要的意义,那么新教师应具备哪些理念呢?根据教育部制定的《中学教师专业标准(试行)》(以下简称《专业标准》),教师应秉持"师德为先""学生为本""能力为重""终身学习"四个基本理念。

1.师德为先

中国自古以来就有着师道尊严的传统。两千多年来,"修身""自省""明德""传道""授业""解惑"等教师道德规范一直是教师受到赞誉和尊重的重要原因。"师德为先"既是对我国上千年来教师素质的坚定继承,也是推进教师专业化的必然要求。秉持"师德为先"的教育理念,教师应努力做到以下几个方面。首先,要热爱教育事业,具有职业理想,践行社会主义核心价值体系,履行教师职业道德规范。其次,要关爱学生,尊重学生人格,富有爱心、责任心和耐心。再次,要为人师表,自尊自律,以人格和学识教育感染学生,做学生成长路上的指导者和引路人。

2.学生为本

学校是为学生而创立的,教师是为学生而存在的,没有学生就没有教师,没有学生就没有学校教育,教师工作的根本价值就是为具有生命活力和丰富潜能的学生的学习与发展提供帮助与指导。以学生为本,就是要以实现学生全面发展为目标,从学生发展的根本出发,确立学生在教育活动中的主体地位。教师要尊重学生、关爱学生,充分发挥学生学习的主动性。

秉持"学生为本"的教育理念,教师应努力做到以下几个方面。首先,要尊重学生的权益,包括学生的受教育权、人身自由权、言论自由权、隐私权、自主思考和表达权等。其次,要尊重学生的主体地位。在教学和管理工作中,充分尊重学生的个体差异和发展潜力,尊重学生的选择,促使他们主动、健康地发展。再次,要遵循学生的身心发展特点和教育教学规律,充分考虑学生的发展阶段与个体差异,采用科学的方法,提供适合的教育,引导学生健康成长。

3.能力为重

教师能力,就是教师为完成自身所担负的教育教学工作而具备的本领。教师应不断实现自身的专业化成长,持续提升知识水平和业务能力。只有师德修养高、业务素质精、教学技能全、教学功夫硬、教研能力强的教师,才能适应新时期新课程改革的要求。

关于教师应具备哪些能力,一直是教育研究者们热衷探求的问题,不同的研究者给出的答案亦不尽相同。秉持"能力为重"的教育理念,我们认为教师应在以下方面努力:第一,把学科知识、教育理论与教育实践相结合,提升教书育人和跨学科的协同育人能力;第二,研究学生,从心理学、社会学的维度把握学生成长发展的规律,提升教育教学专业化水平;第三,坚持实践、反思、再实践、再反思,不断提高专业能力。本书将教师应具备的能力概括为学会教学、学会育人和学会发展。在本章节的第3—5节"教学素养"、"育人素养"和"发展素养"中还将详细介绍。

4.终身学习

南宋著名的学者朱熹在《观书有感》中写道:"问渠那得清如许,为有源头活水来。"这两句诗词常常被人们用来比喻不断学习新知识,才能达到新境界。在知识、信息不断更新的多元化社会中,只有终身学习,广泛包容,才能在反思中不断成长,不致被时代抛弃。

秉持"终身学习"的教育理念,教师应在以下方面努力。第一,学习先进的教育理论,了解国内外教育改革与发展的经验和做法;第二,优化知识结构,提高文化素养;第三,利用现代信息技术拓展学习时空,开阔视野,持续更新知识、提升能力,做终身学习的典范。第四,养成良好的思维方式。在社会快速发展的今天,唯有良好的思维方式可以让我们在面对任何问题时都能沉着应对。

第二节　师德素养

教师职业与其他职业的显著不同在于它是一项"以人育人"的工作,教育质量的高低直接取决于教师本人的素质高低。在教师必备素养中,师德最为重要,对学生的发展影响最大。因此,加强师德建设,一直是教师队伍建设永恒的主题,最早可追溯至春秋战国时期。我国古代大教育家孔子提出了我国历史上最早的教师职业道德规范,要求教师要具备"学而不厌、诲人不倦"的品格,教育学生应该以身作则、言行一致:"其身正,不令而行"。我国现代教育家陶行知,要求教师"应当做人民的朋友",要"敢探未发明的新理""敢入未开化的边疆",要"虚心地跟一切人学"。他还以实际行动为广大教育工作者树立了"捧着一颗心来,不带半根草去"的师德楷模。由此可见,师德素养对一名新教师的重要性。根据《专业标准》中的"专业理念与师德"的内容,我们认为新教师应在以下几个方面努力。

(一)职业理解与认识

教师对其职业的理解与认识是教师形成其教育理念以及开展专业实践的基础,主要包括以下几个方面。

1.依法执教

依法执教体现了《专业标准》对教师"职业理解与认识"的第1项基本要求："贯彻党和国家教育方针政策,遵守教育法律法规。"依法执教要求教师:一要了解我国教育发展的方向、原则和具体部署,用以指导自己的教育教学工作;二要依据相关法律法规,维护自己的各项权利;三要努力达到教育方针政策对中学教师提出的各项要求,切实履行教育法律法规规定的中学教师的各项义务,依法维护学生的各项权益。

首先,要阅读《基础教育课程改革纲要(试行)》和《国家中长期教育改革和发展规划纲要(2010—2020年)》,了解教师的各项权利和义务;其次,要熟悉相关法律规定,自觉用法律和职业道德规范自身的教育教学行为,切实维护学生的利益;再次,要将教育方针政策和自己的本职工作结合起来,以各项方针政策指导自身教学实践,努力达到教育方针政策中的各项要求。

2.爱岗敬业

爱岗敬业体现了《专业标准》对教师"职业理解与认识"的第2项基本要求："理解中学教育工作的意义,热爱中学教育事业,具有职业理想和敬业精神。"爱岗敬业要求教师:一要充分认识到教育对促进学生个体发展、培养合格公民、促使人类文明生生不息的意义,这是爱岗敬业的前提;二要具有职业理想,认识到教育工作不仅是在为学生和社会做贡献,也是成就自己,赋予自己生命以意义,这是教师献身于教育工作的原动力。

首先,要了解自己所从事的教育工作对于学生、社会的重要意义;其次,可以阅读名师的教育传记,从他人身上获取智慧和力量;再次,应努力从教育工作中获得成就感,尽情享受工作所带来的乐趣。

3.职业认同

职业认同体现了《专业标准》"对教师职业理解与认识"的第3项基本要求："认同中学教师的专业性和独特性,注重自身专业发展。"教师的专业性是指教师在教育教学工作中,通过专业训练习得教育技能,实现专业自主,体现专业操守,进而成为专业的教育工作者。教师工作有其自身的独特性,而从教育工作者个体的实践来看,每个教师的教育教学活动都呈现出鲜明的独特性。

新教师要增强对自身职业的认同感,注重自身的专业化发展。教师应掌握和具备的知识结构和专业技能将在本章第3节"教学素养"部分详细介绍。

4.为人师表

为人师表是《专业标准》对教师"职业理解与认识"的第4项基本要求："具有良好职业道德修养,为人师表。"职业道德是人们在长期的执业活动中形成的符合其职业特点、体现其职业要求的道德准则、道德情操和道德品质的综合。它既是职业活动中对从业个体语言、行为的规范,又是这一行业群体在职业责任与社会义务方面的庄严承诺。爱岗敬业、诚实守信、教书育人、为人师表、严谨治学、诲人不倦等都是教师职业道德的具体要求。

为人师表,是指教师用自己的言行做出榜样,即做到"学为人师,行为世范"。新教师在教育教学过程中要不断提高自身的道德修养,将爱岗敬业付诸行动,工作兢兢业业,为人正直诚实,为学生的成长和发展树立榜样。

5.团结协作

团结协作是《专业标准》对教师"职业理解与认识"的第5项基本要求："具有团队合作精神,积极开展协作与交流。"团队协作是学校开展教育教学工作的有效形式。具有一定的团队合作精神是各种协作与交流活动得以顺利进行的保证,而积极开展各种协作与交流活动又是加强团队建设,提高凝聚力,彰显团队合作精神的重要途径。两者相辅相成、共同发展。

为了更好地融入团队,新教师除了遵守一些规章制度外,还要注意以下三点:一是克服自我封闭的心理和做法,扩大交往范围,积极主动地和家长、社会建立联系,共商教育事宜、协调教育步骤;二是要主动地参加一些社交活动,在合作中培养团队意识,在娱乐中增进友谊,在交往中融洽关系;三是转变思想观念,增强个人责任感和团队意识。

(二)对学生的态度和行为

根据《专业标准》,对学生的态度和行为包括2个层面和4项基本要求。

1.关心爱护学生

关心爱护学生是《专业标准》中教师"对学生的态度和行为"的第1项基本要求："关爱中学生,重视中学生身心健康发展,保护中学生生命安全。"教师要从责任心和社会责任感出发,全身心地关爱每一个学生,不偏爱、不歧视、不体罚;尊重学生的人格、个性和自尊心;全面贯彻党的教育方针,对学生严格教育、全面要求,全心全意地把他们培养成德才兼备的社会主义建设者和接班人。

作为新教师,应努力做到以下几点:一是要把关爱教育事业与关爱学生结合起来;二是要关注学生的身心健康,了解学生的心理发展特点,有针对性地进行心理指导和心理卫生教育;三是要保证学生的安全。

2.尊重信任学生

尊重信任学生是《专业标准》中教师"对学生的态度和行为"的第2、3、4项基本要求:"尊重中学生独立人格,维护中学生合法权益,平等对待每一位中学生。不讽刺、挖苦、歧视中学生,不体罚或变相体罚中学生。""尊重个体差异,主动了解和满足中学生的不同需要。""信任中学生,积极创造条件,促进中学生的自主发展。"尊重学生,就是把学生当成一个具有独立人格、个性,富有主动性和发展性的个体来培养,这是一切教学活动的前提和基础。充分信任学生,也是尊重学生的体现,教师对学生的信任能激发学生的自信心,产生进步的动力,从而实现教师期待的目标。

作为新教师,应努力做到以下几点:一是尊重学生的人格,平等地对待每一个学生,注意保护学生的隐私,维护学生的人格尊严,对侵犯学生合法权益的现象予以批评和制止,合理地把握惩罚原则,对有不良行为的未成年学生要有仁爱之心。二是在授课和进行学生评价时充分尊重个体差异,给学生恰当的机会,注重用不同的方式呈现课程教学主题并进行多元化评估。三是信任学生,针对学生的个性、兴趣、特长和需要开展个性化教育,培养学生自主学习的能力,促进学生的个性化发展。

(三)教育教学的态度和行为

1.育人为本

"育人为本"是《专业标准》中对教师"教育教学的态度和行为"的第1项基本要求:"树立育人为本、德育为先的理念,将中学生的知识学习、能力发展与品德养成相结合,重视中学生的全面发展。"其宗旨就是要将"育人"作为教育教学的根本目标,作为引领教育活动的基本理念,扭转曾经出现的把传授知识和技能作为教育首要目标的错误认识和不当实践,并在育人目标下,重视德育的作用,重视知识学习、能力发展与价值体系养成三者的结合。

"育人为本,德育为先"对新教师的要求包括:一是要具备在学科教学中实施德育的意识和能力,将育人和学科教学相结合,和知识传授有机融合,结合授课内容开展道德教育;二是要具有通过社会实践开展德育的意识和能力,社会实践是对学生开展道德教育的一种重要资源和有效途径,教师应充分认识到社会实践的重要性,结合学区、学校和课程实际,将德育融入各种社会实践活动中。

2.因材施教

"因材施教"是《专业标准》中对教师"教育教学的态度和行为"的第2项基本要求:"尊重教育规律和中学生身心发展规律,为每一位中学生提供适合的教育。"即在共同的培养目标之下,针对教育对象的性格、志趣、能力和原有基础提出不同的要求,采取不同的方法,施行不同的教育,使学生得到最大限度的发展。

"因材施教"要求新教师:一是要遵循教育规律和学生身心发展规律,中学阶段的学生各方面发展都还不够成熟,他们的心理发展表现出"顺序性和阶段性、稳定性和可变性、共通性和差异性"等特点,教师要通过理论学习和实践观察及研究掌握这些规律;二是为每个学生提供适合的教育,留意观察每名学生的学习特点;了解学生的学习风格,有针对性地提供与其相适应的教学方式。

3.引导发展

"引导发展"是《专业标准》中对教师"教育教学的态度和行为"的第3、4项要求:"激发中学生的求知欲和好奇心,培养中学生学习兴趣和爱好,营造自由探索、勇于创新的氛围。""引导中学生自主学习、自强自立,培养良好的思维习惯和适应社会的能力。"由此可见,教师要引导学生自主学习与探究,发展其自主性和积极性,才能激活学生的主体意识,促进学生自主学习,激发学生的自由探索和创新精神,培养学生独立思考的能力。

"引导发展"要求新教师:一是能激发学生学习的兴趣,设计形象生动的教学情景,促使学生积极观察和思考,产生强烈的探索欲望,以达到教学目的;二是能创设问题情境,在教学过程中针对教材中的基本概念、原理,巧妙地提出问题,引导学生自主探究,培养学生的独立思考能力;三是搭建自主学习和探究平台,为学生的自主学习创造一个平等、自由、安全和快乐的课堂环境,精心设计学生的自主学习活动,促进师生之间、生生之间自由地交流。

(四)个人修养与行为

教师的个人修养与行为是教师师德素养的直观体现。《专业标准》对教师"个人修养与行为"的要求,概括起来即四个字:"内外兼修"。

1.修身于内

"修身于内"是《专业标准》中对教师"个人修养与行为"的前4项要求:"富有爱心、责任心、耐心和细心","乐观向上、热情开朗、有亲和力","善于自我调节情绪,保持平和心态","勤于学习,不断进取"。内在修养是一个人的内在品行,是在待人接物过程中所表现出来的品质。内在修养决定外在形象。教师承担着育人的使命,因此,内在修养显得格外重要。

修身于内要求新教师:一是秉持"四心"(爱心、责任心、耐心和细心)从教,对全体学生负责,一视同仁;对学生全面负责,不仅要关注学生的学业,还要关心学生的生活、健康、品德和习惯;二是要塑造阳光的心态,乐观向上、热情开朗,善于自我调节情绪,保持平和的心态;三是树立终身学习的理念,不断学习,加强知识储备,更新自己的技能。

2.塑形于外

"塑形于外"是《专业标准》中对教师"个人修养与行为"的第5项要求:"衣着整洁得体,语言规范健康,举止文明礼貌。"教师要在外表和言行方面为学生作出榜样,处处严格要求自己。教师在言谈举止、待人接物、面部表情、衣着仪容等都需注意,这是由教育事业的性质和教书育人的师德原则所决定的。

塑形于外要求新教师:一是衣着应整洁得体。着装应成熟稳重,得体大方,干净卫生,简单朴素而又不失端庄,显示出教师应有的职业形象。二是语言要规范健康。一方面,教师的语言必须规范准确、简单明晰;另一方面,教师的语言必须健康向上、催人奋进、乐观积极,富有激励性。三是举止应文明,善于使用肢体语言,把动作姿态与教学内容有机地融为一体。

总之,新教师在教育教学实践中,要能够正确处理师生关系,尊重学生人格,尊重学生的学习和发展权利及个体差异,对学生富有爱心和责任心,对工作耐心和细心,做学生成长路上的指导者。

第三节　教学素养

"教学素养"是教师从事教学工作的必备素养,新教师不仅要掌握扎实的专业知识,还要具备从事教学工作的专业能力。

(一)掌握专业知识

教师专业知识是教师专业素养的重要组成部分,是教师教育教学的基础。教师的专业知识水平不仅影响着教育教学工作的开展,还影响着学生的学习。根据《专业标准》,教师需掌握的知识包括教育知识、学科知识、学科教学知识和通识性知识四类。

1.教育知识

"教育知识"是指教师在从事教育教学过程中所具有的教育学知识和心理学知识,这是教师知识结构的重要组成部分,是开展教育教学活动的基础和前提。只有具备了教育知识,教师才能认清各种复杂的教育教学现象,不断增强工作的自觉性,才能更好地掌握教育教学的基本规律,了解学生身心发展的特点,并能够运用科学方法有效地对学生进行教育和管理。

(1)掌握中学教育的基本原理和主要方法。教师掌握教育的基本理论,对教学、管理以及自身的发展都有重要的作用。教师可通过以下途径更好地掌握中学教育基本理论和方法:一是进行理论学习;二是理论联系实际,将理论与教学实践相结合;三是开展教育科研尤其是教育行动研究。

(2)掌握班集体建设与班级管理的策略与方法。教师应该认真学习教育管理理论,潜心研究班级管理工作,及时更新教育管理理念,不断调整班级管理策略。此外,还要不断加强自身修养,为学生树立榜样,以实际行动来教育学生。在日常教学中,要强调学生的主体地位,以健全学生的人格为目标,注重学生的长远发展和对学生综合素质的培养,引导和帮助学生完善知识结构,使学生全面成长。

(3)了解学生身心发展的一般规律与特点。教师应阅读一些经典的教育心理学著作,如桑代克的《教育心理学》、加德纳的《多元智能》、布鲁纳的《有意义的行为》等,了解教育心理学家提出问题并进行论证的方法;阅读国内出版的教育心理学教科书,如彭聃龄主编的《普通心理学》、陈琦、刘儒德主编的《当代教育心理学》等,了解教育心理学的基本原理和方法;集中一段时间,将教育心理学的某些具体原理或方法运用到教育教学中去,在实践中加深理解;申请关于教育心理学具体原理与方法在学科中运用的课题,研究教育心理学基本原理与方法学科化的策略与方法。

(4)了解学生世界观、人生观、价值观形成的过程及其教育方法。中学阶段学生的心理和生理接近成熟,开始形成对外部世界和自身的较为清晰和深入的认识。然而,科学的世界观、人生观和价值观不会自发形成,需要教师在教学实践中不断引导。因此,教师要树立强烈的使命感和责任意识,在教书育人的过程中,引导学生树立正确的世界观、人生观和价值观。教师可以通过主题班会,对学生加强思想政治教育,也可以通过社会实践活动,让学生在具体的情境中亲身感受,还可以将价值观教育渗透到各个学科的教学中。

(5)了解中学生思维能力与创新能力发展的过程与特点。思维能力包括形象思维能力和抽象思维能力。中学阶段,学生在智力发育方面基本成熟,是发展抽象逻辑思维能力的重要阶段。教师既要提供合乎学生经验的具体材料,又要善于及时引导学生抽象思维的发展。教师可以运用启发式教学,创造性地运用提问技巧,引导学生积极思考、用于创新。

(6)了解学生群体文化特点与行为方式。班级体一般由年龄相近或相同的学生,按学校组织章程的规定组编而成。在长期的发展中,每个班级逐渐形成了自己独特的目标和规范。班级是学生学习和活动的主要场所,班集体必然会对学生产生影响,学生在班集体中通过与人的交往,不断规范和调节自己的行为方式。在班集体之外,中学生还有自己的小团体,这些小团体大多是因为兴趣、爱好等自发形成的,其对学生的个性发展和学习影响甚大,教师一定要了解其形成的原因和特点,发挥其积极作用。

2.学科知识

"学科知识"就是有关学科的概念、原理、理论、方法等的知识,是教师专业知识的主要内容之一,是教师进行正常教学、保证教学质量的前提。教师须做到以下四个方面:

(1)理解所教学科的知识体系、基本思想与方法。学科知识既包括这一门学科的知识体系和原理等显性的客观事实,同时,又包括其基本思想、态度和价值观等隐性的知识。因此,教师在把握学科知识时,首先要了解该学科的发展历史、前沿研究等;其次,理解该学科的基本思想和方法;再次,把握该学科未来发展的方向。

新教师可以通过阅读学科课程标准,理解其中关于学科课程的性质和理念的阐释;通读该学科的初高中教科书,按照学科自身的规律,重新建构知识体系;阅读教育专家关于该学科知识体系、基本思想和方法的论著,从不同的观点中寻求共性,从共同的观点中寻求差异,形成自己的认识。

(2)掌握所教学科内容的基本知识、基本原理与技能。新教师可通过阅读学科教育期刊和专业书籍,了解学科教育研究的基本动态,跟踪学术研究前沿,及时更新学科知识;参加各种教师进修培训,了解同行对学科知识、原理和技能的理解,交流教学经验;在日常教学中有意识地用学科的基本原理来指导自己的教学行为,从而加深对学科的基本原理的理解。

(3)了解所教学科与其他学科的联系。首先,教师应系统整合教科书中的跨学科知识,并将其分列在相应的学科之下。这个过程,既是激活背景知识的过程,也是学习反思的过程;其次,应加强同其他学科教师的沟通交流,相互分享教学经验和体会,促进跨学科的信息融合。

(4)了解所教学科与社会实践的联系。了解所教学科与社会实践的联系,有利于教师更准确地判断该学科的价值。新教师应关注教科书中与社会实践关系密切的内容;安排与学科相关的实践活动;翻阅有关学科史的书籍,从中了解社会实践是如何推动学科发展的,以及学科对社会实践产生过什么样的深远意义。

3.学科教学知识

教师的学科教学知识是教师知识结构中的重要组成部分,要掌握学科教学知识,教师须做到以下几个方面:

（1）掌握所教学科课程标准。新教师应仔细研读学科课程标准，了解学科课程强调的基本理念，整体把握学科课程目标，善于将课程目标分解为具体的教学目标，并有意识地渗透到具体的课堂教学过程中。教师应主动阅读非本学段的课程标准，做好学段之间的教学衔接工作。对于不同学段的同一知识，应了解课标在深度及广度方面的学习要求，在教学中注意知识的不断深化。

（2）掌握所教学科课程资源开发的主要方法与策略。目前校本课程、教师特色课程在中学课程中占相当的比例，教师应掌握学科课程开发方法，形成有学校特色、有教师特色的丰富课程资源。

（3）了解中学生在学习具体学科内容时的认知特点。了解学生的认知特点是教师进行教学活动的前提。在学习相应内容时，教师应先做好"学情分析"，以之为依据，确定教学的起点和学生的"最近发展区"。由于教育心理学在我国起步较晚，新教师可以阅读相关的专著，掌握学生的学科认知特点。

（4）掌握针对具体学科内容进行教学的方法与策略。虽然教学活动有一般教学法作为根据，但是教师在进行具体学科内容的教学时还要根据每个学科的特点，选择合适的教学方法与策略。例如，在教授数学中较抽象的概念或立体几何时，对于抽象思维较弱或空间想象力较差的学生，教师要通过举例或模型展示的方式来帮助学生理解，使教学更加有效。

4.通识性知识

"通识性知识"，也称为普通文化知识，一般文化知识或基础知识，是教师知识结构的必要组成部分。关于通识性知识，教师应做到以下几方面：

（1）具有相应的自然科学和人文社会科学知识。教师应努力提升自己的人文素养和科学素养，构建合理的知识结构，加强如数学、物理、生物等自然科学知识，以及如哲学、社会学、政治学、历史学、美术、音乐、文学等人文社会科学知识的学习。

（2）了解中国教育基本情况。教师作为教育教学的引导者，必须要了解我国教育的基本情况和未来教育改革的发展趋势。教师只有了解国内教育的基本情况，才能立足国情，根据国家实际发展需要，有效地开展教育教学活动。新教师可通过以下途径了解我国教育的基本情况：一是认真学习《国家中长期教育改革和发展规划纲要（2010—2020年）》，了解我国教育取得的成就、面临的问题及解决对策,重点关注党和国家在教育(尤其是基础教育)方面的重大战略思想和战略行动;二是阅读《中国教育年鉴》及相关专著,了解中国教育事业发展的进程,关注教育变革中的重大历史事件;三是经常登录教育部网站(www.moe.gov.cn)、中国教育新闻网(www.jyb.cn),以及各省(自治区、直辖市)、地(市)、县级教育行政部门网站,查阅相关内容。

(3)具有相应的艺术欣赏与表现知识。无论是从个人对于美的追求,还是从教育教学的要求来说,教师都必须具有相应的艺术欣赏与表现知识。新教师可以通过以下三种途径积累艺术欣赏与表现知识。一是理论学习。新教师应该广泛涉猎有关艺术欣赏的美学著作,学会艺术作品鉴赏的基本方法,并提高自己对美的认识水平。二是不断实践。新教师可以尝试运用所学理论和方法,对经典的艺术作品进行赏鉴;还可以参观美术馆和博物馆,以加深对艺术的理解。三是比较借鉴。针对具体的艺术作品,先自己进行欣赏和品评,然后再看其他人的鉴赏文章,比较异同,从中逐渐提高自己的艺术欣赏水平。

(二)具备教学能力

教学能力是教师专业能力和专业发展的重要内容,是教师顺利完成教学活动必须具备的职业素养,包括从事教育事业所需的一般能力和从事学科教学所需的专业能力,即课堂教学能力。教学能力是教师专业能力的核心,其中又包括教学活动的设计、实施和评价等几方面的能力。

1.教学设计能力

教学设计是教师根据课程大纲的要求,按照一定的教学原则,在整理教学内容和了解学生实际学情的基础之上,将教学诸要素有序安排,确定合适的教学方案的设想和计划,包括教学目标、教学方法、时间分配等环节。要使教学达到预想中的效果,在开展教学活动之前一定要做好教学设计工作。

(1)科学设计教学目标和教学计划。教师在制订教学目标时,需要注意以下三个方面:首先,教学目标的设计要符合课标的要求和学生的实际情况。其次,教学目标的设计要有价值和意义。再次,教学目标要可测量、可评价。

教学计划通常包括学期教学计划、单元教学计划、课时教学计划。学期教学计划是对一个学期的教学内容做一个总体安排,使教学工作能有计划、有目的地进行,其一般应在开学前制订好,包括:对学生情况的简要分析、对教材的简要分析、本学期教学总任务及其目的与要求、教学进度安排等。单元教学计划指的是对各册教材中一章(大单元)或一节(小单元)的教学安排,包括:本章节的主要内容、教学目的与要求、教材重难点、教学方式方法、教具、学时安排等。课时教学计划,简称教案,是指对一节课具体内容的教学安排,在拟定单元教学计划后制订,包括:教学目的、教学重难点、教学方法、教学过程、板书等。

(2)合理利用教学资源和方法设计教学过程。合理利用教学资源和方法设计教学过程,需考虑以下几个方面:首先,具备明确的目标意识,教学资源和教学方法的选择是为教学目标服务的。其次,在资源的开发和利用过程中,要充分考虑自身特点,结合自身的认知策略、思维习惯、工作方式、生活经历和教育背景,适应学生发展需求,体现创造性。再次,选择合适的教学方法,把教学资源引入教学活动中。通过体验式、探究式、合作式、整合式等教学方式,营造良好的教学环境,激发学生的学习兴趣。

(3)引导和帮助学生制订个性化的学习计划。不同的学习个体在学习基础、认知能力、学习兴趣等方面具有显著差异。因此,引导和帮助学生根据自身情况制订学习计划是教师的重要任务。

引导和帮助学生设计个性化的学习计划需注意以下方面:第一,要具体分析每个学生的特点,包括学生的知识基础、认知能力、兴趣特点等各个方面。第二,要具体分析学习任务的特点,包括学习难点、学习重点等各个方面。第三,帮助学生合理安排学习时间和自由学习时间。常规学习时间用来完成老师当天布置的学习任务,自由学习时间用来预习、复习功课,查缺补漏和课外阅读、训练等。第四,计划要全面,要符合素质教育的基本要求。除学习时间外,还要安排锻炼身体和娱乐的时间,要保证睡眠时间的充足等。第五,要做到"长计划、短安排"。

2.教学实施能力

课堂教学仍是现代教学的基本组织形式,是教学活动的中心环节,但传统课堂教学也存在一些问题。一方面,传统课堂教学强调学科知识的讲授,因而不可避免地存在"填鸭"式教学的倾向,忽视了学生学习的能动性;另一方面,教师"一言堂"的情况屡见不鲜,学生参与度不高。因此,提高教师教学实施能力,实现师生互动、生生互动的沟通型课堂就显得尤为重要。

（1）营造良好的学习环境与氛围,激发学生的学习兴趣。兴趣是一种带有倾向性的心理特征,是一个人接触和认识某种事物的积极态度。对于学生来说,兴趣是推动他们学习的内在动力。学生一旦对某一学科有了浓厚的兴趣,就会产生强烈的求知欲望,不仅课内认真听讲,课外还会想方设法往学科纵深处探究。教学情景的营造易于激发学生的想象,调动学生学习的积极性,取得较好的教学效果。

（2）通过启发式、探究式、讨论式、参与式等多种方式,有效实施教学。启发式、探究式、讨论式和参与式是中学课堂教学中常用的方式。在课堂教学中,恰当运用这些方式可激发学生思考,促进学生的个性发展,有效避免"填鸭式"教学。

新教师要特别注意掌握各种教学方式的特点,这样才能对这些教学方式加以综合应用。启发式教学模式强调学生的主体地位,强调学生智力的充分发展,强调激发学生内在的学习动力,促进理论与实践的结合。探究式教学模式是指学生在教师指导下,通过以"自主、探究、合作"为特征的学习方式,对当前教学内容中的主要知识点进行自主学习、深入探究并进行小组合作交流,从而较好地达到课程标准中关于认知目标与情感目标要求的一种教学模式。讨论式教学模式是指教师为实现一定的教学目标,通过预先的设计与组织,启发学生就特定的问题发表自己的见解,然后全体进行学习和探讨的一种教学模式。参与式教学模式是指全体师生共同建立民主、和谐、热烈的教学氛围,让不同层次的学生都拥有参与和发展机会的一种有效的学习方式,是一种合作式或协作式的教学法。教师要根据学生的实际需要,灵活运用多种教学手段,加强和学生之间的信息交流,使学生能够深刻地领会和掌握所学知识。

（3）有效调控教学过程。课堂教学本身是一个动态生成的过程,无论教师课前怎样精心设计和准备,在具体实施过程中总是充满着变数。面对课堂偶发事件,教师应处之泰然,不惊奇、不慌乱,充分发挥自己的教学机智,巧妙化解矛盾。

3.教学评价能力

教学评价是指教师对教学的价值判断。其包括广义和狭义两个方面。狭义的教学评价是指教师对学生的学习效果的评价。广义的教学评价除了教师对学生学业的评价外,还包括教师对课程的评价以及教师的自我评价。相应地,教师的教学评价能力就包括三个方面的内容:学生学习评价能力、课程评价能力、自我教学评价能力。

（1）学生学习评价能力。学生学习评价能力是指教师对学生的学习效果及其发展做出合理、正确的价值判断的能力。学生的学习成长是一个复杂的过程，其表现出来的能力是多维度、综合性的。教师应利用多种评价工具，掌握多元评价方法，多视角、全过程评价学生的发展。首先，了解各种评价工具的特点。例如，测验等认知水平评价工具主要是测量学生对课本知识的掌握情况；成长档案袋等表现性评价工具侧重于采集学生在行为、情感、态度、价值观方面的信息。其次，在评价中应以学生的综合素质为目标，采取灵活多样的评价方法，对数据进行综合分析，以全面地描述学生的发展状况。

（2）课程评价能力。课程评价能力是指教师对学校课程满足社会与个体需要的程度做出判断，对学校课程现实或潜在的价值做出判断，以期不断完善课程，达到教育价值增值的能力。参与课程评价是当前课程改革对教师教学能力的新要求。通常而言，课程评价主要是指对教学材料、教学技术和方法等方面的评价。

（3）自我教学评价能力。教师应对自己的教育教学效果做出评价，以便及时调整和改进教育教学工作。教师只有不断进行自我评价，反思自己的教育教学理念与行为，不断自我调整、自我建构，才能实现自身的专业化发展。

（三）应用信息技术

根据《专业标准》，教师应具备的通识性知识还包括"具有适应教育内容、教学手段和方法现代化的信息技术知识"。一是信息技术的应用，不仅可以提高教师的工作效率，也有利于实现教学方式的多样化。教师应善于借助现代教育技术对课堂教学内容进行合理的设计，开展有针对性的情境教学活动，缩短学生与课堂教学内容之间的距离；二是利用现代信息技术充分调动学生的学习积极性，激发和引导学生的自主思考，拓展学生的思维空间；三是借助现代信息技术丰富教学方式和方法，更好地成为学生学习的引导者。因此，信息技术的应用能力是新教师必须具备的一项教学素养和专业能力。根据教师教育教学工作与专业发展主线，教师的信息技术应用能力主要分为技术素养、计划与准备、组织与管理、评估与诊断、学习与发展五个维度。

为提升信息技术应用能力，促使信息技术与教育教学深度融合，教育部研究制定了《中小学教师信息技术应用能力标准(试行)》,对教师在教育教学和专业发展中应用信息技术提出了基本要求和发展性要求。

1.优化课堂教学

应用信息技术优化课堂教学,主要指教师利用信息技术进行讲解、启发、示范、指导、评价等。下面我们从以下五个维度来分析。

(1)技术素养。教师应用信息技术优化课堂教学应具备的技术素养包括:

● 理解信息技术对改进课堂教学的作用,具有主动运用信息技术优化课堂教学的意识。

● 了解多媒体教学环境的类型与功能,熟练操作常用设备。

● 了解与教学相关的通用软件及学科软件的功能及特点,并能熟练应用。

● 通过多种途径获取数字教育资源,掌握加工、制作和管理数字教育资源的工具与方法。

● 具备信息道德与信息安全意识,能够以身示范。

(2)计划与准备。教师应用信息技术优化课堂教学应具备的计划与准备能力包括:

● 依据课程标准、学习目标、学生特征和技术条件,选择适当的教学方法,找准运用信息技术解决教学问题的契合点。

● 设计有效实现学习目标的信息化教学过程。

● 根据教学需要,合理选择与使用技术资源。

● 加工制作有效支持课堂教学的数字教育资源。

● 确保相关设备与技术资源在课堂教学环境中正常使用。

● 预见信息技术应用过程中可能出现的问题,制订应对方案。

(3)组织与管理。教师应用信息技术优化课堂教学应具备的组织与管理能力包括:

● 利用技术支持,改进教学方式,有效实施课堂教学。

● 让每个学生平等地接触技术资源,激发学生学习兴趣,保持学生学习注意力。

● 在信息化教学过程中,观察和收集学生的课堂反馈,对教学行为进行有效调整。

- 灵活处置课堂教学中因技术故障引发的意外状况。

- 鼓励学生参与教学过程,引导学生提升技术素养并发挥其技术优势。

（4）评估与诊断。教师应用信息技术优化课堂教学应具备的评估与诊断能力包括：

- 根据学习目标科学设计并实施信息化教学评价方案。

- 尝试利用技术工具收集学生学习过程信息,并能整理与分析,发现教学问题,提出针对性的改进措施。

- 尝试利用技术工具开展测验、练习等工作,提高评价工作效率。

- 尝试建立学生学习电子档案,为学生综合素质评价提供支持。

（5）学习与发展。教师应用信息技术优化课堂教学应具备的学习与发展能力包括：

- 理解信息技术对教师专业发展的作用,具备主动运用信息技术促进自我反思与发展的意识。

- 利用教师网络研修社区,积极参与技术支持的专业发展活动,养成网络学习的习惯,不断提升教育教学能力。

- 利用信息技术与专家和同行建立并保持业务联系,依托学习共同体,促进自身专业成长。

- 掌握专业发展所需的技术手段和方法,提升信息技术环境下的自主学习能力。

- 有效参与信息技术支持下的校本研修,实现学用结合。

2.转变学习方式

应用信息技术转变学习方式,主要指教师在具备网络学习环境或相应设备的条件下,利用信息技术支持学生开展自主、合作、探究等学习活动,同样包括上述五个维度。

（1）技术素养。教师应用信息技术转变学习方式应具备的技术素养包括：

- 了解信息时代对人才培养的新要求,具有主动探索和运用信息技术变革学生学习方式的意识。

- 掌握互联网、移动设备及其他新技术的常用操作,了解其对教育教学的支持作用。

- 探索使用支持学生自主、合作、探究学习的网络教学平台等技术资源。

- 利用技术手段整合多方资源,实现学校、家庭、社会相连接,拓展学生的学习空间。

- 帮助学生树立信息道德与信息安全意识,培养学生良好的行为习惯。

(2)计划与准备。教师应用信息技术转变学习方式应具备的计划与准备能力包括:

- 依据课程标准、学习目标、学生特征和技术条件,选择适当的教学方法,确定运用信息技术培养学生综合能力的契合点。

- 设计有助于学生进行自主、合作、探究学习的信息化教学过程与学习活动。

- 合理选择与使用技术资源,为学生提供丰富的学习机会和个性化的学习体验。

- 设计学习指导策略与方法,促进学生的合作、交流、探索、反思与创造。

- 确保学生便捷、安全地访问网络和利用资源。

- 预见学生在信息化环境中进行自主、合作、探究学习可能遇到的问题,制订应对方案。

(3)组织与管理。教师应用信息技术转变学习方式应具备的组织与管理能力包括:

- 利用技术支持,转变学习方式,有效开展学生自主、合作、探究学习。

- 让学生在集体、小组和个别学习中平等获得技术资源和参与学习活动的机会。

- 有效使用技术工具收集学生学习反馈,对学习活动进行及时指导和适当干预。

- 灵活处置学生在信息化环境中开展学习活动发生的意外状况。

- 支持学生积极探索使用新的技术资源,创造性地开展学习活动。

(4)评估与诊断。教师应用信息技术转变学习方式应具备的评估与诊断能力包括:

- 根据学习目标科学设计并实施信息化教学评价方案,并合理选取或加工利用评价工具。

- 综合利用技术手段进行学情分析,为促进学生的个性化学习提供依据。

- 引导学生利用评价工具开展自评与互评,做好过程性和终结性评价。

●利用技术手段持续收集学生学习过程及结果的关键信息,建立学生学习电子档案,为学生综合素质评价提供支持。

(5)学习与发展。教师应用信息技术转变学习方式应具备的学习与发展能力包括:

●理解信息技术对教师专业发展的作用,具备主动运用信息技术促进自我反思与发展的意识。

●利用教师网络研修社区,积极参与技术支持的专业发展活动,养成网络学习的习惯,不断提升教育教学能力。

●利用信息技术与专家和同行建立并保持业务联系,依托学习共同体,促进自身专业成长。

●掌握专业发展所需的技术手段和方法,提升信息技术环境下的自主学习能力。

●有效参与信息技术支持下的校本研修,实现学用结合。

第四节 育人素养

教育的根本任务是立德树人。学校,是育人的场所;教师,扮演着学生成长路上的引导者的角色,对学生未来的志向抱负、人格品性将产生重要影响。教师除了教书外,还要育人,除了学科知识的教学外,还要通过班级管理和综合育人活动实现教书和育人的统一。

(一)班级管理

班级管理不仅仅是班主任一个人的职责,更是每一位教师都应积极参与的育人活动。教师要树立德育为先的理念,了解德育原理与方法,掌握班级组织与建设的规律与基本方法;掌握班集体建设、班级教育活动组织、学生发展指导、综合素质评价、与家长及社区沟通合作等班级常规工作要点;能够在班主任工作实践中参与德育和心理健康教育等,获得积极体验。新教师应从以下几个方面增强班级管理能力。

1.班级组织建设

班级的组织建设就是把由几十名学生随机组成的学生群体建设成为一个目标明确、规范有序、有凝聚力的班集体。新教师要协助班主任开展以下班级组织建设工作,并将自身的学科育人工作融入到班级组织建设工作中。

(1)确立班级组织的目标。班级目标的确立方法目前普遍采用的有两种。一是系列化目标法,就是根据班级主体目标,建立起贯穿学年或学期班级教育教学的各个方面的次目标体系。二是具体化目标法,就是将班集体的宏观目标分解和细化,一方面将学校教育目标变为班级的可操作目标;另一方面每个班级成员要结合自己的情况,围绕班集体目标制订个人目标。

(2)建立班级的组织机构。班级作为一个正式的组织,要有一定的组织机构。健全班级组织机构最主要的是要选拔和培养干部,从而使班级形成坚强的核心,有力地带动全班同学为实现班级组织的目标而努力。

(3)制订班级的规章制度。班级规章制度是学生在班集体生活中必须遵守的准则,它具有管理、控制和教育的作用。规章制度的制订,可以使班级各项工作有章可循,避免盲目性和随意性。班级规章制度的贯彻执行,可以培养学生良好的行为习惯以及优良的班风。教师要加强以下三个部分的规章制度建设:一是由教育行政部门统一规定的有关班级组织与学生管理的制度,如学生守则、日常行为规范、体育锻炼标准等;二是由学校根据教育目标、上级有关指示制订的学校常规制度,如考勤制度、奖惩制度、课堂常规、作业要求等;三是由班集体根据学校要求和班级实际情况讨论制订的班级规范,如班规、值日生制度、考勤制度等。

2.班级日常管理

班级日常管理,是指教师综合各种教育和教学的影响,对班级日常工作进行经常性指导,以促进全班学生健康成长和发展。班级日常管理的目的在于培养学生良好的行为规范,保证班级工作有序、高效运行。新教师要将自身的学科教学活动融入到班级的日常管理活动中,协助班主任开展班级日常管理工作。

(1)班集体建设。形成全体教师都参与班集体建设的共识,确立班级教育的整体意识,形成良好的班级管理秩序,建设良好的班风。

(2)家校联络。教师和家长保持沟通和联系,对学生成长具有重要作用。因此,教师的一个重要任务,就是要采取多种方式和家长建立联系,与家长进行教育上的合作,形式有家长会、家访(实地家访、电话家访)等。

(3)学生资料收集。在一个班级里,每个学生都有自己的优点、缺点。教师应该根据学生的实际情况,有针对性地做好教育工作,尤其是特殊学生的教育工作。新教师平时要多了解学生,设立学生情况专用记录本,做好学生个人情况的记载,如个性特点及思想状况、学习成绩、上课表现、身体发育状况和健康状况、课外活动表现、与同学间的交往、偶发事项、家务劳动情况等。

(4)综合素质评价。综合素质评价是教师根据平时的观察与了解以及学生的现实表现,按照学生守则和行为规范的要求,在学期或学年结束时对学生思想品德、学习、纪律、劳动、体育等多方面的表现所作出的概括性总结。它可以帮助学生正确认识自己的优点和缺点,争取不断进步;帮助家长了解自己子女的情况,使学校教育和家庭教育协调一致。

3.班主任实践

班主任是班集体的组织者、指导者,是学校实施教育教学工作计划的得力助手。在班级管理中,班主任工作的优劣直接影响到学生的成长。新教师应积极参与班主任实践,从以下方面提升自己的班级管理能力。

(1)了解学生。班主任要实现对本班级规范化、科学化的管理,提高工作质量和效率,首先要全面正确地了解学生。这是班主任教育好学生,做好班级工作的先决条件。学习活动是班主任了解学生的主要途径。班主任可通过观察法、谈话法、问卷法、作品分析法、调查法和测量法等进行。

(2)组织和建设班集体。组织和建设班集体,具体表现在提出共同的奋斗目标、选择和培养班干部、加强班集体纪律、创设良好的班级环境、打造优良班风、组织多样的教育活动、构建有特色的班级文化等上。

(3)做好学生教育工作。应根据本班每位学生的个性特点和存在的问题,运用不同的教育方法单独对他们进行教育。

(4)协调各方面的教育力量。班级是一个开放的系统,影响学生成长的因素很多。班主任要争取校内外各种教育力量的配合,调动各种积极因素。要协调本班所有任课教师的工作;要积极开展各种主题教育活动;要积极争取家庭、社会对学校教育的支持,形成学校、家庭、社会合力,增强协同育人的力量。

(5)做好班主任工作计划和总结。班主任要依据学校工作安排、本班的实际情况和学生的特点,制订各项工作计划。在实施过程中,应以这些计划为准绳,具体落实、及时总结、评价,肯定成绩,指出问题,必要时再作补充。班主任工作总结是对班级工作的再认识,对下一步工作起导向作用。平时班主任要做个有心人,要注意积累资料,记载有关教育活动的情况,并撰写心得体会,以便在此基础上做好总结,不断提升自己。

总之,新教师要树立德育为先理念,了解学生心理发展特点,把握德育目标、原理、内容与方法,掌握班集体建设与管理的策略与技能;在教育实践中,能够担任班主任或协助班主任工作。

(二)综合育人

综合育人是教师教书育人的重要途径。其是指教师应具有全程育人、立体育人意识,理解学科育人价值,了解学校文化和教育活动的育人内涵和方法;能够在教育实践中将知识学习、能力发展与品德养成相结合,自觉在学科教学中有机进行育人活动;能够积极参与组织主题教育活动和社团活动,对学生进行有效的教育和引导。

1.学科育人

根据《专业标准》,教师除了通过班级管理育人外,还应注重结合学科教学进行育人活动。学科育人主要包括以下四项要素。

(1)学科知识育人。教学最基本的要求是"传授"学科知识。

(2)学科技能育人。学科技能是学生综合能力的重要组成部分。教师在传授知识的同时,还应注重培养学生的学科能力。

(3)学科活动育人。学科活动的范畴很广,凡是跟学科相关的活动都可以称为学科活动,我们这里主要讲的是学科主题活动、学科综合实践活动等。教师应结合自己所教学科,开展丰富的学科活动,促使学生灵活运用学科知识和学科技能,提升学科思维能力、实践能力和创新能力。

(4)学科思想育人。学科思想能够反映学科知识本质、学科思维特点和学科学习规律,对学科学习、学科教学、学科应用和学科发展有着指导性和决定性作用。教师要依托学科思想,让学生在学习过程中感受学科的魅力。

2.活动育人

教师应组织各类主题教育活动,多为学生创造与同伴合作交流的机会,使每个学生都能在活动中获得同伴的资源和情感支持。新教师可通过组织以下两方面的主题活动来实现综合育人的目的。

(1)青春期心理健康教育活动。青春期是青少年生理、心理急剧变化的时期,开展青春期心理健康教育活动,有助于帮助学生顺利度过青春期。教师要结合自己所教授的学科课程,并与相关学科教师配合,通过活动和讲座,传播青春期卫生健康知识,解决学生的心理问题,培养学生的自尊心、自信心和自我保护意识及社会责任感。

(2)班级、共青团、少先队活动。教师要有效发挥班集体、共青团和少先队的作用,积极开展班级活动、共青团活动和少先队主题活动。

总之,新教师应努力提升自己的综合育人能力和水平,要了解学生身心发展的一般规律,了解学生思想品德培育、人格塑造、行为习惯养成的过程与方法;理解学科独特的情感、态度和价值观,掌握在教书中育人的途径与方法,以及在校园文化活动中育人的基本原则和策略。

第五节　发展素养

根据《中学教育专业认证标准》(第二级),一名合格的教师在"践行师德""学会教学""学会育人"后还应"学会发展"。"学会发展"包括"学会反思"和"沟通合作"两项要求。同时,根据《专业标准》,教师的专业能力除了教学能力、育人能力外,还包括沟通与合作能力、反思与发展能力。因此,综合两项标准,我们认为,新教师还应具备发展素养。

(一)学会反思

新教师应具有终身学习与专业发展意识。了解国内外基础教育改革发展动态,能够适应时代和教育发展需求,进行学习和职业生涯规划。应初步掌握反思方法和技能,具有一定的创新意识;运用批判性思维方法,学会分析和解决教育教学问题。

反思是教师以自己的教学活动过程为思考对象,来对自己所作出的行为、决策以及由此产生的结果进行审视和分析的过程。反思能力是教师专业化发展的重要保证,有助于改善教师形象、提升教师地位,实现教师发展与学生发展的有机融合。提升教师反思能力的最终目的是提高教学质量,改进教学工作。新教师可通过以下方式提升自己的反思能力:

(1)自我诊断。教师的反思活动始于问题,没有问题就没有反思。因此,教师在日常教育教学活动中要具有问题意识,多向自己提问,如:自己正在"教谁""教什么""为什么这样教""教学目标是否达成""有没有问题或改进的余地"等,从而自我诊断出自己的短处与不足。

(2)行为记录。行为记录反思方法贯穿于实践活动的始终,重在对实践活动的过程与效果的反思。主要针对教学设计是否科学合理、教学目标是否达成、有哪些值得肯定的地方、存在哪些不足等等进行系统反思,并提出改进措施。

(3)讨论交流。在教师发展中,同事之间相互交流可以让你了解到更多的信息。新教师应在开放式的讨论、平等式的对话中进行思考和反思,从而改进自己的教学方式。

(二)沟通合作

沟通合作是指教师能够理解学习共同体的作用,具有团队协作精神,掌握沟通合作技能,积极开展小组互助和合作学习。沟通合作是新教师必须具备的重要能力。依据《专业标准》,教师的沟通与合作能力表现为以下三个方面。

1.师生对话

"了解中学生,平等地与中学生进行沟通交流"是《专业标准》对教师"沟通合作"能力的第一项要求,其核心要义在于师生对话。新教师可通过以下途径确保师生对话的顺利进行:

(1)赋予学生平等的话语权和发言机会。首先,教师应从传统的教师权威中走出来,树立民主、平等的观念,将学生看成学习的主体,尊重他们参与课堂讨论和发表个人见解的权利;其次,为了确保每位学生都能切实参与到对话与交流当中,教师应该充分了解学生的个性差异,在科学设计对话活动的前提下使每位学生都能参与进来。

(2)创设宽松的对话氛围。轻松、愉悦、包容、活跃的氛围,有利于师生展开对话。受传统的角色定位的影响,教师往往被学生视为"知识的代言人"。因而很多学生在课堂上不愿或不敢"乱插嘴",显得非常拘谨。为了使师生对话顺利进行,教师应创设宽松、愉悦的课堂氛围。

(3)掌握师生沟通的技巧。从师生沟通效果的角度看,"会听"比"会说"更重要。教师只有在聆听的过程中才会知道如何去"说"。教师的耐心倾听有利于学生畅所欲言,在讨论交流中提高学习效率。教师在聆听学生说话时,首先要全神贯注,不要轻易打断学生的发言;其次要用"嗯……""是这样……"等简单的话来回应他们;最后要鼓励学生而不是随意否定他们的观点。

2.同事合作

"与同事合作交流,分享经验和资源,共同发展"是《专业标准》对教师"沟通合作"能力的第二项要求。与同事合作交流,不仅是教师自身专业化发展的需要,更是促进学校整体发展的需要。

(1)善于倾听和交流,通过同事间的合作实现取长补短,不断发展自己。新教师要想加快自身的专业化发展速度并且少走弯路,就要不断地向自己身边的同事学习。同事合作也需要教师具备倾听和交流的艺术,把相互之间的对话和交流不断地推向深入,才有可能使对话富有批判性和建设性,也才有可能使教师在交流合作中取长补短。

(2)能够积极主动地帮助同事,带动他人发展。在参与集体备课、相互听课、评课、师徒结对等活动时,要敢于讲真话,在找准对方优点和问题的基础上提出中肯的、建设性的意见。不能为了追求表面的"团结一致"或朋友之间的"亲密关系"而忽略了"意见分歧""思想碰撞"对同事的启迪作用。

(3)能够利用多种方式与同事展开合作。教师间的合作有多种方式,如:合作研究、同伴教学指导、相互观摩教学、工作坊、集体备课、师徒制等。随着信息技术的发展,教师们可以借助网络平台实现同事之间的专业合作。相对于现实生活中的年级组、教研组、集体备课组等教师合作方式,网络教师合作共同体有着自己的独特优势,可以大大扩展合作的范围和信息来源渠道。

3.家校合作

"与家长进行有效沟通合作,共同促进中学生发展"和"协助中学与社区建立合作互助的良好关系"是《专业标准》对教师"沟通合作"能力的第三、四项要求,我们将之总结为家校合作能力。为促进学生的健康发展,教师应该有目的、有计划地与家长进行沟通和协商,保证家庭教育和学校教育一致,形成教育合力。其基本途径如下:

(1)进行家庭访问。教师家访是加强学校与家庭联系,沟通家校教育情况的重要途径。家访的目的是了解学生,了解其家庭教育状况以及生活状况,以便与家长共同研究制订教育措施。

(2)接待家长来访。家长到校访问教师是家长主动关心孩子教育的表现,教师要热情接待,真诚地与家长交流孩子近期的思想、学习情况,热情解答家长关切的问题,并同家长共同研究教育子女的方式和方法,形成一个良好的教育环境。

(3)举办家教讲座。按学生的具体问题分年级、班级定期举办家教讲座。家教讲座主要包括两方面的内容:一是有关教育学、心理学的基本常识;二是介绍教育子女的具体经验和家庭教育的典型事例。讲座要从家长的实际需要出发,注重交流和互动。之后,要及时收集反馈意见,可编写《家教园地》定期分发给家长。

(4)召开家长会议。教师召开家长会时应该做到:目的明确、中心突出、准备充分、针对性强,时间选择恰当。

○ 第二章

基本技能

　　教师基本技能是教师从事教育教学工作必须具备的。如果说教学是技术加艺术，那么这种技术和艺术主要表现在教师课堂教学的基本功上。它是教师素质的重要表现，也是教学成败的关键。随着时代的发展，教师基本技能的含义越来越广泛。下面我们主要从着装与语言、导课与结课、板书与演示、提问与理答以及听课与评课五个方面介绍新时代教师应具备的基本技能。

本章相关视频

第一节　着装与语言

教师语言的流畅、简练、准确、优美、幽默,教师手势、体态语言、面部表情的丰富多彩,都是教师教学技艺的重要方面。作为新教师,首先需要重点训练着装和语言两方面的基本技能。

(一)着装技能

德高为师,身正为范。教师的一言一行很容易成为学生模仿的对象。正因为如此,教师的着装才带有某种示范意义,具有育人的效果。可以说,教师着装对学生而言,就是一堂无声的礼仪课。教师着装既有基本要求,又随教学场景和学科性质而有所区别。

教师具备一定的着装技能有利于树立健康积极的教师形象,营造良好的学习氛围;有利于学生从小形成正确的审美观,激发学生积极向上的热情,起到"此时无声胜有声"的效果。

1.着装要求

从事教书育人这一特殊职业的教师该如何着装呢?当教师走进校园的时候,当教师登上讲台的时候,教师扮演的是"传道、授业、解惑"的尊长角色。因此,教师着装的总体要求为:端庄、大方、稳重、整洁、美观、和谐。教师着装具体要注意以下五点。

(1)着装应正式

课堂教学时,教师着装应比较正式,衣服最好有领子和袖子,不适宜穿背心、短裤、拖鞋等进入课堂;女教师不应穿吊带、超短裙、低腰裤等进入课堂;不穿过于短小、过于透视、过于紧身、过于鲜艳的服装上讲台。

(2)服装上的文字和图案应符合国家主流思想

教师衣着传递的信息应该是积极的,与自己的风格相统一。服装上的文字和图案对服装具有装饰作用。所谓文化衫,就是在服装上设计一些具有特定意义的文字或图案。一般来说,人们对服装上的汉字意义是比较注意的,但越来越多的外文词语出现在服装上后,千万要弄懂其含义,否则会带来麻烦。如果教师要购买文化衫,一定不要忽视这一细节。若有文字和图案,一定要符合国家主流思想和学校的办学理念,传递正能量,以不分散学生注意力为判断。当然如有特殊需要,文字和图案也可作为教学的道具。

（3）着装应完整

衣服的破损、纽扣的缺少、内衣外露等是极易忽略的细节。教师在着装时,要及时更换破损衣服,要检查纽扣是否完整,要注意内衣不暴露在外。

（4）着装应洁净

衣服上有黑点、领带上有明显的污渍、衣领和袖口有污点,都有损教师的外在形象。教师要体现为人师表,既要注意知识上的扩充与更新,也得讲究上课时的穿着和打扮。

（5）配饰不宜多

中小学教师的配饰的数量不宜多,质量应精美高雅,搭配协调。

2. 注意事项

（1）教师要根据自己的教育对象来选择衣着

教师的衣着总体上应于朴实大方中见高雅的情趣,于整洁得体中见丰富的涵养,但同时,教师也应根据教育对象的年龄和心理特点来选择自己的着装。如小学低年级和幼儿教师,在衣着上,款式线条要明快、色彩要鲜艳,有利于启迪少年儿童爱美的天性。

（2）教师应选择适合自己的衣服,做到大方得体

教师应根据自己的身体条件选择服饰衣着,以更好地体现自己的形体美和审美情趣,弥补体形上的某些不足。

（3）教师着装应该"应景"

教师着装要根据教学环境有所变化,课堂教学着装正式、室外活动着装适当休闲、实验教学要着正规实验服等。

（4）教师着装应该有"情"

所谓"情",就是你的着装在学生眼里,既有长者的风范,又和蔼可亲、平易近人。

总之,教师着装应与其职业性质结合起来,掌握一个恰当的分寸、尺度,同时应该在尊重教育对象、契合教育规律的前提下,做到衣着个性与教育规范、个人形

象与职业形象的有机统一。

(二)语言技能

教学语言技能是教师用准确、生动、富于启发性的语言来传授知识方法、训练思维能力、不断激发学生的学习热情的一种教学技能。

苏霍姆林斯基说过:"教师的语言修养在极大的程度上决定着学生在课堂上的脑力劳动的效率。我们深信,高度的语言修养是合理利用时间的重要条件。"由此可见,教学语言与课堂教学效果有密切的关系。教师的教学语言技能水平,是影响学生学习的重要因素,在引导学生学习、启发学生思维、实现教学目标等方面具有重要作用。

我们可以把教学语言划分为有声语言和无声语言两类。

(1)有声语言的构成要素和基本要求

①语音。使用普通话,力求吐字清晰、悦耳,音色圆润。

②音量。课堂上教师讲话,应保证教室最后一排的学生也能听清楚。

③语调。语调自然、优美。能掌握高亢、低沉、短促、重音等"调式"进行朗读与讲述。

④词汇。熟练运用口语词汇,做到语言准确、精练。

⑤语速。语速适中,一般以每分钟200～250字为宜。

(2)无声语言的构成要素和基本要求

①目光。教师的目光要有神采、富有变化,能利用眼神来传情达意,维持课堂秩序、组织课堂教学。如:a.环视时,扫视整个教室的学生,捕捉信息、表达关注。B.注视时,亲切中有严肃,肯定中有期待;否定中有鼓励,容忍中有警告。

②手势。教师恰当的手势在课堂教学中起着不可忽视的作用。如跷起拇指、双手随意相叠在身前等。

③表情。教师的表情对课堂氛围有着极其重要的作用,其在某种程度上决定着学生的心情,也影响着课堂教学效果。教师应多运用诸如微笑等表示肯定、赞赏的表情。

④板书。教师板书要求简明扼要,突出重点,大方得体,整洁美观。

第二节　导课与结课

一堂好课,既要有良好的开端,又要有有耐人寻味的结尾。

(一)导入技能

作为课堂教学的重要一环,导入是一堂课的开始,有时也贯穿于课堂教学之中。好的课堂导入不仅可以引起学生的学习兴趣,还可以增强教师的自信心,使教师在课堂教学一开始就获得一种成就感,从而为整堂课打好基础。新教师应重视课堂教学导入的训练,掌握导入的技能技巧。

1.常用方法

由于教学内容和教师个人习惯的不同,导入的方法也多种多样。下面介绍几种较为常用的导入法。

(1)直接导入法

其特点是开门见山,直接点题,可以使学生迅速进入主题,节省教学时间。但把握不好,容易平铺直叙,流于平淡。例如《茶花赋》的导入:

今天,我们学习《茶花赋》,作者杨朔。这篇文章发表于1961年。这篇散文歌颂的是伟大祖国。祖国,一提起这个神圣的字眼,热爱、自豪,这些美好的感情就充盈我们的胸际。我们伟大的祖国有五千年的文明,有960万平方公里的辽阔土地,有许多令人神往的名山大川,还有勤劳勇敢的各族人民。每当想起这些,我们的心中就会涌起对祖国的热爱,可是我们拿起笔来写的时候,就写不出来。有的同学会问:祖国这么大,怎么表达? 对于这样一个主题,怎样才能表达得具体形象,写出新意呢?

(2)直观导入法

直观导入法是指利用实物、标本、挂图、模型、图表等直观教具,以及幻灯、投影、电视、录像、电脑等媒体进行导入的方法。此种方法具有生动、形象、具体等特点。比如,教师在讲授骨的构造时,她先发给学生已经锯开的长骨(棒骨)模型让学生观察。在观察时,教师提示学生观察的重点:①骨端和骨中部的结构是否一样? ②长骨骨质的外面有什么样的结构? ③骨腔中有些什么物质……这种导入利用了直观演示、联系、对比等多种方法。

（3）温故导入法

其特点是以复习已经学过或学生日常生活中已经了解的知识，将其发展、深化，引导出新的教学内容，达到温故知新的目的。注意回顾旧知识应简明扼要，不应占用太多时间。教师切勿喧宾夺主，应该尽量让学生自己来复习，以提高学生的参与程度。

（4）故事导入法

通过讲述与教学内容有关的具有科学性、哲理性的故事、寓言、传说等，激发学生兴趣，启迪学生思维，创造情境引出新课。如在探讨"运动和静止"这个话题前，教师问学生："同学们，你们听说过谁能用手抓飞行中的子弹吗？"同学们神色惊讶，纷纷表示不可能。学生："子弹飞得那么快，能用手抓住吗？"教师："第一次世界大战期间，一名法国飞行员，在2000米高空飞行时，感觉到有一个小虫似的东西在身边蠕动，伸手一抓，大吃一惊，原来抓到的竟是一颗德国制造的子弹。"同学们个个十分惊疑。教师："我们今天学的课题'运动和静止'就要探讨这个问题。"

（5）问题导入法

根据课堂要讲授的内容，设计有关问题，以引起学生的好奇心和求知欲。如教《花儿为什么这样红》这篇课文时，教师可设计如下导语："同学们，每到春天我们就会看到姹紫嫣红的桃花、杏花、芍药花，那么，这些花儿为什么呈现出红色呢？"接下去教《花儿为什么这样红》，自然能抓住学生的思维。

（6）情境导入法

情境导入法就是利用语言、设备、环境、活动、音乐、绘画等，制造一种符合教学需要的情境，以激发学生兴趣，使学生处于积极学习状态的技法。此法要求新教师善于创设情境，激发思维。

（7）实验导入法

上课伊始，教师巧设实验，使学生通过对实验的观察去发现规律，进行归纳总结，推导出结论，从而导入新课。这种方法在中学生物、物理、化学等学科教学中运用较广泛，因为这些科目中很多内容都比较抽象，如细胞的分裂，神经的传导，分子、电子的运动，物质的化合与分解等，不通过形象的实验和演示，一般很难理解。而运用实验导入新课，不仅能帮助学生学习抽象的知识，而且能激发学生的思维活动，使之自觉地去分析问题、探索规律。运用此法应注意两点：①实验的设计要巧妙、新颖,有针对性。②要善于根据实验中出现的现象和结果提问,以促进学生思考和探究。

（8）讨论导入法

上课伊始就组织学生讨论,以启发学生的思维,集中学生的注意力。有位政治教师在教《人生观》一课时,首先让学生讨论人生究竟是什么？它的奥秘何在？如何使自己的人生放射出灿烂的光芒？在学生初步体会的基础上再导入新课,学生接受起来自然感觉比较亲切、自然。

（9）剖析关键词导入法

这是通过剖析教学内容中的关键词导入新课的方法。每节课都有题目（章名、节名）,有些题目简洁明快,有些题目中则包含一些生疏但又是重点的词（或概念）。剖析关键词既可以使学生弄清这些词的含义,又是导入新课的好方法。这种导入方法的突出优点是能够使学生尽快把握教学内容的重点。历史课《统一的多民族的中央集权的封建国家——秦》一文中,学生对"统一的""多民族的""中央集权的""封建"这几个修饰语是陌生的,对此教师应该予以解释。尤其是"中央集权"学生较难理解,可以先简要解释,然后说："让我们通过课文内容来加深理解吧。"由此转入新课。

（10）即兴应变法

在上课之前,有时会突然发生一些有利于设计导语的事件,教师应充分利用、随机应变,以调动学生学习新课的主动性和积极性,激发学生的求知欲望。有一位教师在当天打算讲授《卖炭翁》,时值雪止天晴,他走上讲台开始了讲课："同学们,断断续续飞舞了近一周的雪花停下了。今天,阳光照耀,天气暖和,是我们盼望多日的好天气。但是,很久很久以前,有一个穿得十分单薄的老人,却不喜欢这样的天气,总是期待朔风凛冽、大雪纷飞。他,就是白居易笔下的'卖炭翁'（板书课题）。卖炭老人为什么有这样反常的心理呢？"由此,教师巧妙地借景引入课题,从而激发起学生探究的欲望,收到较好的教学效果。

2.注意事项

导入的方法很多,可以结合起来使用。只要教师勤于动脑,肯于钻研,新颖别致的课题导入是不难设计的。总体而言,在课堂导入中应特别注意以下三点。

（1）科学性

一般来说,一节课40分钟,课堂导入时间控制在2～3分钟为宜。如果导入时间过长,就会显得喧宾夺主,不仅会使课堂导入显得冗长沉闷,而且会影响整节课的教学进程。如果导入的时间过短,又达不到预期的教学目的和效果。教师要时时刻刻提醒自己:课堂导入的目的是为了让学生快速集中注意力,激起他们的求知欲,绝不是为了作秀和摆花架子。

（2）灵活性

课堂导入无定法。教师应针对不同的教材和教学内容采用灵活多变的课堂导入方法。即便是同一教材、同一教学内容,课堂导入的方法也应因时因地因对象而异,既要具有趣味性又要兼顾启发性。

（3）实用性

课堂教学过程应该是一个完整的系统。"导入"、"讲授"、"巩固"和"小结""布置作业"这几个教学环节环环相扣,缺一不可。如果一味注重课堂导入而忽视其他环节,那么,即使再精彩的课堂导入也注定是失败的。课堂教学过程应该突出教师"教"与学生"学"的过程,无论课堂导入的方法多么精彩,最终都必须落脚在教学效果上。因此,课堂导入必须服从并服务于整个教学过程。

（二）结课技能

结课是指课堂结尾阶段的教学,也叫断课,是教师在一个教学内容结束或一节课的教学任务终了时,有目的、有计划地通过归纳总结、强调等活动使学生对新学的知识、技能进行及时的巩固,从而把新知识、新技能纳入原有的认知结构,并为以后的教学做好过渡的一类教学行为。它在课堂教学中所占的比例虽然不大,却是不容忽视的。

1.常用方法

结课的形式与方法多种多样,教师可以根据不同学科、不同教学内容和不同年龄段的学生情况或课堂临时出现的情况灵活选用、努力创新,不要拘泥于形式。常见的结课方法有以下七种。

（1）归纳式结课

归纳式结课是指教师就课堂教学讲述的主要内容进行归纳、概括和总结来结束课堂教学的方法。这是中小学最常用的结课方法。需要注意的是,归纳总结不是对课堂所讲授内容的简单重复,而是对该节课的重点、难点、知识体系的强调性陈述,重在对知识的整理和概括。除了用语言进行概括外,还可辅之以板书。

一位历史教师在《第一次世界大战》这节课的结尾说道:"这节课简单地说可以总结为一、二、三、四、五。一个原因:帝国主义为重新瓜分世界、争夺霸权的斗争。两个侵略集团:三国同盟和三国协约。三条战线:西线、东线和南线。四大战役:马恩河、凡尔登、索姆河和日德兰海战。五个年头:从1914年到1918年。"这段利用几个数字巧妙地进行归纳的结语,提纲挈领,使学生巩固了知识,又在头脑里留下了清晰、整体的印象。

(2)问题式结课

一堂课结束时,相当一部分学生对所学的知识还似懂非懂,知其然而不知其所以然。问题式结课可以解决这一难题。例如,学完课文《高级神经活动》后,教师留下这样一组思考题:①小孩第一次打针会哭起来。②小孩看见针就哭。③小孩看见穿白大褂的医生就哭。④小孩听说打针就哭。这四例各属什么反射活动?属于条件反射的指出是第几信号系统的反射。对上述思考题的探讨,可以加深学生对条件反射的形成,第一信号系统与第二信号系统,非条件反射与条件反射的区别等知识的理解,并学会运用所学知识解释这些日常生活现象。

(3)悬念式结课

对于一堂课内不能解释清楚的知识点,不妨设置一个"欲知后事如何,且听下回分解"的悬念来结尾,它能激起学生的求知欲。如在"葡萄糖"一节的教学中,在对葡萄糖的性质进行解析后,教师总结:"葡萄糖的结构式中有醛基的存在,那么蔗糖、麦芽糖的结构式中有无醛基?用什么实验来证明呢?我们留待下节课学习。"学生一定想知道这里的奥秘,急切地期待下一节课。

(4)自然结尾式结课

正所谓"瓜熟蒂落、水到渠成",教师在讲解完知识后,下课铃声正好响起,这便是自然式结课。这种结课方式要求教师精于设计课堂教学的内容和结构,准确把握课堂教学的进程和时间。自然式结课方法不强调结课的形式技巧,讲究的是课堂教学进程和时间的精心设计。有位地理教师讲解一幅地图,没想到地图没钉结实,"啪"的一声掉下来,这时恰好下课铃声响起,教师不失时机地说道:"看来挂图也想休息了,下课。"结课干脆利落,幽默有趣,师生在会心一笑中完成了课堂教学。

（5）延伸拓展式结课

延伸式结课是指教师在讲完某些知识后，把结课作为联系课堂内外的纽带，引导学生把知识向课外延伸，去观察、思考，把学到的知识应用到实际生活中。在讲到叶的蒸腾作用时，教材中说：温带地区，冬季寒冷，大部分树木的叶子脱落，以减少蒸腾作用，保持体内水分。这是树木度过寒冷或干旱季节的一种适应。教师结课时说道："同学们回家后观察一下落到地面上的叶子，是背面朝上的多，还是正面朝上的多。结合叶的结构及光合作用，就可以解释你所看到的现象。"这样课内指导课外，联系生活实际，既有利于培养学生观察、分析、解决问题的能力，又有利于开阔学生的视野，增强学生的动手能力，激发学生的学习兴趣。

（6）比较式结课

比较分析新学知识与原有知识，找出它们的联系与区别，可使学生对所学知识理解更准确、更透彻，记忆也更清晰。有位语文教师讲授峻青的《秋色赋》，在落实本课基本要求后，这位教师在课堂结尾将欧阳修的《秋声赋》和毛泽东的《沁园春·长沙》也一同发给大家，引导学生比较、思考和讨论。"其色惨淡，烟霏云敛……其意萧条，山川寂寥。"——这是欧阳修眼中的秋；"绚丽缤纷""眼花缭乱""不是人生易老的象征，而是繁荣昌盛的标志"——这是峻青眼中的秋；"万山红遍""漫江碧透""万类霜天竞自由"——这是毛泽东眼中的秋。

（7）口诀式结课

教师把学生所学的零散知识整理总结成口诀，不仅朗朗上口，便于记忆，而且能激发学生的学习兴趣。在"被子植物分科举例"中，结束十字花科一课时，在学生归纳出十字花科主要特征的基础上，教师把主要特征口诀化："十字花科，草本居多；十字花冠，四萼四瓣；六枚雄蕊，四长两短；雌蕊一枚，果实角果。"

2.注意事项

在平时的教学中，我们时常会留下"精彩引入，草草收场"的遗憾。

（1）"草草收场"的原因

教师在课堂上"草草收场"的原因主要有：师生互动时间没有把握好，就某个问题讨论时间过长；教师借题临场发挥太多；某个实验失败或有关设备"卡壳"，发生故障；身体、情绪等方面的原因或其他突发事件等。教师在课堂上"草草收场"，表面上看是时间调控、安排不得当,事实上却可以从一个侧面反映出一位教师的教育机智。教学过程中出现问题是正常的,讲课时间不够或多余也是正常的,关键是如何巧妙调整,恰当弥补。

（2）应对措施

一般来说,教师在备课时都会考虑结课环节,且都做了设计,但是教学中难免有突发事件耽误讲课的进程,这就需要教师临场应变,巧妙"救急"。

●悬念式。下课铃声一响,紧急"刹车",马上结课:欲知后事如何,且听下回分解。即设计悬念,让学生余味无穷。

●归类式。点出提纲让学生自己去完成归类小结,或列表让学生去填表整理,

或留一部分让学生自己去补充完整。不要拖堂,也不必非要讲完不可。

●思考式。知识点讲不完了,马上将有关内容转化成思考题,让学生去找答案、去思索。

●续解式。课堂上常有随堂练习和讲评,时间来不及时,可让学生课后解题。

●操作式。当某个实验还未完成或来不及做或失败时,可以告知学生课后去实验室做实验。如果来不及播放图片或资料了,则可以让学生抽空再打开课件看一看,或留下相关实物、模型让学生去观察、分析。

第三节　板书与演示

在教学活动中,为了加深学生的理解、突出重点、强化记忆等,教师往往会将重要的信息板书出来;为了令学生直观感知,培养其观察和思维能力,深化其对知识的理解等,教师往往通过形象、生动的演示来讲解知识点。作为新教师,板书和演示技能必不可少。

(一)板书技能

教学板书是教师利用黑板(广义上包括多媒体),运用文字、符号、线条、表格、

图形等辅助教学的一种基本的教学手段。

在课堂教学中运用板书,有利于学生集中注意力,把握重难点,提高学习效率等。板书是中小学课堂教学的重要组成部分,是教师研究教材、处理教材的创造性思维结晶。教学板书还是教师的书面语言,是教师用以表情达意、教书育人的重要媒介。

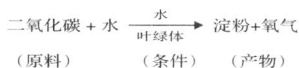

三、光合作用的实质
1.公式:

二氧化碳 + 水 $\xrightarrow[\text{叶绿体}]{\text{光}}$ 淀粉+氧气
　(原料)　　　(条件)　　(产物)

2.实质:
　　物质转化过程:无机物 $\longrightarrow$ 有机物
　　能量转化过程:光能 $\longrightarrow$ 贮藏在有机物中
四、光合作用的意义
五、外界条件对光合作用的影响
六、光合作用的原理在农业生产上的应

图2-1　《光合作用》板书

1.类型与要求

(1)板书的类型

①提纲式

提纲式板书,即运用简洁的词句,分层次列出这堂课的知识点或提纲。如图2-1。

②表格式

表格式板书是指将教学要点间的联系以表格的形式呈现的板书。如表2-1。

表2-1　质数、质因数和互质数相对比的板书

类型	说明	举例
质数	只能被1和它本身整除,只看它本身	2、3、5、7
质因数	具有双重身份,本身是质数,又是一个合数的因数	30=2×3×5
互质数	互质数几个数的最大公约数是1,但这几个数的本身不一定是质数。	4和17,8和9

③线索式

线索式板书是指围绕某一教学主线,抓住重点,运用线条和箭头等符号,把教学内容的结构、脉络清晰地展现出来的板书。如图2-2。

④关系图式

关系图式板书是指借助

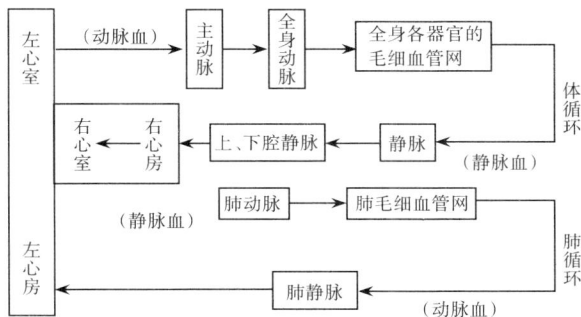

图2-2　《血液循环》板书

具有一定意义的线条、箭头等符号和文字组成某种文字图形的板书。如图2-3。

⑤图文式

图文式板书是指教师边讲边把教学所涉及的事物形态、结构等画出来(包括模式图、示意图、图解等),并将之形象直观地展现在学生面前。如图2-4。

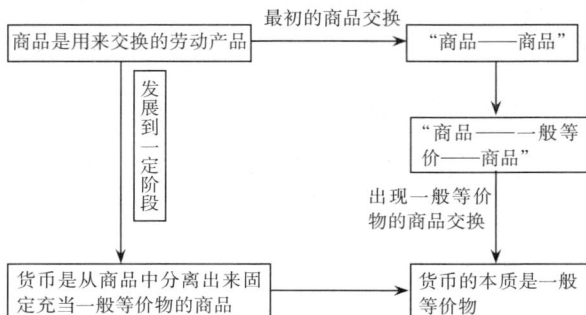

图2-3　商品交换板书

(2)板书的基本要求

①目标明确,针对性强。

②重点突出,条理性强。

③形式多样,趣味性强。

④语言正确,科学性强。

⑤书写规范,示范性强。

2.注意事项

板书设计是一门艺术,每位教师都应在深入钻研教材的基础上,设计好每一节课的板书。

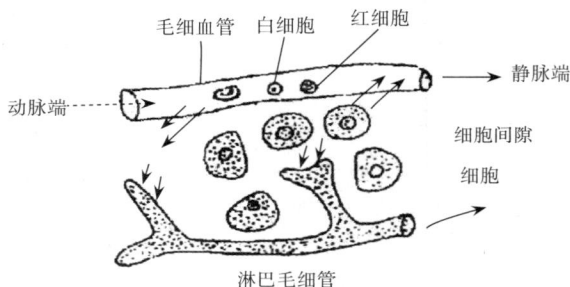

图2-4　淋巴形成示意图板书

新教师努力做到以下四点,也能逐渐设计出理想的板书。

(1)内容上要"精"。教师应根据课堂重难点,建立知识点之间的逻辑联系,锤炼语言,进行板书内容设计。

(2)设计上要"巧"。要根据内容选择适当的板书形式。版面的布局要根据黑板的长度、有效高度(教师实际能使用到的高度)和板书内容来定,以主板书的分段为划分依据,可分为一段、两段、三段或四段,黑板两端则留作副板书。

(3)方式上要"活"。可根据需要采用先讲后书、先书后讲或边讲边书的方式。一般依照讲解顺序板书,有时也可预先留好空位,在适当时候"倒插"、补书。

(4)书写时要"快"。流畅、快速的板书,可增加课堂密度,增强课堂教学的节奏感。

(二)演示技能

演示技能是指教师在教学和训练中运用操作、示范等直观教学手段,充分调动学生的视觉、听觉,指导学生进行观察、思维和练习的一类教学技能。

演示的作用主要表现在帮助学生感知、理解相关知识;指导学生正确操作等。新颖生动的演示还可以激发学生的学习兴趣,提高学生学习的积极性。

中学生的思维正在由具体形象向抽象逻辑发展,教学中充分地运用演示技能,能够丰富学生的感性经验,降低教学过程中学生掌握新的较为抽象的知识的困难程度。

1.演示步骤与演示的类型

(1)演示的基本步骤

①心理准备

在学生进行演示观察之前,教师应当事先告诉学生演示的内容,使学生集中注意力。并向学生说明要观察的对象、观察的方法、观察过程中应注意的问题等,从而让学生做好心理准备。

②展示和介绍演示工具

首先按照操作规范将演示工具呈现在学生面前,要注意其摆放的位置,尤其是高度和亮度,要保证教室里每个学生都能看到。如果演示工具实在太小,则应使用巡回演示或分组观察的方法。如果是实验演示,则应介绍所用的试剂及其性状、仪器设备的使用方法和功能等。

③指导观察

结合教学内容,教师应当有计划有步骤地指导学生观察,提出总的和每一步的观察任务,让学生思考本质和现象之间的联系,这是演示的关键。

④把握操作的节奏

教师在演示过程中,要有意识地控制自己的操作,应做到准确、规范、熟练、快慢适当,以便学生模仿和观察。要适当地重复一些较为简单、持续时间较短的实验,以便于学生观察和思考。

⑤说明和解释

演示时,要对演示采取的方法、步骤或呈现的现象加以说明和解释;适时地提出问题,带动学生边观察边思考;对操作的要领和原理也应当进行阐述。

⑥整理和小结

在演示完成之后,要求学生对相关的现象或实验数据进行整理,通过演示得出相关的结论并与新知识建立联系,为进一步的讲解奠定基础。

⑦考查学生对知识的掌握情况

通过提问等方式考查学生对所学知识的掌握情况。

(2)演示的类型

①随手教具演示

随手教具指的是那些无须专门购买和精心准备,在教室、办公室或家庭中能够随处找到,直接使用或稍微经过改造即可应用于教学的物品。例如数学课上教师可以利用翻开的课本展示二面角,地理课上教师用粉笔盒和粉笔擦做地球公转的演示。其中,课本与粉笔盒、粉笔擦就是随手教具。

②实物、标本和模型演示

实物、标本和模型这几类演示的目的是使学生在学习过程中充分感知事物,了解其形态和结构,从而获得直接的感性认识。但三者有一定的区别:实物的真实性最强,但受时间和空间的限制,应用范围不是很广,而且内在的结构不易被观察,所以一般不使用实物演示法演示那些结构复杂、内部可见性差的事物;标本则不受时空的限制,但也不易观察事物的内部结构和特征;模型的真实性不如实物和标本,但是可以帮助学生较容易地了解事物的内部特征和结构特点,所以在三者之中模型的使用率最高。在模型演示过程中要进行相应的说明,尤其是对模型与实物的比例、空间构型的特点要进行详细的介绍。

③图片演示

图片包括两类:一类是正规的印刷挂图,一类是教师自制的简略图、设计图、结构图、分类图等。图片演示操作简便灵活、花费时间短、使用时受客观条件影响小,是最常见的一种教学手段。

④多媒体演示

随着信息技术和多媒体技术的发展,幻灯、投影、电视、电脑等多媒体在教学中的应用越来越频繁,起到的作用越来越明显。此外,还出现了很多手机软件如"希沃授课助手"等,也可以用于教学投影演示,不仅可以将演示物放大,还能同步演示操作过程中的动态变化,弥补了传统投影的不足。

在进行幻灯、投影等多媒体演示时,最重要的是要做好课前准备。主要包括课件的制作、演示类型的选择、演示媒体运行状况的检查等。要做好多媒体软件与课堂内容的紧密结合,不能只有形式没有内容。

⑤实验演示

实验演示是理科课堂教学中的主要演示形式,是学生获得知识的重要途径。实验演示有科学性、直观性和启发性三个突出的特点。实验演示按照其目的的不同可以分为探究新知识的实验演示和验证、巩固已学知识的实验演示两种。

探究新知识的实验演示指的是在学习新知识之前,教师做与之相关的实验。探究新知识的实验演示与普通的实验演示有一定的区别,其注重实验过程中学生探究能力和创新能力的培养,与单单传授知识的实验演示有着本质的区别。探究新知识的实验演示的步骤包括提出问题、分析问题、提出假设、设计方案、进行实验、得出结论、分析结论等。

验证、巩固所学知识的实验演示一般放在结课环节,目的在于以实验为载体,将当堂课的重要内容精炼、概括地表达出来。

⑥活动与表演

在教学过程中,学生的表演具有独特的意义,能够有效地调动其学习的积极性和创造性。除了文科类教学如语文、英语中可以把教材编排成相应的戏剧、小品之外,理科类的教学也可以利用这种演示方式。

第四节　提问与理答

提问是教学的一部分。教师需依据不同的教学目标有针对性地提问。理答是指教师对学生回答的应答和反馈。教师的理答反应,直接关系到学生回答问题时的积极性,并影响教学效果。

教师富有挑战性的问题情景设置和机智的语言回应是优质的师生互动的关键,所以教师必须精心设计每个问题,以"精问"促"深思",切实提高问题的效用。新教师可以通过提问、观察和倾听技能的训练,更加有效地进行提问和理答。

(一)提问技能

提问是课堂提问的简称,是课堂教学过程中,教师根据教学需要,向学生提出问题的一种教学方式。

课堂教学过程中,师生之间进行信息交流的途径很多,提问是其中用得较多且较有效的方式。良好的课堂提问可激发学生的学习兴趣,引起注意;可调动学生思考的积极性,发展思维;可加强师生间的感情沟通,促进交流;可获得信息反馈,有利于教师调控、改进教学等。

1.类别与方法

提问在课堂教学过程中使用广泛,类型可以从多个角度进行归纳。下面主要根据提问在教学过程中的作用进行分类。

(1)课前检查学生对所学知识的掌握情况的提问

此种提问多用于新课前5~10分钟,这种提问的主要作用有:复习巩固基础知识等;检查学生应用知识的能力;达到温故知新的目的。

(2)由旧知识引入新知识的提问

这种提问又叫铺垫式提问,即对已学知识进行提问,从而为后面的学习做好铺垫,使学生沿着已知与未知的联系学习后面的内容。例如,在学习高中生物《细胞核——系统的控制中心》时,教师先提问回顾细胞器的相关知识,后问到"细胞内各细胞器分工、合作完成各项生命活动。而一切生命活动都是按总规划进行的,那么,细胞的规划中心在哪里呢?"由此自然引出了细胞核这一知识点。这样提问既能强化已知,又能通过新旧知识的联系,降低后续学习的难度。与检查提问不同的是,这种提问可以在一节课开始时使用,也可在转入下一个学习内容时运用,不一定都要求学生回答。其突出特点是提问紧扣新旧知识的"联结点"。

(3)指导学生阅读教材的提问

此种提问模式即教师针对教学内容设计一些问题,让学生通过阅读、思考,完成基本知识和概念的学习。仍以《细胞核——系统的控制中心》为例,在学习细胞核的结构时,教师在PPT中展示细胞核结构示意图和几个问题,提示学生带着问题阅读教材:①细胞核的核膜由几层膜构成? ②核仁的主要作用是什么? ③核孔的主要作用是什么? ④染色质主要由什么构成? 其中遗传信息的载体是什么?⑤染色质是如何得名的? 染色质和染色体是什么关系?

学生在规定时间内完成阅读后,教师请部分学生进行问题接龙式的回答,其间教师只做补充和强调。应特别注意,学生在回答问题的过程中如果出现错误,教师不应急于给出正确答案,而应提示学生再次回顾教材进行思考,也可适当展开小组讨论,从而真正提高学生阅读思考以及分析解决问题的能力。

（4）针对教学重、难点的提问

此种提问要求有一个明确的指导思想,循序渐进,一步步逼近教学重、难点,逼近所要达到的教学目标,逐步认识事物的"庐山真面目"。例如,在《细胞核——系统的控制中心》一课中,在学习细胞核的功能时,教师连续提出"没有细胞核,细胞还能长期存活吗？还能合成蛋白质吗？还能生长和分裂吗？"三个问题,既突出重点,又化繁为简,让学生带着问题去阅读、去思考,最后得出"细胞核是细胞代谢和遗传的控制中心"的结论。接着,教师再提问:"细胞核要控制细胞的代谢和遗传,则要与细胞质发生物质交换、信息交流等,主要通过核上的什么结构实现这一需求？"从而启发学生将细胞核的结构与功能联系起来。

（5）调节课堂气氛的提问

在讲授比较枯燥的基本概念、原理时,课堂气氛往往比较沉闷,此时教师可通过有趣的问题调节课堂气氛,让学生在轻松愉快的环境下完成学习任务。例如,在讲授《登泰山记》一文时,教师就可以提问:"倘若你是姚鼐,你现在去登泰山,你会看到哪些景物呢？"这种"换位"的假设,可以调动课堂氛围,让学生充分发挥自身的想象力。

（6）检查学生听课效果的提问

检查式提问即教师用以检查学生对本节课内容的掌握情况的提问。教师通过课堂提问,能获得比书面作业更及时、深入的了解,从而调节教学进程和教学策略。检查式提问经常用在重、难点知识教学后。如在下课前5～10分钟,针对本节课应该掌握的基本知识、原理进行提问,以此掌握学生的记忆、理解、运用新知识的情况,检查本节课的教学效果。

2.注意事项

（1）提问要带有目的性

要紧紧围绕教学目标,优化课堂提问,提哪些问题、在何时提问、提问哪些学生、期望得到怎样的答案、学生可能回答的情况及处理办法等,教师都要做到心中有数。

（2）提问要具有整体性

课堂教学是一个整体,因此课堂提问也应该环环相扣,一气呵成。在教学《胡同文化》一文时,教师可连续提出以下问题:"胡同文化有哪些外在的表现?""它体现了北京人怎样的心态?""你怎样看待没落的胡同文化?"前两个问题由外到内,第三个问题则体现了思维的开放性,有利于培养学生的发散性和创造性思维。

（3）提问要富有启发性

引导式提问是最具启发性的提问,能激发学生的求知欲,促进学生思维的发展。特级教师于漪在上《孔乙己》一课时提问:"凡是读过鲁迅小说的人,没有不知道孔乙己的,在所写的小说人物中,鲁迅先生最喜欢孔乙己。他为什么最喜欢呢?他是怎样以成功之笔来塑造这个艺术形象的呢? 当我们读悲剧时,眼泪总是会情不自禁地夺眶而出。可是,我们读《孔乙己》,眼泪却流不出来,这又是为什么呢?有人说,古希腊的悲剧是命运悲剧,莎士比亚的悲剧是主人公性格的悲剧,易卜生的悲剧是社会悲剧。那么,《孔乙己》小说所写的悲剧,究竟是哪一种悲剧呢?"

（4）提问要兼有艺术性

教师在课堂教学过程中艺术化地进行课堂提问,更能营造师生沟通的问题情境,形成"疑义相与析"的良好氛围,从而达到预期目的。

（二）观察技能

课堂观察,是指教师在课堂教学过程中有意识地对教学过程诸要素(学生、教师、教材、教法、教学环境等)进行感知觉的活动。很显然,观察的主体是教师,观察的对象是教学过程中的诸要素。

通过观察,教师可以了解:学生听课的"质量",即学生是否进行了深层次的思维和情感投入;课堂教学目标是否实现;教师对学生的评价方式是否起到激励作用;等等。这种观察是有目的、有意识的,所以说它是一种技能。

根据观察对象和观察目的等的不同,可以把观察技能分为探询观察、随机观察、验证观察三种类型。

（1）探询观察

此种观察一般发生在新教师走上讲台时以及候课阶段。候课是指上课前2～3分钟教师站在教室门口等候上课。候课时教师主要观察以下内容:学生的课堂纪律;学生的精神状态;学习用品的码放;等等。

（2）随机观察

课堂上的行为表现是随机出现的,因此观察也是随机的,所以叫随机观察。

这是最主要、最常用的观察类型,主要用于课堂上知识的传授阶段。在课堂上,教师可以通过视听觉等感知学生的表情变化、行为动作、课堂参与程度以及心态变化。然后判断学生的学习需求,从而调整教学策略。

（3）验证观察

在讲授新知识后,教师都要观察了解学生对新知识的理解、掌握情况,这时的观察属于验证观察。验证观察除了运用视听觉器官外,还应结合其他的教学技能和方法,比如提问、板演、课堂练习等。

（三）倾听技能

师生交往是一种特殊的人际交往,其中教师的倾听具有极为重要的作用,它决定着师生双向交流能否达成,关系到师生交往的质量。

教学过程中,教师通过倾听收集学生对教师教学的即时或延迟的反馈信息,从中推断出学生学习的困惑与疑难,从而改进教学方法,采取相应的策略、手段,替学生释难答疑,从而做到真正的因材施教。

1.倾听的内容

（1）学生的回答

学生对问题的回答,能够帮助教师及时、准确地了解学生对学习内容的认识、理解、思考程度,这对于课堂教学来说是至关重要的。能否在此基础上及时对教学内容、教学难易程度、教学思路、教学环节等做出合理的调整,是衡量一个教师教学机智的主要指标,也是衡量一次教学活动是否具有针对性和有效性的重要指标。例如:

《荷花淀》教学中,教师让学生朗读水生和水生嫂间的对话,由此来分析水生嫂这一人物形象。

师:这段对话反映出水生嫂怎样的心理状态、个性特征? 找一句你认为最简洁、最传神、最动人的话,来给大家说一说。

生1:我认为是"你走,我不拦你。"表明水生嫂支持丈夫参军杀敌。

师:你把原句中"家里怎么办?"给落下了,那么加上以后是否就表明水生嫂不支持丈夫了呢?

生1(迟疑):我还没想好,应该是有所不同的吧。

生2：我觉得还是支持的。只不过提出实际困难，真实地反映出矛盾心理。

师：是啊，丈夫走了，生产任务、生活重担全都压到自己的肩上，没有顾虑是不现实的。这里还有一个小故事。据说当年有本书将句号改成了逗号，变成"你走，我不拦你，家里怎么办？"孙犁得知后认真地说："这是原则性错误！"现在你能理解孙犁的话了吗？

生1：用句号语气更肯定，更能反映出支持、理解丈夫的明确态度，突出不阻拦；用逗号则强调了"家里怎么办？"，突出依赖性。

在以上案例中，教师从学生的回答中找出了学生理解上的缺漏，并通过追问和补充相关材料引导学生逐步深入理解课文。

（2）学生的提问

在教学进程中，学生面临疑难困惑能够自己提问是值得珍视的现象。学生提问是他们独立思考、自主学习的开始，也是他们思维走向敏捷、思想走向深刻的过程。教师要善于倾听并且筛选出其中有代表性的问题，将其整合为独特的教学资源。对于学生提出的知识性问题，一般只需进行知识层面的释疑解惑；涉及教学内容理解的问题，就要求教师相机灵活对待，或适当补充材料，或课内外合理迁移，或设置前后联系的系列问题进行启发。

对于出乎意料的提问，如果值得品味咀嚼，教师往往还可以放弃预设的教学计划，首先肯定学生的提问，然后以一个组织者、学习者的身份营造民主的氛围，和学生展开平等的对话交流。

（3）学生的质疑

有时候，有些学生还会针锋相对地提出和教师、其他同学截然不同的个性化见解。有的见解浅薄、幼稚，缺少深度；有的片面、偏激，缺乏认知储备；也有的闪现着学生的灵感和智慧。这时，就需要教师耐心真诚地倾听，并对这些见解作出正确的判断和应对。

2.注意事项

（1）树立倾听的意识

教师要更新观念，在课堂上要扮演好组织者和引导者的角色，放手让学生去说。

（2）注意倾听的方式

a.真诚的态度。教师应本着洗耳恭听的态度，积极热情、耐心真诚地倾听。

用鼓励的眼神、微笑且专注的神情,让学生大胆、大方地表达,自由、平等地言说。面对学生的质疑和打断,教师切不可表现出对"权威"被怀疑、原订教学计划被破坏的不满和恼怒;或是对学生不成熟的甚至浅薄的见解表示不屑;或是对学生不甚流畅的表述表现出不耐烦。

b.适时的交流。教师的倾听不仅是一个单向接收的过程,还应该是一个双向交流互动的过程。教师在倾听的过程中可以适时地插入自己的看法,和学生进行话语交流。比如,疑惑费解的地方,要求他做出解释;其他学生听不清楚时,要求他重述;语言表述上存在不当之处,给予纠正;表现出非凡的想象力或者提出独到的见解时,给予称赞;已经意会却无法很好地言传时,及时点拨以通其意;思维旁逸斜出时,因势利导使其言归正传;发言结束后简要地概括和评价;等等。总之,在面对学生的发言时,教师要排除干扰集中注意听,化繁为简抓住重点听。听重点,抓关键;听语气,看表情;适当追问、反问、补充信息。

第五节　　听课与评课

(一)听课技能

听课,既指学生听教师讲课,也指教师同行、专家、领导进入课堂听教师讲课。听课不仅是学生学习的主要方式,也是教师教学工作的重要组成部分。

听课技能是以听课者原有的教育思想和经验为基础,以听、看、记、思、谈等多种活动协调为保证的立体性综合技能。合格的听课者需要掌握一定的技术要领。

1.听课类型

(1)检查型听课

检查型听课是为了了解学校和教师教育教学工作的情况而进行的听课活动。它是上级教育部门和学校领导监督、检查教育教学工作的一种最普遍的形式。这种形式的听课常常是突然进行的,事先极少通知学校或者讲课的教师。虽然,外来听课者的介入会或多或少地影响到学校和教师,但从总体上讲,通过检查型听课了解到的教学情况基本上是客观的,能比较真实地反映学校和教师的实际教学情况。

（2）评比型听课

评比型听课的目的主要是对教师做定性评价。如为评优质课及评优秀学科教师、特级教师等所开展的听课活动就属于这个范畴。在各级各类的优质课评比及各种考核课中,听课者应尽可能地减少主观因素的干扰,客观、公正地对待每一节课,做好选拔性或等级评定工作。

（3）观摩型听课

观摩型听课是为了总结、推广、交流教学经验和方法等而进行的听课活动,包括听公开课、示范课、展示课等。观摩型听课的目的主要是在一定的范围内推广先进的教学方法和教学经验等,因而,一般都是观摩特级教师、优秀教师或某一方面有特色、有创新、有经验的教师的课堂教学。

（4）调研型听课

调研型听课是为了研究、探讨有关教育教学问题或了解教学改革实验进展情况而进行的听课活动。研讨课、实验课、调研工作中的听课等都属于这个范畴。这类听课活动往往是实验研究性质的,组织者和实施者一般有比较明确的研究目的和比较成熟的做法与经验。对听课者来说,其听课的主要目的不是去评价教师,而是与授课者共同讨论教学过程、教学方法等,共同总结反思,逐步完善教学。这样的听课活动往往不是听一两次课就能解决问题的,通常需要听课—反思—改进多次反复。

2.听课要求

（1）听课前要明确听课的目的、计划和要求,了解教材、学生的基本情况

不同的学科、不同的教材有不同的教学目的、教学计划、教学内容和教学方法等,对此,新教师必须有所了解。另外,还要了解听课班级学生的一些基本情况,如学习风气、学习习惯和认知水平等,增加听课的针对性及评价的客观性和公正性。

（2）要处理好与讲课者的关系

听课者,特别是新教师,应以谦虚的态度去听课。课前适当地和该授课教师谈一下听课的因由;或了解和关心一下学校的教学情况;或与该教师拉拉家常,转

移和减轻教师的紧张情绪;尽可能取得讲课教师的信任、理解与配合。进入课堂后,听课者要集中注意力,做到认真听、仔细看、勤记录、多思考,要最大限度地减少对课堂教学的影响,尽量使课堂教学以真实自然的面貌呈现。

（3）要不断地学习教育教学理论和有关学科的课改理念

只有学习与掌握了教育学、心理学、教学法、教育哲学等相关教育教学理论,才能在听课中透过现象看本质,从感性认识上升到理性认识。掌握先进的教育教学理论是听好课的基础和前提,了解当前相关学科的课改理念是听好课的重要保证。

（4）听课时要做到听、看、记、思的有机结合

听课是一项复杂的脑力劳动,需要一定的方法和技能。听课者要充分调动自己的感官,做到听、看、记、思有机结合,才能真正达到听课的目的。

①听的要求。听课者主要应注意听:

● 教学是否体现新课程的理念、方法和要求;

● 教学设计是否科学合理;

● 教学内容是否重点突出、详略得当;

● 教师语言是否流畅、表达是否准确清楚;

● 授课中是否有创新的地方;

● 教师的思维是否清晰、灵活,学生的发言是否准确。

②看的要求。听课不仅要用耳朵听,还应用眼睛仔细观察,用心体会课堂教学的每一个环节。看的方面有:

● 教师主导作用的发挥。譬如,教态是否亲切自然,处理课堂偶发问题是否灵活巧妙,指导学生学习是否得法,板书是否规范合理,教学媒体的运用是否熟练;

● 学生主体作用的发挥。例如,学生是否主动参与教学过程,课堂气氛是否活跃,全体学生的积极性调动得如何,学生学习习惯是否科学,学生分析问题和解决问题的能力是否得到培养。

③记的要求。听课中发现问题要尽快记录下来,以免课后遗忘。听课时做笔记是听课者素质的体现。在做听课记录时要注意以下几点:

● 听为主、记为辅。听课要分清主次,以听为主,要把注意力集中在听和思

考上；

● 记录要详略得当。听课时要有选择性地重点记录,文字要精炼。一般要记教学过程、板书设计、教师的重点提问、学生的典型发言、师生的互动情况、有效的教学方法和手段、教学中的失误等。各部分的详略根据听课的目的与需要自定；

● 听课后要及时整理听课记录,进行理性的分析、归纳,总结出有价值的经验和做法,提出一些改进的意见和要求等。

④思的要求。听课者在听课中要注意思考以下方面：

● 教师为何如此处理教材,换个角度会怎样；

● 教师教学的成功、不足或失误之处,分析原因,并考虑对学生产生了哪些影响；

● 换位思考,假若自己上这节课会怎样上；

● 课堂教学中是否体现了新课改的理念、方法、要求等,教师是否将其内化为自觉的教学行为；

● 若无听课者,教师是否也会这样上,即这节课能否反映教师真实的教学水平等等。

（5）听课后要积极参与评课

听课者应本着实事求是、鼓励为主的原则,积极参与评课,与授课教师和其他听课者相互研讨,共同总结课的成功和不足之处,并给出改进意见或方向。

（二）评课技能

评课是一项常规的教学研究活动,一般指评课者在随堂听课后对授课教师这节课的教学行为和结果进行的一系列评价活动。通过评课,同事之间可以相互学习,相互促进；领导可以发现不足,推介经验；专家可以了解动态,发展教学理论。评课具有导向、激励、改进、鉴定和教研等重要作用。

评课作为一种特殊形式的教学交流与评价活动,是提高教师从教能力,促进教学反思,提高课堂教学质量的有效途径,也是衡量教师教学水平的重要方式,是教师必须具备的一项教学技能。

1.内容与类型

（1）评课的标准（见表2-2）

表2-2　中小学课堂教学评课标准

评价指标	权重	评价因素	分值	得分
教学目标	10分	1.目标科学、明确、合理、恰当	5	
		2.符合课标要求和学生实际	5	
教师素质	20分	3.爱护、信任学生,教态自然亲切、情绪饱满	4	
		4.讲普通话,语言清晰、生动,表述精炼、准确	4	
		5.课堂组织能力和应变能力强	4	
		6.板书工整,布局合理,字迹秀美	4	
		7.能熟练运用多媒体、教学实验等辅助设备,操作规范	4	
讲授过程	25分	8.准确把握教材,突出教学重点和难点	3	
		9.关注学生学习质量,容量、密度适当	3	
		10.注意课堂调控,适时调整教学进度、难度	3	
		11.面向全体,尊重主体,尊重差异	6	
		12.留给学生独立思考和合作学习的空间,培养学生的思维能力和创新能力	10	
学生活动	25分	13.绝大多数学生积极、认真地参与教学活动,主动学习	5	
		14.学生勤于思考,回答和提问有见解,善于质疑	10	
		15.解答问题正确率高,演示操作规范	5	
		16.学生有良好的自主、合作、探究的学习习惯	5	
教学效果	20分	17.课堂气氛活跃,学生情绪高昂	5	
		18.学生能总结课堂学习内容,反思学习过程	5	
		19.有当堂练习,绝大多数学生掌握了所学知识,能力得到提高	10	
定性评价意见			总　分	
			评价者	

（2）评课的类型

评课的类型很多,依据评课的目的,可分为以下四种类型。

①观摩性评课

观摩性评课通常选择教学经验丰富的优秀教师讲课,组织专家与其他教师对授课教师的示范性课堂教学做点评,交流、总结其教学经验,从而使参与评课的青年教师从中受益。

②培训性评课

培训性评课一般以年级组或教研组为单位,骨干教师与青年教师共同参与。在随堂听课的基础上,可先由授课教师自我评课,再由青年教师评课,最后由骨干教师进行有针对性的总结性评课。培训性评课旨在诊断课堂教学存在的问题和不足,提高授课教师和青年教师的授课水平。

③研究性评课

研究性评课一般以课题组或学科组为单位,通常采取集体备课的形式,相互切磋,共同探讨,写出教案,然后指定几位教师分别讲课,课后逐一进行集体评课,不断完善教学方案。研究性评课旨在发挥集体优势,取长补短,共同提高参与者的教研水平。另外,在教学改革的尝试阶段通常也采用这种评课形式。

④考核性评课

考核性评课一般由学校领导或上级教育部门组织评课专家组,在随堂听课的基础上,对授课教师的课堂教学行为和效果做出一系列综合评价。考核性评课旨在考查课堂教学水平及授课教师的教学素质。

根据组织形式,评课可划分为个别面谈式、小组评议式、书面材料式、调查问卷式、陈述答辩式、点名评议式、师生评议式、专家会诊式和自我剖析式等形式。依据评课主体还可分为同事之间互相学习、共同研讨的评课,学校领导诊断、检查的评课,上级专家鉴定或评判的评课,等。总之,从不同的角度可以划分为不同的类型,不同类型的评课其特点和要求都有所不同。

2.注意事项

新教师评课时,应注意:

(1)要根据课堂教学特点和班级学生实际,实事求是地公开评价一节课,切忌带有个人倾向。

(2)要以虚心的态度、商量的口气与讲课教师共同分析研讨,不能把自己的观点强加在别人头上。

(3)要突出重点,集中主要问题进行评议和研究,不要面面俱到,泛泛而谈。

(4)要以事实为根据,增强说服力。

(5)要做好调查工作,尽可能较全面地了解讲课教师。

第三章

信息技术

　　随着人工智能、区块链、云计算、大数据等新兴技术的迅猛发展和加速应用，信息技术从来没有像今天这样深刻地影响着国家的前途命运、人民的生活福祉，也从来没有像今天这样深刻地影响着教育的理念、文化和生态。信息技术与教育教学彼此融合发展，已成为教育常态。信息技术是教师优化教育教学的重要手段和方法，同时也是现代教师专业能力的必要组成部分。

　　为此，我们提炼出一系列教师日常面对的工作场景，根据教学所需，主要介绍课件与微课的设计制作、思维可视化工具的应用及交流协作工具的使用。

本章相关视频

第一节　课件制作工具

多媒体课件是根据教师的教学设计,把需要讲述的内容通过计算机多媒体元素(图、文、声、像)来表述并构成的课堂要件。它可以生动形象地描述各种教学问题,活跃课堂气氛,提高学习兴趣,拓宽知识视野,因而被广泛地应用于大中小学的各学科教学中。能够帮助教师完成课件制作的工具非常多,PPT以其操作简单、容易上手等优点脱颖而出,被广泛地使用。下面我们就以PPT为例介绍说明教学课件的制作及其常见问题与解决办法。

(一)PPT的设计与制作

PowerPoint(简称PPT)是一款功能强大的演示文稿制作工具,经过20多年的发展,它在教学中的基础地位已不可动摇。目前国内中小学PPT的教学应用逐步与国际水平接轨,其实用性与艺术性也有了显著提升。然而,许多一线教师在独立制作PPT时总是遇到各种各样的问题,为此我们将以多媒体教学课件制作的流程为线索,逐一介绍解决的办法。

1.PPT文稿比例设置

在制作PPT时,大家往往会忽略对整个演示文稿比例的设置,而放映PPT时则会发现不能满屏放映,甚至出现比例失调的情况。

究其原因,主要在于设计演示文稿时,没有对演示文稿的页面比例进行设计。为此,我们可以通过以下办法解决此问题:

Powerpoint 2010及以前的版本默认幻灯片大小为4:3。随着宽屏显示的普及,幻灯片大小还可以设置为宽屏16:9或16:10,也可以自定义。具体操作如下:

第1步 创建空白演示文稿。

第2步 选择"设计"|"幻灯片大小",依据需要选择合适的比例选项。

该操作是在演示文稿创建后即刻进行的,这样便于后续其他页面的制作,不会影响整个演示文稿页面内容的排版。

那么,演示文稿制作已经完成后,能否使用相同的操作技术来修改和调整PPT的宽高比呢? 答案是肯定的。但我们不建议这样操作,因为在完成演示文稿后再来进行幻灯片大小比例设置,会使得页面中的图文比例失调,甚至导致页面中有些内容(如文本框、图片、路径动画等)溢出,从而影响整个演示文稿的效果。

2.PPT标志性元素的设计与使用

在制作PPT时,大家需要在幻灯片的每一页设计和使用一些标志性的元素,如学校的校徽、个人的签名、联系邮箱等等。对于这类标志性元素的插入,我们不建议每个页面逐一制作,因为这样会耗费大量的时间,同时在后期进行编辑修改时也会非常麻烦。对于这类设计需求,我们可以通过以下办法解决:

使用幻灯片母版。母版是用于设置幻灯片样式、存储幻灯片应用、设计模板信息的一类特殊的幻灯片,它包含字形、占位符大小、格式或位置、背景设计和配色方案等内容。在母版中更改任意一项内容就可更改和影响所有幻灯片的设计。若要使演示文稿中所有的幻灯片包含相同的字符或图像(如徽标),则可以将该操作放置在母版中进行,即可实现将这一修改应用到所有幻灯片中。具体应用操作如下:

第1步 选择"视图"I"幻灯片母版",进入母版的编辑状态;

第2步 从提供的各种版式中选择需要修改的版式,按需求进行编辑;

第3步 编辑完成后,点击"关闭母版视图",退出母版,完成母版编辑。

> Tips:版式即排版格式,通过幻灯片版式的应用可以对幻灯片上的文字、图片进行更加合理的布局。PowerPoint 2016为我们提供了11种常用的版式。进入幻灯片母版后,在界面左侧会出现多个版式。第一个版式为总版,在该版式中添加的内容将应用于其他所有版式。除总版以外的其他版式称为子版,在子版中添加的内容只会应用于当前的幻灯片。此外,在母版中插入的各类素材,只能在母版中进行编辑和修改。

3.PPT页面的内容设计与制作

在制作PPT时,许多人会面临文字与图片排版不协调、重点信息不突出、页面制作不精美等问题。这些问题从本质上来说,都是图、文、声、像等多媒体信息应用不当造成的。对于这类问题,我们可以从以下几个方面入手来加以解决。

(1)编辑文字

字体是设计感的重要体现,文字用得不好,属性设置不恰当会毁掉整个PPT作品。下面我们将从字体选用、字号设置及行距段距设置三个方面入手解决PPT中文字的应用问题。

① 字体选用

字体通常分为两大类:衬线字体与非衬线字体。衬线指的是文字笔画之外的装饰性笔画。有衬线的字体叫衬线体（serif），其特征是在字的笔画开始、结束的地方有额外的装饰，而且笔画的粗细会有所不同。没有衬线的字体，则叫作无衬线体（sans-serif），其特征是没有额外的装饰，笔画的粗细差不多。该类字体通常拥有相同的曲率，笔直的线条，锐利的转角。

衬线字体易识别，易于换行阅读，可读性较强。因此，在PPT页面中适合用作正文字体。最常用的衬线字体之一是宋体，它通常和英文的Times Roman字族搭配使用。

我是衬线字体

我是无衬线字体

图3-1　衬线字与非衬线字

无衬线字体醒目、简约、清新，有艺术感。为了起到醒目的作用，通常其笔画较粗，不适合长时间阅读，不适合用作正文字体，在PPT页面中一般用作标题。汉字字体中的黑体、微软雅黑就属于无衬线字体。

②字号选择

在PPT的默认设置中，一共有五级文本，标题字号是44号，一级文本32号，二级文本28号，三级文本24号……虽然有那么多层级，但建议最多用到二级字号。PPT投影时，标题和正文字号一般相差不宜超过8磅。但在字号的选择上，很多时候还需要依据PPT的实际使用情况来决定。

③行距与段距设置

行与行之间的垂直间距称为行距。段落与段落之间的垂直距离称为段距。在PPT页面上，一个段落应套用一个行距，通常用于教学的PPT设置1.3—1.5倍行距，以便学习者辨读。段距则通常设置为约2个字高大小，例如文字大小为12px，则段间距设置为24px较为合适。

④特殊字符的应用

在制作课件时，许多学科教学课件都会涉及一些特殊字符的使用。下面介绍几种常见的特殊字符的应用方法和技巧。

a.汉语拼音的输入。在PPT中输入拼音的方法很多，这里我们主要介绍利用特殊字体"方正楷体拼音字库"来实现拼音输入的方法和技巧。首先在计算机中安装"方正楷体拼音字库"，然后重新启动PowerPoint软件，预先设置文字字体为"方正楷体拼音字库"，当输入中文字符时，汉语拼音就同步显示出来。

b.国际音标的输入。

第1步 插入文本框；

第2步 选择"插入"|"符号"|"字体"中选择"Arial Unicode MS"/子集中选择"国际音标"；

第3步 选择相应的音标字母，双击即可插入到文本框中。

c. 公式的输入。

第1步 选择"插入"|"公式"；

第2步 在功能区中选择固定的公式样式或通过"符号"、"结构"输入自定义的公式。PPT2016版本中提供了墨迹公式，该功能用于支持手写输入公式。

> **Tips：**除了利用PPT的公式编辑器外，还可以下载安装其他公式输入辅助工具，如Math Type（数学学科用）、ChemDraw（化学学科用）等，用以支持其他特殊公式的输入与编辑。

（2）使用图片

图片在PPT中的作用不可小觑，它能提升美感，同时又能强化主题。然而在实际操作时，大家往往发现自己拿到一张图片后却不知道该如何处理，下面我们具体来看看图片的使用方法与技巧。

①图片的获取

首先要解决的是图片的来源问题。图片既要高清又要除商用外无版权纠纷，怎么办？除了通过常规的搜索引擎（如百度）查找图片以外，在此我们推荐两个优秀的图片素材网站供大家下载图片时参考。

Pixabay（https://pixabay.com/），这里大约有30多万张无版权限制的高清图片，只需简单注册就可以无限使用。

微软Bing图库（https://cn.bing.com/），这是微软的图库网站，能搜索精美的图片，更为重要的是它可以按颜色进行搜索，这在我们制作PPT时非常有用，因为它可以帮我们保证整个PPT色调的一致性。

②图片的基本调整

对于插入到PPT中的图片，可以对其亮度、对比度、颜色以及艺术效果进行调整，以满足使用需求。具体操作步骤如下：

第1步 选中要修改的图片；

第2步 选择"图片工具"|"格式"；

第3步 在"调整"功能区，对图片的背景进行删除，并调整图片的亮度/对比度、颜色以及艺术效果。

第4步 在"图片样式"功能区,点选PPT提供的样式可以使得图片具有阴影、画框、特殊形状等效果。当然还可以通过图片选框旁边的"图片边框"、"图片效果"和"图片版式"选项来自定义样式。

> **Tips:**在PPT 2016版本中,纯色背景才能获得较好的抠图效果。

③特殊的图片处理技巧

图片使用过程中,我们经常会遇到这样一种情况,某张图片不得不使用,但其质量又满足不了需求,怎么办?

"做遮罩"是提升图片质量的最佳方法之一,下图就是利用遮罩来提升图片艺术感的实例。具体操作步骤如下:

图3-2　图片遮罩效果对比

第1步 点击"插入"|"形状"|"矩形",绘制一个与图片等大的矩形;

第2步 选中矩形,点击"格式"|"形状填充"|"渐变",为矩形填充渐变色,并根据需要设置其透明度。透明度值越高,底层的背景图片就越清晰可见。

当遇到画面内容复杂的图片时,除了做遮罩外,还可以直接利用PPT中自带的图片处理效果来弱化复杂画面对主题内容的影响,如"重新着色"功能中的"冲蚀"效果。

图3-3　图片冲蚀效果对比

（3）使用音频视频

PPT作为一个强大的整合工具，除了支持图文插入与编辑外，还支持声音、视频以及Flash动画等其他媒体元素，从而提供一种丰富的表现方式，营造更为直观生动的形象。

①PPT支持的音视频格式

不同版本的PPT支持的音视频文件格式不尽相同，PowerPoint2016主要支持的格式有：

音频格式：m4a，mp3，wav，aiff，au，mid，midi，mp4，wma。

视频格式：avi，mp4，mov，wmv，asf，m4v，mpg，mpeg，swf。

Tips：如果使用的音视频文件格式不被PowerPoint支持，可以使用"格式工厂"软件转换其文件格式，以便插入到PPT中。在PPT演示过程中如遇无法播放mp4或mov文件时，请尝试在计算机上安装QuickTime Player。

②音视频的插入

PPT中插入音视频的方法大致可分为两大类：通过拖入音视频文件插入或是通过插入选项卡插入。

将目标文件拖入PPT中的方法非常简单，只需要选中目标文件拖入到指定的PPT幻灯片区域即可。

通过插入选项卡插入音视频文件的方法相对复杂，其具体操作方法如下：

对于音频的插入，在这里只推荐一种简单的方法。

第1步 选择"插入"∣"音频"∣"PC上的音频"；

第2步 在弹出"插入音频"对话框中，选择要添加的音频文件；

第3步 选定音频文件后，点击"插入"完成音频文件的插入。

对于视频的插入，我们介绍两种方法。

第一种是将本地计算机上的视频直接插入的方法：

第1步 选择"插入"∣"视频"∣"PC上的视频"；

第2步 在弹出"插入视频"对话框中，选择要添加的视频文件；

第3步 选定视频文件后，点击"插入"完成视频文件的插入。

第二种是通过嵌入代码实现视频的插入，在此我们以优酷视频为例介绍其具体操作方法：

第1步 进入优酷视频播放界面，点击视频下方的"分享"∣"复制通用代码"；

第2步 回到PPT界面,点击"插入"|"视频"|"联机视频";

第3步 在"来自视频嵌入代码"框中,粘贴嵌入代码然后单击箭头。

Tips:通过嵌入代码插入视频时需特别注意,视频的嵌入代码是以"<iframe"开头<\iframe>结尾的一串符号,而不是视频网址。完成视频嵌入后幻灯片上会有一个视频框,可以随意移动和设置大小。若要在幻灯片上预览视频,可右键单击视频框,选择"预览",然后单击视频上的"播放"按钮。这些插入到PPT中的视频并未保存在本地计算机中,而是通过网络播放视频,因此在播放PPT时需要保证网络连接。

上面讲述的都是将已有的音视频文件插入到PPT中的方法。除此以外,我们还可以利用PPT中自带的"录制"功能来插入音视频,其具体操作方法如下:

第1步 选择"插入"|"音频"|"录制音频";

第2步 录制窗口中点击"开始"开始录制;

第3步 录制完成后选择"停止"|"确认"。

新录制好的音频便会以音频文件的形式嵌入到PPT中。

对录制视频,其操作方法与录制音频类似,具体如下:

第1步 选择"插入"|"视频"|"屏幕录制";

第2步 在弹出的页面中点击设置录制范围,是否录制音频以及鼠标指针;

第3步 点击"录制"按钮,开始录制视频;

第4步 录制一段时间后,点击"停止"完成录制。

新录制好的视频也会以视频文件的形式嵌入到PPT中。

Tips:在进行音视频录制时,建议先录制一段音视频测试一下,看看软硬件是否工作正常以及音视频是否能够达到预期效果,测试无误后再进行正式录制。此外PPT2016不再需要将音视频文件打包,因为其可以自动嵌入音视频文件。

③ PPT中音视频文件的编辑

在插入音频或视频后,有时还需要对其进行修改。如摆放的位置、相关格式的设置以及对其进行裁剪等。这些操作分为两类,第一类是把音视频作为幻灯片中的元素进行相关格式的设置;第二类是把音视频作为播放的媒体,进行相关播放设置。我们可以通过以下方法来进行。

第1步 选中要修改的音频或视频,选项卡区域则会显示"视频工具"或"音频

工具"两种不同的选项卡;

第2步 每个选项卡中均包含了"格式""播放"子选项卡。可通过此选项卡对音视频的格式及播放属性等进行设置。

PPT中主要提供了裁剪、音量、淡入淡出、播放时机等几项播放属性的设置功能。这类功能均以点选操作为主,在此就不再赘述。值得注意的是,"无样式"和"在后台播放"的按钮,其实是对左侧一系列选项设置的简化操作,当点击某个按钮后,"音频选项"或"视频选项"中的选项也会随之改变。

4.PPT动画的设计与制作

PPT的演示早已进入了动画时代。精美的动画,会赋予PPT更清晰的逻辑、更动感的效果和更专业的形象。PPT中的动画包括幻灯片中的元素动画及幻灯片本身的切换效果。为了做出更加精美的PPT动画,我们可以从以下两个方面入手来解决动画设置的问题。

(1)PPT中元素动画的设置

动画就是某个对象变化的过程,这个变化的过程可以是对象的"出现"、"消失"、"强调"等任意一个过程,也可以是多个过程的组合。能设置动画的有文本框、图形、图像、音频、视频等幻灯片页面上的各种元素。其设置步骤如下:

第1步 点击选中需要设置动画的目标元素;

第2步 选择"动画"|选择相应的动画效果。

(2)幻灯片切换动画的设置

两张幻灯片之间的衔接过渡就是幻灯片的切换动画。其设置步骤如下:

第1步 选择"切换"|"切换到此幻灯片";

第2步 在提供的切换动画效果中选择相应效果。

> Tips:元素动画和幻灯片切换动画,虽然都是动画,但是它们的设置对象是不一样的,前者是幻灯片页面上元素的变化过程的设置("动画"选项卡设置),后者则是幻灯片之间的变化过程的设置("切换"选项卡设置),且设置的选项卡也不尽相同,在设置时需要分清。

5.PPT的放映设置

完成幻灯片的基本制作和动画设计后,在正式放映前,还需要根据PPT的具体使用场景对相关的放映属性进行设置。对于PPT使用的不同场景如教师上课、学生自学或活动展览介绍，PowerPoint 2016提供了以下三种放映方式：

演讲者放映。这是最常用的放映方式，在放映过程中以全屏显示幻灯片。演讲者能控制幻灯片的放映，暂停演示文稿，添加会议细节，还可以录制旁白。

观众自行浏览。采用该放映方式时，可以在标准窗口中放映幻灯片，并可以拖动右侧的滚动条，或滚动鼠标上的滚轮来实现幻灯片的放映。

在展台浏览。这种方式将自动全屏循环放映幻灯片。在放映过程中，除了通过超链接或动作按钮来进行切换以外，其他的功能都不能使用，如果要停止放映，只能按【Esc】键来终止。

6.PPT的保存

许多教师在保存及使用PPT时都曾遇到过这样的问题：原本在自己电脑上能够正常使用的PPT，更换电脑后就出现了字体缺失、媒体素材无法使用，甚至是无法打开的情况。针对以上情况我们可以通过以下方法来解决：

（1）字体缺失时

第1步 选择"文件"|"选项"|"保存"；

第2步 在右下方点击"工具"|"保存选项"，在弹出的对话框中勾选最下方的选项"将字体嵌入文件"，点击确定。

（2）软件版本不兼容无法播放时

在制作课件时我们所使用的PPT版本可能会和播放的计算机上的PPT版本不一致。低版本软件制作的PPT，可以用高版本的PPT软件进行播放。反之则不行。版本不一致时，其解决步骤如下：

第1步 确保使用微软的PowerPoint最新版本，即幻灯片文件格式为.pptx。如果使用WPS、Keynote等其他幻灯片制作或幻灯片播放软件，则很可能无法播放或出现兼容性问题；

第2步 选择"文件"|"另存为"|文件格式中选择"PowerPoint97-2003演示文稿(.ppt)"|保存；

第3步 将两个文件(.ppt和.pptx格式)同时拷入U盘备用。

7.其他常见问题

PPT制作过程较为烦琐，其涉及文字、图形、图像、排版等内容。新入职的教师在使用PowerPoint制作课件时，因经验不足、操作不熟等原因会遇到各种各样的问题。在此，我们对这些常见问题及解决办法进行了归纳总结。

（1）课件前后主题风格不统一

课件是为教学服务的、传递教学内容的工具。这就要求其应当有统一的主题风格。部分教师为了追求所谓的美学效果，每张幻灯片都使用不同的样式，应用的配色方案和文字颜色也是多种多样。看似样式丰富，但很容易让学生产生视觉疲劳，削弱了应有的美学效果。

解决方法：使用同一主题模板制作课件

主题模板通过"设计"|"主题"来进行设置，在课件制作中，同一个课件尽可能只使用一种主题样式及配色方案。除了设置统一的主题外，课件中的文字、图表、图示等颜色也要保持前后一致性，且尽量使用背景的对比色。

（2）软件突然崩溃

众所周知，当软件崩溃时，你制作了几个小时的数据也有可能随之消失。除去程序内部 bug 以外，在一定程度上也可归因于没有养成随手按下 Ctrl+S 进行保存的习惯。软件突然崩溃时，我们除了祈祷程序崩溃前按了 Ctrl+S 外，其实还可以寄希望于 Office 所提供的自动保存功能。解决方法如下：

第 1 步 选择"文件"|"选项"|"保存"；

第 2 步 勾选"保存自动恢复信息间隔"并设置为 1 分钟；

第 3 步 当程序崩溃后，点击"文件"|"选项"|"保存"|"自动恢复文件位置"；

第 4 步 进入"自动恢复文件位置"，找到备份好的文件。

请注意：第 1 步和第 2 步的操作应该在制作 PPT 之前完成，可最大限度地防止工作文件丢失。 Word 和 Excel 也有相似的设置。此操作唯一的缺点是若文件保存速度慢，界面则卡住不能进行其他操作，直至保存完成。这显然会降低编辑体验，故而具体时间间隔设置应以不干扰编辑为基本原则。

（二）微课设计与制作

微课一般以知识点为传授单元，通过精心的教学设计，在短时间内针对某个知识点进行全面的解答。根据中小学生的认知特点和学习规律，微课通常以 3—8 分钟，最长不超过 10 分钟的视频为主要载体，围绕某个知识点（重点、难点、疑点）或教学环节而开展教与学活动。它既适用于课堂教学，也适用于学生课前预习或课后复习。

1.微课的制作流程概述

微课制作分为三个部分:前期准备,中期视频录制,后期视频编辑。为便于操作,我们将之进一步细分为6个步骤:需求分析、确定主题、教学设计、录制教学活动、后期制作、保存与分享。

（1）需求分析

一般而言,课程的重难点就是微课的需求,因此需求分析其实在教学设计中就已确认。因视频制作需一定的成本(时间、物料等),若简单图示可解决的问题,则宜选择制作成本较低的方法,不宜滥用微课或微视频,以免浪费人力物力。

（2）确定主题

完成需求分析后,主题便自然而然地确定下来。微课的主题一般可用"What""Why""How"来进行概括,具体见下表。通常主题确定后微课的标题也就随之确定。

表3-1　常见的微课主题分类

主题分类	作用	例如
What	用于解释抽象的概念性知识,或者阐述知识点之间的逻辑框架结构	《什么是微课》《什么是拉格朗日点》
Why	用于讲解原理	《为什么会下雪》
How	用于讲解操作技巧	《如何制作宫保鸡丁》

（3）教学设计

与一般教学设计相比,微课教学设计需要更多地注意利用图形图像与动画,将抽象化为具体,尽可能减轻学生的认知负荷,再辅以更多的变式案例,培养学生的迁移能力。其他则与一般教学设计大体一致,故不再赘述,具体可参见第4章。

（4）录制教学活动

完成教学设计后,此时已经明确了需要用什么资源去解决什么问题,接下来就是将解决问题的过程通过一定手段录制成视频,为后期制作提供视频素材。常用的录制教学活动的方法有三种,在后面的微课制作模式中我们再做详细介绍。

（5）后期制作

录制完成后,需要对视频素材进行加工,如添加字幕与特效、组接视频素材、删减不必要的段落、画面缩放、强调重点等,提高微课的教学质量。

（6）保存与分享

完成编辑后，此时的视频文件与我们平时所接触到的视频是不一样的，还需对视频进行渲染导出。通过渲染保存，可以生成 avi、mp4 等可直接播放的视频文件，以便将之放在视频网站上或分享给学生。

2. 微课的制作技术

微课视频制作离不开对应的视频编辑软件，编辑软件为我们提供了很多神奇的操作，例如通过剪辑，可以除去错误片段，从而确保视频无误；可以通过缩放、高亮鼠标等操作，突出教学重难点；还可以添加字幕，使学生在任何环境下均可观看……

下面我们将以 Camtasia Studio 2018 为例来对这些重要的功能进行介绍。

（1）界面介绍

Camtasia Studio 的界面分为引导界面和编辑界面，引导界面帮助使用者快速上手，编辑界面则用以帮助我们加工视频。第一次打开 Camtasia Studio 2018 后会进入引导界面（图3-4）。

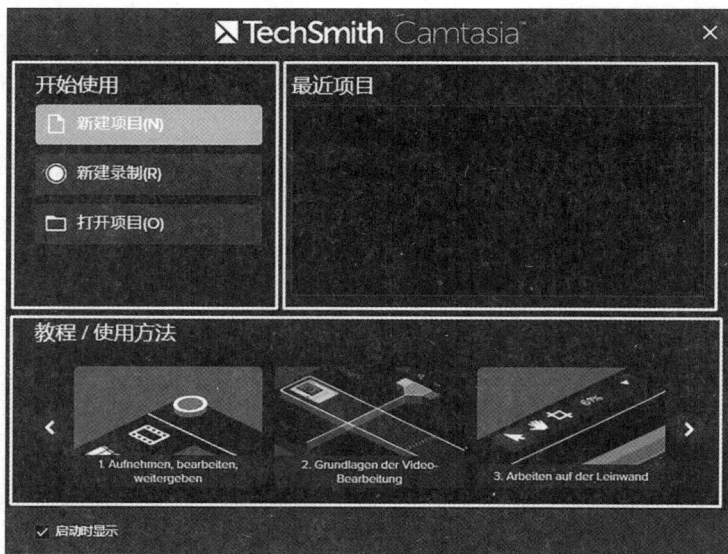

图3-4　Camtasia Studio 2018 引导界面

点击"新建项目"将会获得一个全新的空白项目，编辑的视频将会以项目文件的形式存储在计算机中。项目文件是一种以 .tscproj 格式结尾的文件。这个文件记录了对视频素材的全部操作。

点击"新建录制"则会弹出另外一个录制窗口(见后文录制素材部分),通过录制可将电脑屏幕和声音录制成为Camtasia专有的视频素材,便于后期剪辑。

"打开项目"则是打开之前编辑保存好的项目文件。打开项目后,操作界面将会变为保存项目文件时的模样,方便我们在原来的基础上进行进一步的操作。

下面我们进入一个已经编辑了一部分视频的工作界面(如图3-5)。

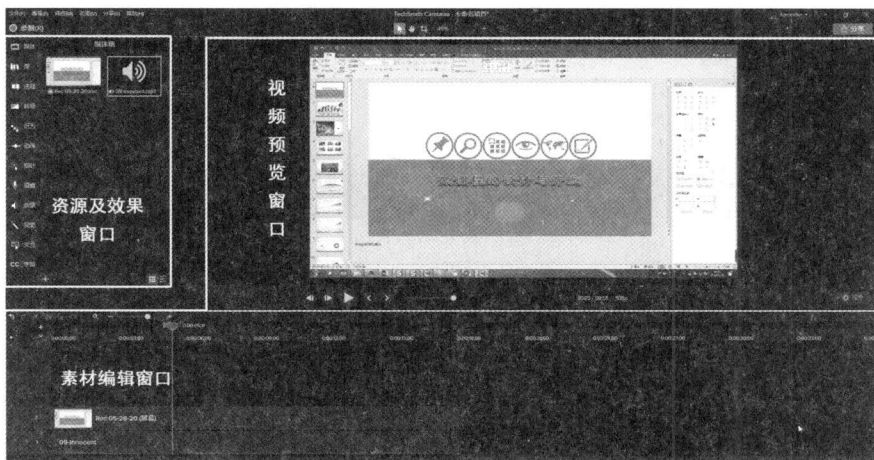

图3-5　Camtasia Studio 2018操作主界面

Camtasia Studio 2018的操作界面分为三个部分,包括左上方的"资源及效果窗口"、右上方的"视频预览窗口",以及界面下方的"素材编辑窗口",也就是我们常说的"轨道"。不同的视频轨道之间是独立的,相互不受影响。后续的操作均在上述三个区域中完成。

(2)录制素材

要录制屏幕就得点击新建录制,此时录制的对象往往是你的教学PPT,录制完成后将会得到记录有PPT放映过程和教师讲解旁白的视频素材。

点击新建项目进入录制界面,接着点击红色的录制按钮开始录制。在录制前,需要检查以下设置:屏幕区域设置、系统声音设置、麦克风声音设置、电脑摄像头设置。如图3-6所示。

录制区域中的设置:拖动录制区域四周的控制块自定义录制区域的大小。

灰色录制面板中的设置:点击全屏按钮可以直接进行全屏录制。同时我们还可以打开电脑自带的摄像头进行录制。点击麦克风图标可以录制声音。

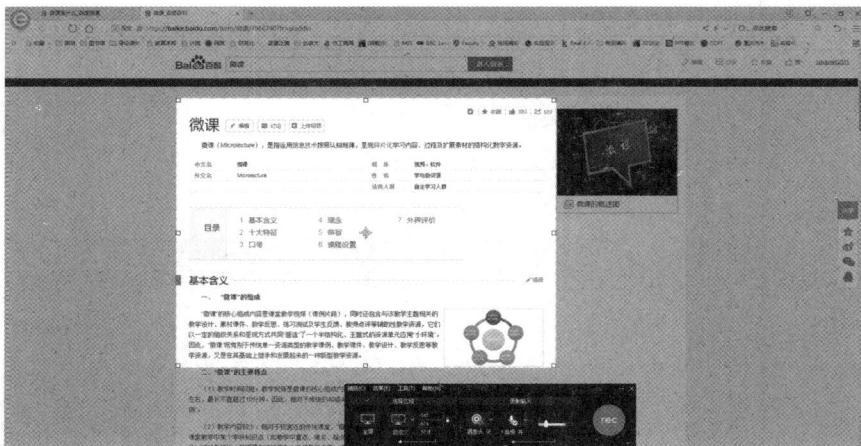

图3-6　Camtasia Studio 2018录制界面

> **Tips：**建议全屏录制，最后输出视频的清晰度为1080P或720P。
> 以防万一，最好是录制一段测试视频，以检查声音和图像是否正常。

（3）视频剪辑

完成视频录制后，需要对视频素材进行剪辑，留下过程流畅、表述清晰的部分，删除卡顿等错误的部分。要完成这些基本的剪辑操作，就需要了解与掌握操作界面中的相关图标和按钮的功能（如图3-7）。

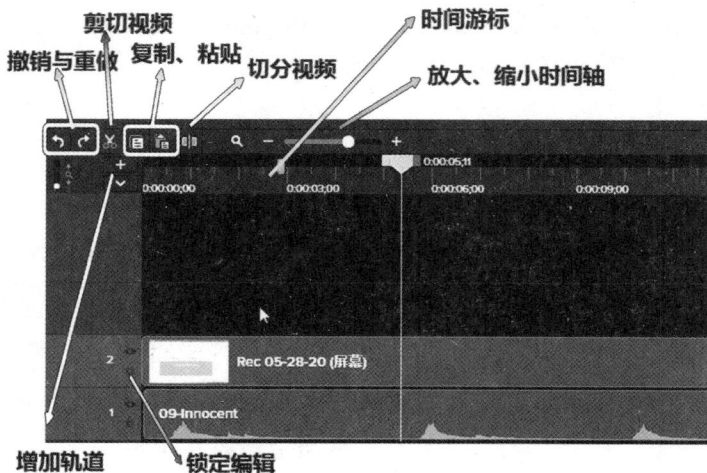

图3-7　操作主界面的轨道区域

撤销与重做,剪切视频,复制粘贴,切分视频,放大、缩小时间轴,增加轨道,锁定编辑这些功能与其他常用软件的类似功能操作相似,在此均不再赘述。除了这些基本功能按钮外,在视频剪辑中还需要特别关注的就是时间游标(如图3-8)。时间游标主要用来精确分割视频。只有分割后的视频才能被剪辑。其具体操作步骤如下:

第1步 在视频轨道中选中需要剪辑的素材,将时间游标拖放到需要裁切的位置;

第2步 点击"切分视频"按钮,即可将选中的素材一分为二,完成切分操作;

第3步 重复上面的步骤1和2,直至需要裁剪的素材片段全部被分割为一个个独立的单元;

第4步 根据编辑需求,对独立的素材片段单元进行删除、复制或移动位置等操作。

Tips:切分视频、删除、复制或移动等操作,都需要先在轨道中点击选中素材片段才能完成进行。

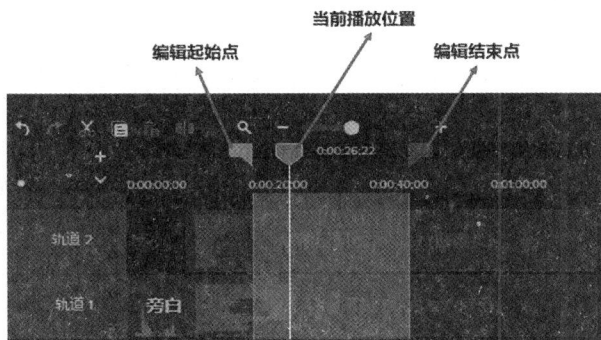

点击"剪切视频",则将起始点和结束点之间的视频"剪切"

图3-8 时间游标

视频裁剪是视频剪辑中的第一个环节,对于裁剪完成的一个个独立的视频素材片段,我们还需要使其相互之间衔接流畅,甚至对于某些重点片段还要加以突出和强调。接下来,我们就需要给素材片段添加转场效果使其流畅衔接,添加动画效果使之重点突出(如图3-9)。其具体操作步骤如下:

a.添加转场效果

第1步 在视频轨道中将时间游标拖放到需要添加转场效果的位置;

第2步 选择左侧边栏"转场",在其旁边的转场效果中点选所需的转场效果;

第3步 将选中的转场效果拖动至时间游标所在的位置,即可实现前后两段视频素材片段的衔接。

b.添加动画效果

第1步 在视频轨道中将时间游标拖放到需要添加动画效果的位置;

第2步 选择左侧边栏"动画",在其右侧可以设置"缩放和平移"以及"动画"两类不同的效果,在这里我们以"动画"为例进行说明;

第3步 将选中的动画效果拖动至时间游标所在位置,即可实现对特定视频素材片段的动画效果设置;

第4步 在视频轨道中找到所示箭头(图3-9第4幅小图),该箭头的长短表示了所设置的动画时长,可以通过拖动箭头来修改与调整动画时长。

缩放与平移也是类似的操作,操作虽简单,但常用且重要,它可以支持将画面变大和变小,以起到强调画面、突出画面内容的作用。

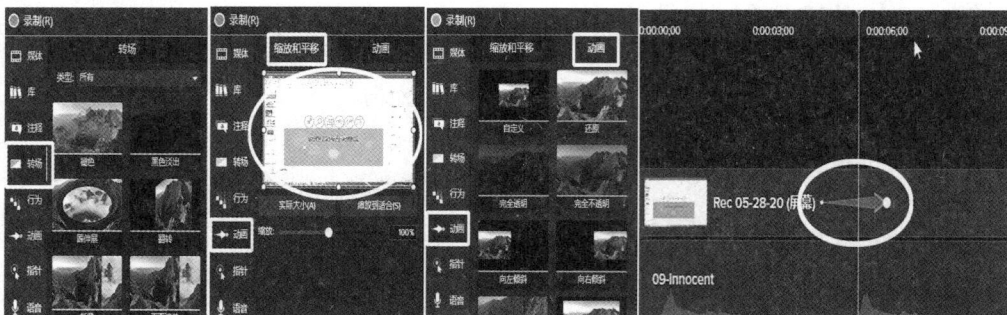

图3-9 视频添加动画特效演示

(4)配音配乐

吐字清晰、语气适当的配音以及符合画面情景的配乐会增强微课的效果及观看者的学习体验。配音用于解说,配乐用于渲染气氛。我们可以在录制屏幕时就同步完成解说词的录制,也可以在视频编辑的时候来单独进行制作。在此,我们主要介绍编辑视频时如何同步录制解说词。

Camtasia Studio 2018自带配音录制功能,可使用电脑配置麦克风录制配音音频。其操作步骤如下:

第1步 选中左侧边栏"语音旁白";

第2步 将录制讲稿或提纲输入至文字框中,做好录音准备工作;

第3步 点击"开始从麦克风录制";

第4步 将录制音频拖动至需配音的对应视频片段。

配乐则推荐在网易云音乐上寻找,原因是其操作简单、可直接下载音乐到本地。下载音频文件后可通过选择左侧边栏"媒体"|导入媒体将音频素材导入软件,并将素材库的音乐拖放至轨道中进行配乐。我们可以右键点击轨道上的音乐素材,设置音乐的淡入淡出,单击按住并上下拖动素材上的黄色音量线可以调整音量大小。

(5)字幕制作

为微课视频添加字幕能够使观看者更好地理解解说词,其与微课画面相结合,能达到更好的教学效果。下面我们将介绍添加字幕的方法。

在资源及效果窗口的左边栏中找到字幕选项(其他选项中也可能包含字幕选项)进入字幕面板,然后点击添加字幕,此时在轨道中就可以发现字幕素材已添加进轨道中。然后分别点击并拖动字幕素材条的两侧,使字幕素材覆盖到整个视频轨道中。根据视频解说词的分布,对字幕素材进行裁剪(配合快捷键)。最后是修改字幕的内容,只需要双击轨道上待修改的字幕素材,便会自动进入字幕的修改界面,此时只需输入文字后确认即可。

(6)视频输出

完成了视频的全部制作后,我们可以通过以下方式选择视频的输出格式及存储位置。

第1步 选择"分享"|"自定义生成"|"新建自定义生成";

第2步 选择需生成的视频格式(如:mp4 720P或1080P);

第3步 设置生成视频的相关要求;

第4步 设置视频信息、水印等内容;

第5步 选择视频输出位置;

第6步 点击"完成",开始渲染视频。

视频渲染结束后即可在指定的输出位置找到生成的视频。

3.微课的制作模式

按照拍摄的方式可将微课制作分为三类模式:外拍式、内录式以及混合式。

上面着重介绍了内录式的微课制作,在这里我们再介绍一下这几种模式以帮助大家选取更合适的方法来完成微课的制作。

（1）外拍式微课制作

外拍式微课制作就是录制实际教学环境中的教学活动,并将录制的视频素材组接为视频。这里的教学活动不等同于传统课堂教学。例如利用手机和支架拍摄用彩笔作画的过程,也许就比单纯地录制课堂教学过程效果要好。传统课堂中,教师往往面对多名学生同时授课,而微课则是只面对一名学生,微课的教学活动更适合一对一式的模式。

（2）内录式微课制作

内录式微课制作是指将教学内容制作成PPT,并通过电脑录制软件进行录屏。这种模式要求安静的环境,一般需要同时录制电脑屏幕、电脑内部声音、教师解说声音三个部分,最后按照需要在编辑软件中进行剪辑合成。

内录式微课制作对PPT的要求较高。一个好的PPT,再加上老师的巧妙教学设计和精彩解说,是内录式微课制作成功的关键所在。

（3）混合式微课制作

混合式微课制作是指将通过外拍式和内录式录制的视频素材混合使用,做成微课,以更好地满足教学需要。相关研究表明,教师出镜的屏幕录制微课,其教学效果优于教师不出镜的微课。考虑到制作成本、场地等因素,一般推荐使用电脑自带摄像头录制教师活动,用软件录制PPT中的教学内容,用麦克风录制教师旁白。最终在教学视频中将它们有机组合,以较低的成本完成高质量的微课制作。

4.常见问题及注意事项

（1）外拍的常见问题

外拍的常见问题主要有拍摄角度、光线、清晰度、横竖屏、稳定性、聚焦、背景噪音等。

拍摄角度。拍摄时最好正对被摄主体,以使观看者获得最佳的感官体验。如果需要用不同角度和距离来展示同一事物,最好提前展示物体的整体样貌,让观众知道展示的部分在主体中的位置。

光线。光线以刚好照亮被摄物体为佳,不能太强也不能太暗,更不能局部过亮或过暗。如果是分几天完成的室外拍摄,则最好都选在同一时刻拍摄,如第一天早上9点至10点拍摄,那么第二天也尽可能选择9点至10点拍摄,这样能保证光线表现一致。

清晰度。清晰度至少要保持在720P画质以上,使用手机录制时应格外注意。如果使用单反相机等专业器材录制,则需要避免录制2K、4K等超高分辨率视频,浪费存储空间不说,后期编辑时对硬件的要求也高。

横竖屏。横竖屏问题主要是针对手机录制来说的。在录制前需要先将手机横过来,待录像机软件识别手机并已经旋转后,再点击录制按钮开始录制,不然会得到竖屏录制的视频(如长:宽 = 9:16),而通常我们需要的是横屏视频(如长:宽 =16:9)。

稳定性。稳定性的问题存在于各种录制设备中。画面抖动会严重影响观看体验,所以在录制过程中要借助其他设备防止画面抖动,一般是通过三脚架、手机支架来固定拍摄设备,保证其拍摄的稳定性,防止画面抖动。

聚焦。聚焦关系到主体在屏幕中呈现的清晰程度。所以在拍摄中要随时关注主体是否清晰,如果用手机拍摄,则可在手机上点按屏幕以获得清晰画面。

背景噪声。理想的视频声音应只有解说旁白,但在录制中往往存在噪声。减少噪音的办法有四个:一是尽可能在安静的环境中录制;二是使用专业的收音仪器;三是在麦克风上缠绕一圈纤维类制品(例如棉花、纸张);四是后期使用Camtasia Studio 2018对噪声进行处理。

(2)内录的常见问题

内录的常见问题主要是系统声音和麦克风声音的设置问题。

在用Camtasia Studio 2018录制前,先要确保电脑的麦克风和电脑音频正常工作。可以直观地查看录制面板的参数设置,当然也可以先录制一小段视频,以检查声音是否正常。在录制完成后,电脑录制的声音轨道会与视频轨道叠加在一起,麦克风录制的声音轨道则会独立存放在视频轨道上方。

除此以外,别忘记为视频增加片头片尾——这不是强制的,但是我们推荐。

俗话说"一个好的开头就是成功的一半"。一堂优秀的微课,离不开精致的片头。在Camtasia Studio 2018中可用自带的资源库制作片头,也可将外部素材导入软件制作片头。选中"公共库",将所需素材拖动放置到下方的轨道中,然后进一步修改,这样就可完成片头的制作。在视频结束时,应有一个对内容进行总结回顾的片段,此即片尾,其制作方法与片头一样。

第二节 思维可视化工具

思考的过程十分奇妙,一个个想法会在不经意间出现在脑海,又可能转瞬即逝。我们的思维可能杂乱无章、天马行空,如何将这些零散的想法串联或并联起来,形成系统的、有意义的内容? 其实我们可以借助一些图表将这些思维的碎片或者获取的碎片信息整合起来,这也是思维可视化的过程。下面我们将介绍一些思维可视化工具来帮助大家将零散的想法用线条、不同的颜色或方框连接起来,形成观感与逻辑并存的思维导图。

(一)离线制作工具

MindManager是一款离线的思维可视化工具,随着时间的推移,它也在不断更新,因此有很多个版本,例如MindManager2016、MindManager2018、MindManager2019等。这里我们以MindManager2019为例进行介绍。

1.MindManager2019的下载与安装

(1)MindManager2019的下载

第1步 在浏览器中通过百度搜索"MindManager",点击进入MindManager官网,或输入网址http://www.mindmanager.cn/,进入官网;

第2步 在官网中点击"下载"选项,然后根据电脑版本选择对应的安装程序,最后点击"下载"按钮,将安装程序下载到本地计算机上。

(2)MindManager 2019的安装

第1步 双击下载好的"MindManager 2019"安装程序;

第2步 安装过程中,选择语言时,软件默认的是英语,用户可以点开下拉菜单栏,选择"中文(简体)";

第3步 点击"浏览",选择一个文件夹,作为软件安装的地址;

第4步 点击"下载并安装",接着点击"下一步";

第5步 选择"我接受该许可证协议中的条款",接着点击"下一步";

第6步 "客户信息"页面无须填写,直接点击"下一步";

第7步 一般情况下,用户无须修改"安装类型",直接点击"下一步";

第8步 点击"安装",最后点击"完成"。

> **Tips:** 在下载时部分浏览器会提示"此类型的文件可能会损害您的计算机",请选择"保留";在安装过程中可能会出现询问是否允许本应用修改程序的提示,请点击"允许"。
>
> 此安装步骤仅限官网下载的安装程序,在未购买的情况下,试用期为30天,大家可以根据需要在官网购买相应版本的MindManager。

2.思维导图的制作

（1）新建思维导图

启动 MindManager2019 后,在进入界面的"新建"和"模板主页"中有大量的思维导图模板,可供我们自由选择。根据需要双击适合的模板进入思维导图编辑模式。当然,如果软件提供的模板都不能满足需求,则可以点击右上角的"添加模板"按钮,创建空白思维导图文件。

（2）添加主题与子主题（如图3-10）

第1步 编辑中心主题。首先需要选择一个主题,通常我们会先编辑中心主题。双击屏幕中的"中心主题"几个字或在选中中心主题的情况下按空格键来实现对中心主题文字的编辑,MindManager2019中默认的中心主题只有一个;

第2步 添加主要主题和副主题。在选中"中心主题"的情况下,点击"Enter"键即可添加主要主题。选中其中一个"主要主题",点击右侧"+",或者"Insert"或"Ctrl+Enter",即可添加副主题;

第3步 添加同级主题。在选中某个"主要主题"或"副主题"的情况下,点击"Enter"键即可添加同级主要主题或副主题。可反复进行该操作,添加多个同级主题。

第4步 添加下一级主题。在选中某个"主要主题"或"副主题"的情况下,点击右侧"+"或"Insert"或"Ctrl+Enter",即可添加下一级主题。

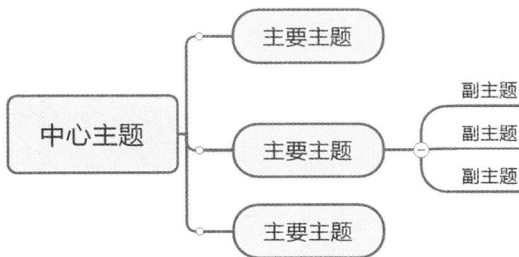

图3-10 中心主题、主要主题与副主题

Tips:鼠标双击空白区域,可以在思维导图中添加"浮动主题"。所谓"浮动主题",指的是中心主题外的主题,在一张思维导图中可以有多个浮动主题。

选中一个主题,点击"Ctrl+Shift+Enter"可实现对某个主题的标注。

3.思维导图的修饰

思维导图作为可视化图形思维工具,能帮助我们从多个角度去思考,去理清复杂的逻辑关系。除了简单的添加主要主题与副主题外,在MindManager 2019工具中,我们还可以通过"关系"、"边界"、"便笺"等功能形成网状的发散性思维和纵深性的逻辑思维,从而形成相对完整的结构性思维。

关系。当两个主题之间存在某种联系时,可以用"关系"功能将之连接。其具体操作方法是:单击需要添加关系的主题,再点击上方工具栏中的"关系",最后点击需要相关联的主题。双击连线上的"标签",在连接线上添加文字进行描述,双击连线可以对线条的样式、形状和颜色等进行设置。如图3-11所示。

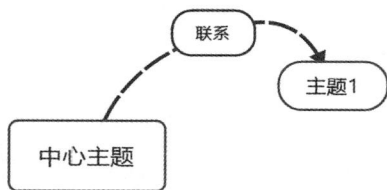

图3-11 思维导图中的"关系"   图3-12 思维导图中的"边界"

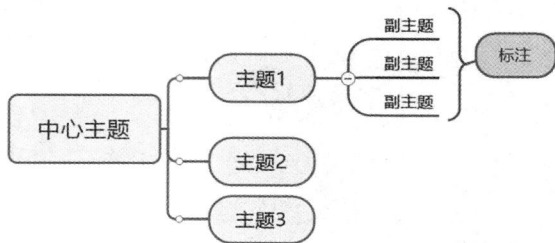

边界。当某些主题需要强调时,可以添加外框将这些主题放入同一框内。"边界"就是某些主题所在的区域。其具体操作方法是:选定上级主题(同级主题添加边界,需选择其上级主题),用鼠标单击上方工具栏中的"边界",选择需要的边界格式,同时还可对边界格式进行颜色、粗细、图样、透明度等设置,调整完后点击确认即可。选中边界样式后,点击右边的"+",可以添加标注。如图3-12所示。

便笺。当需要对某个主题进行解释时,可以添加便笺对其进行描述。"便笺"就是对某个主题的详细描述。其具体操作方法是:点击需要添加便笺的主题,接着点击工具栏中的"便笺",然后输入描述性文字。如图3-13所示。

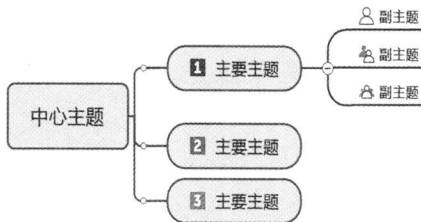

图3-13　思维导图中的"便笺"　　　　图3-14　思维导图中的"图标"

图标。"图标"可以使主题更加形象直观。其具体操作方法是：单击需要添加图标的主题，再点击要添加的图标。如图3-14所示。

标记。"标记"可以实现对主题的标注，例如标注完成度、职能区分等。它分为"普通标记"和"看板"。其具体操作方法是：单击需要进行标注的主题，再点击"普通标记"或者"看板"里的标记。无论是"普通标记"还是"看板"，都支持添加自定义的新标记。

4.思维导图的保存与分享

思维导图制作完成后，点击"文件"|"另存为"进行保存，其中有GIF、JPEG、PNG等格式，我们可以根据需要进行选择。最常用的格式是PNG，它将思维导图保存成为图片文件格式，可以方便地插入到其他文档中。

（二）在线制作工具

在移动互联网时代，移动办公成为常态。与此同时，碎片化时间的增加使得我们很难将各种事情的前因后果联系起来进行线性的思考。因此许多基于移动互联的思维导图服务应运而生。而百度脑图就是这些思维导图软件之一。百度脑图是一个在线思维导图编辑器，通过浏览器来打开和编辑使用，目前只提供在线制作，而没有电脑客户端以及手机App版本。百度脑图与其他思维导图相似，都是使用方框和线条来绘制整个思维过程，其界面设计非常友好，且主题可以改变。同时在操作和排版方面，可以不依赖鼠标，排字速度也非常快。它由百度生产，因此它还具有一些特殊功能。例如，它可以与百度服务相结合，由百度脑图进入百度云，并与他人分享。

1.百度脑图的登录

第1步,在浏览器中通过百度搜索引擎查找"百度脑图",进入百度脑图官网,或直接在浏览器地址栏中输入http://naotu.baidu.com/直接进入百度脑图官网。

第2步,点击"马上开启",输入自己的百度账号和密码,进入百度脑图制作页面。如果没有百度账号,可以在登录界面进行注册。

第3步,进入制作页面后,点击左上角的"新建脑图",就可以开始创建导图。

2.百度脑图的操作

作为在线思维导图工具,百度脑图的基本操作与其他思维导图一样,都是通过中心主题开始,其具体操作步骤如下:

第1步,编辑新建脑图。首先需要选择一个主题,通常我们会先编辑中心主题,即"新建脑图"。双击屏幕中的"新建脑图"几个字即可实现对中心主题文字的编辑,百度脑图和MindManager一样,默认有且只有一个中心主题,只是对其命名有所区别。

第2步,添加分支主题。在选中"新建脑图"的情况下,点击"Tab"键或者选择"思路"|"插入下级主题"即可实现添加分支主题。可反复进行该操作添加多个分支主题。

第3步,添加同级主题。在选中某个"分支主题"的情况下,点击"Enter"键或者选择"思路"|"插入同级主题"即可实现添加同级分支主题(如图3-15)。可反复利用该操作添加多个同级主题。

图3-15　新建脑图与分支主题

Tips:百度脑图中,在选中某个"分支主题"的情况下,选择"思路"|"插入上级主题",即可实现添加上级主题。

3.百度脑图的修饰

百度脑图同样提供了一些工具,可以帮助我们进一步修饰思维导图。

（1）链接。当需要引用网上资源对某个分支主题进行充实时，可以给分支主题添加链接。其具体操作方法是：单击需要添加链接的主题，再点击上方工具栏中"思路"I"链接"，将复制的地址粘贴到"链接地址"下方的框中，最后可以给链接添加"提示文本"。

（2）图片。当某个分支主题需要配图时，可为其添加图片。其具体操作方法是：单击需要添加图片的主题，再点击上方工具栏中"思路"I"图片"，然后可以通过"图片搜索"输入关键词搜索图片；或者"外链图片"，输入地址引用图片；抑或是"上传图片"，引用本地图片。

（3）备注。百度脑图中的"备注"主要用于对某个分支主题进行描述。其具体操作方法是：点击需要添加备注的主题，接着点击上方工具栏中"思路"I"备注"，然后输入描述性文字，如图3-16所示。

图3-16 思维导图中的"备注"

（4）图标。百度脑图同样支持给某个主题添加图标。图标的种类有两种，分别是"事务优先级"和"进度图标"。其具体操作方法是：点击需要添加图标的主题，然后点击上方工具栏中的图标。

（5）外观。在"外观"中可以对主题架构和主题颜色风格进行调整，也可以通过"整理布局"实现一键排版。

4.百度脑图的保存与分享

思维导图制作完成后，点击右上方的"百度脑图"I"另存为"I"导出"。里面有km、txt、md、svg、png、mm、xmind 7种格式，我们可以根据需要选择不同的格式进行保存。最常用的格式是.png，即图片文件格式，可以方便地插入到其他文档中。

（三）思维导图的应用

通过前面对MindManager和百度脑图两种模式的思维导图制作工具的介绍，

不难发现思维导图的制作其实简单便捷,但功能却十分强大,应用也相当广泛。下面介绍一下思维导图在不同学科教学中的应用。

1.思维导图在数学教学中的运用

在学生预习阶段,教师可以引导学生运用思维导图制作相关概念图,帮助学生从宏观的角度了解知识脉络,以便于之后新课的高效学习。以高中数学为例,如图3-17所示。

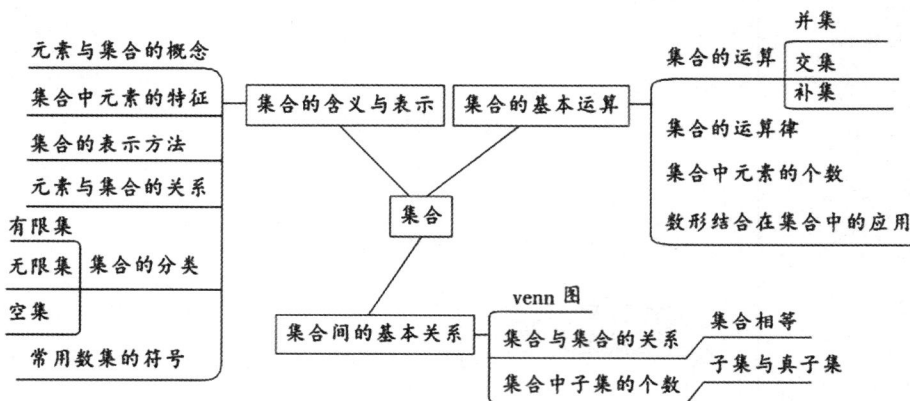

图3-17　高中数学"集合"思维导图

2.思维导图在化学教学中的运用

在化学复习课中,教师可以针对常见的考点和易混淆点,给学生绘制解题思维导图。例如,在学习有机化学中同分异构体时,针对学生的理解误区,教师可以从审题、书写等方面绘制解题思维导图。如图3-18所示。

图3-18　化学"同分异构体"思维导图

3.思维导图在语文教学中的运用

在语文阅读教学中使用思维导图,可以克服学生记忆方面的问题,同时可以调动学生学习的积极性,激发学生去更多地思考与课文有关的内容,拓宽文本的深度和广度。如图3-19所示。

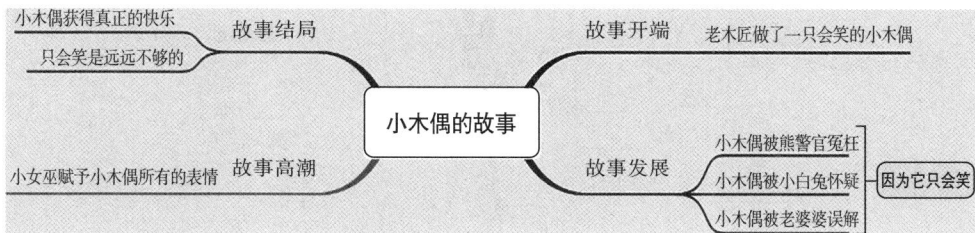

图3-19 语文《小木偶的故事》思维导图

4.思维导图在英语教学中的运用

在学习英语时态后,教师可以引导学生对时态的相关内容进行梳理,检验自己对所学知识的掌握情况。如图3-20所示。

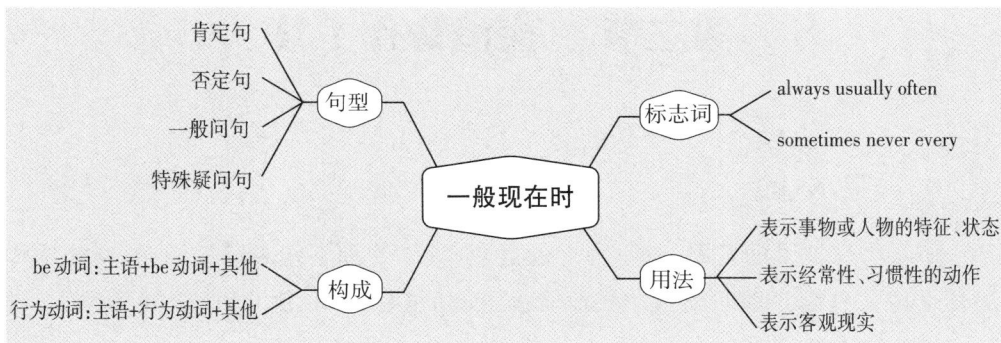

图3-20 英语"一般现在时"思维导图

5.思维导图在地理教学中的运用

在学习地理时,相关的知识点很多,并且不同知识点之间有关联。一节课可能会由多个课时组成,这个时候教师可以引导学生在每个课时结束后完善自己的思维导图,巧妙利用"联系""笔记"等相关工具,使思维导图简洁明了。如图3-21所示。

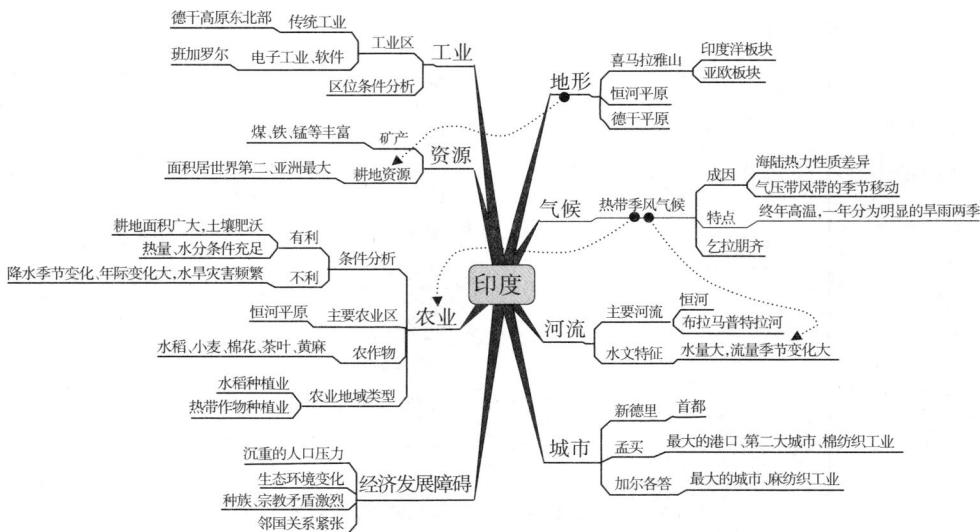

图 3-21 地理课思维导图

第三节 交流协作工具

(一)腾讯QQ

随着信息技术的发展、教学理念的更新,教学管理工作对家校沟通、交流协作的要求越来越高。即时通信工具非常多,而腾讯QQ以其用户众多、功能强大、容易上手等优点脱颖而出。

腾讯QQ具备在线聊天、视频通话、点对点断点续传资料、共享文件等多种功能,并可与多种通讯终端相连,这使得其能够作为交流协作工具被广泛应用于教学活动中,帮助教师更好地进行教学与管理。为此我们将以腾讯QQ为例介绍说明交流协作工具在教学活动中的使用。

1.利用QQ获取实时协助

利用计算机备课和准备各种教学资料已经是教师的工作常态。但在计算机使用过程中,经常会遇到一些操作问题,此时身边又没有相关技术人员协助解决,这怎么办呢?

腾讯QQ在此时即能发挥强大的作用。远程桌面协助是腾讯QQ推出的方便用户远程帮助好友处理计算机问题的功能。它让你的好友、你的技术支持人员即使远在千里,也能及时协助你解决问题。远程桌面协助包括"请求控制对方电脑"和"邀请对方远程协助"两个选项。

使用该功能时,我们所需工具主要有:联网的计算机、腾讯QQ。在使用该功能时,需在QQ的系统设置中对当前电脑开放远程桌面权限。具体操作步骤如下:

第1步 登录腾讯QQ软件;

第2步 选择"主菜单"|"设置"|"权限设置"|"远程桌面";

第3步 勾选"允许远程桌面连接这台计算机"(如图3-22)。

完成上述设置后,我们即可使用腾讯QQ的远程桌面协助功能。

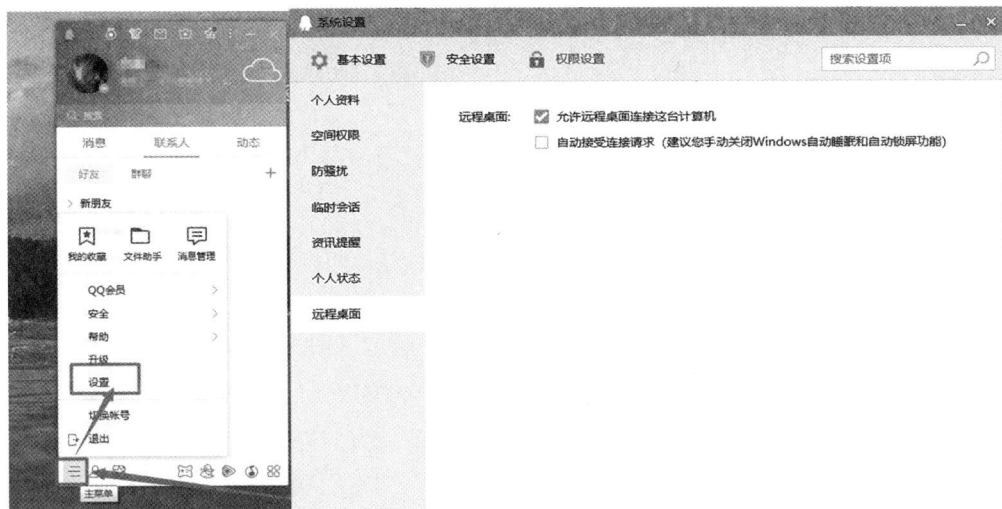

图3-22 腾讯QQ远程桌面设置I

第1步 双击打开与对方的聊天窗口;

第2步 选择聊天窗口中的"远程桌面演示"图标;

第3步 根据实际情况选择控制方式(如图3-23)。

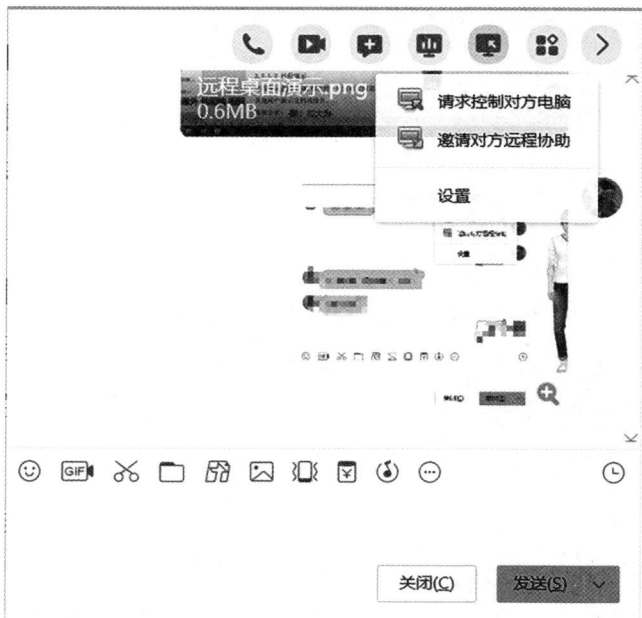

图3-23　腾讯QQ远程桌面设置Ⅱ

Tips：远程桌面协助下的选项分为"请求控制对方电脑"和"邀请对方远程协助"，若需要在使用时控制对方电脑则选择前者，反之则选择后者。

2.利用QQ为学生远程答疑

随着信息化通信的便捷,学生在课后经常会通过各种方式向老师寻求学习支持与帮助。但通过纯语音或纯文字性的交流教师往往无法对学生进行有效的过程性的指导,腾讯QQ推出了一项能打破空间限制,方便用户向当前不在同一地点的其他用户演示文档或报告的功能——远程演示。

远程演示包括分享屏幕和演示白板。分享屏幕能够使参与分享的成员实时观看到使用者的电脑屏幕及其上面进行的操作。演示白板则提供白板界面,使用者能够在白板界面进行写字、绘画等操作。其具体使用方法如下:

第1步 双击打开与演示对象的聊天窗口;

第2步 选择聊天窗口上方的"远程演示"图标;

第3步 选择演示方式"分享屏幕"或"演示白板"(如图3-24)。

在使用远程演示的过程中,可在演示界面的左下角对摄像头、音量、演示画笔等相关属性进行设置。

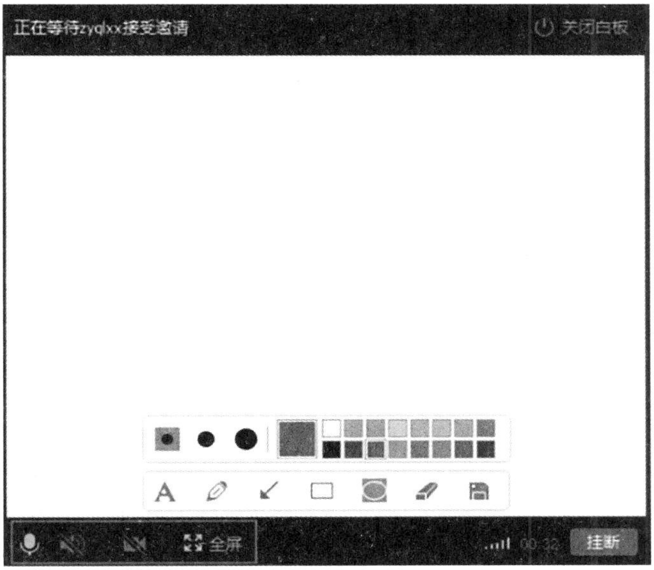

图3-24　腾讯QQ远程演示之演示白板

3.利用QQ群功能助力班级管理

QQ群是腾讯公司推出的多人聊天交流的一个公众平台。教师在教学管理中往往是一对多地进行管理,因此可以利用QQ群建立班级学生QQ群、家长QQ群、科任老师QQ群等。除了聊天交流以外,还可以充分利用群空间的各种功能助力班级管理。

(1)群公告

学校或班级常有许多通知需要发布,特别是一些重要的通知,要让学生、家长都能够准确无误地接收到。QQ群公告即可帮助老师完成该类信息的发布。群公告是用于向群内全体成员发布消息的。当群主(通常是班主任老师)使用群公告发布消息后,群成员(学生、家长、其他科任老师)会收到该信息的及时推送,在进入该群聊天窗口时,系统会自动弹出所发布的公告,显示公告的详细内容。具体操作方法如下:

第1步 选择需要发布公告的QQ群,进入聊天窗口;

第2步 选择"公告"|"发布新公告";

第3步 填写公告标题及详细内容;

第4步 填写完成后点击发布,即可发布公告(如图3-25)。

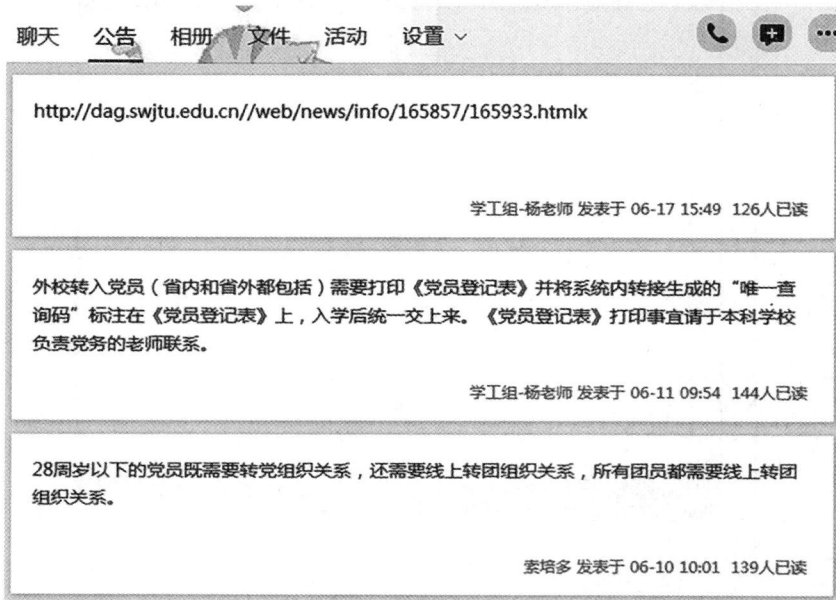

聊天　公告　相册　文件　活动　设置∨

http://dag.swjtu.edu.cn//web/news/info/165857/165933.htmlx

学工组-杨老师 发表于 06-17 15:49 126人已读

外校转入党员(省内和省外都包括)需要打印《党员登记表》并将系统内转接生成的"唯一查询码"标注在《党员登记表》上,入学后统一交上来。《党员登记表》打印事宜请于本科学校负责党务的老师联系。

学工组-杨老师 发表于 06-11 09:54 144人已读

28周岁以下的党员既需要转党组织关系,还需要线上转团组织关系,所有团员都需要线上转团组织关系。

索培多 发表于 06-10 10:01 139人已读

图3-25　腾讯QQ群公告

(2)群文件

在教学和班级管理中,越来越多的人开始使用电子化资源,如电子课表。如何保证每位学生、家长、科任老师都能够有一份电子课表呢? 腾讯QQ的群文件功能就能帮助我们。群文件主要用于上传、存储、下载群内相关的所有文件资源。当群主或某些群成员上传文件后,其他成员均会收到相关推送。在群文件较多的情况下,腾讯QQ还支持创建文件夹将群文件进行分类管理,方便更好地查找及使用文件。创建文件夹的操作步骤如下:

第1步 选择"文件"|"更多功能";

第2步 选择"新建文件夹";

第3步 创建文件夹,并进行文件分类整理。

上传文件资料的具体操作步骤如下:

第1步 选择"文件"|"上传";

第2步 选择需上传文件,点击确定即可上传。

除了电子课表外,教师要分享给学生的课件、题单、复习资料等各种文件格式的资源都可以通过群文件进行分享。

（3）群投票

在班级日常工作中,班主任总会就某些事宜或活动征求全体同学、家长、科任老师的意见。投票则成为最能体现民主、公平、公正、公开的方式之一。腾讯QQ的群投票功能也应运而生。

QQ群主或管理员均可发布投票。在发布投票时,只需填写该投票名称、添加选项并设置该投票为单选或多选,设定群投票截止时间即可。在投票发布后至截止时间前,群成员均可参与投票,每人仅有一次投票机会,投票完成后不可再次投票,也不可修改。投票截止后会自动统计投票结果。具体步骤如下:

第1步 选择群聊天框右上角"应用中心广场页面"|"群投票"|"发起新投票";

第2步 填写投票主题、投票选项,设置选择模式、截止时间,提醒时间及投票隐私;

第3步 点击"确定",发布投票。

Tips:投票的查看权限包括【公开】及【隐私】。若选择公开,则群成员可通过点击投票选项查看支持该选项的人员;若选择隐私,则只有发布者可查看支持该选项的人员。

（二）微信公众号

在目前的教学及其管理中,存在着家长与教师、学生与教师之间信息不对等的情况。如何利用信息技术,特别是一些新媒体工具解决这类教学管理中的问题呢?

微信公众号是一个不错的选择。教师可以通过微信公众号将教学内容推送给学生,将问题及日常管理信息推送给家长,并通过微信及时回复。除此之外还可利用微信公众号记录教学反思,助力自身成长。

微信公众号的价值不言而喻,其核心便是编辑自己的微信推文(图片、文字、视频)给他人浏览,为此我们将从公众号注册、推文制作、公众号管理这三方面来进行介绍。

1.公众号注册

(1)创建公众号

第1步 在浏览器中输入https://mp.weixin.qq.com进入微信公众平台;

第2步 点击"立即注册"|"订阅号"填写注册信息;

第3步 点击"订阅号"进入下一步信息登记;

第4步 主体类型选择为"个人"并输入主体和管理员信息;

第5步 填写其余基本信息,确认并创建公众号。

完成以上五步后,你将获得一个微信公众号。

Tips:主体信息一旦确认,便不能更改。每一次登录微信公众号管理后台,都需用注册时的微信号进行扫码验证。

(2)进入公众号

在微信公众平台(https://mp.weixin.qq.com)中登录,进入公众号后台,如图3-26所示。

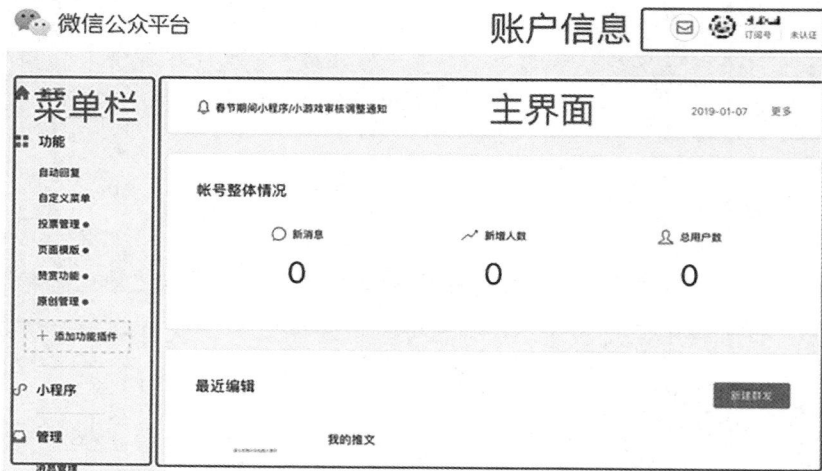

图3-26 微信公众平台界面

后台界面主要由三个部分构成:账户信息(顶部)、菜单栏(左侧)和主界面(右侧）。点击菜单栏中不同的项目，主界面会呈现对应的内容。通过相关操作可将图文消息推送给用户。在这里"用户"是指关注了本公众号的教师、学生、学生家长、朋友等。推送的"图文消息"则是指一种经过排版供用户阅读的文章素材，可以是一则教学通知，也可以是相关的教学文案、典型例题介绍或教学反思、教学日志等等，下面我们将重点介绍推文的制作。

2.推文制作

推文是指公众号推送给用户的图文消息，可通过"素材管理"编辑图文消息。直观来讲，打开手机微信的任意公众号，映入眼帘的消息就是推文。

为什么要制作推文？因为推文能高效地向用户（家长、学生等）展示教学信息（教学内容、班级活动、作业情况等）。通过推文，教师可将教学内容推送给家长、学生，让家长辅导作业，学生自主复习；与家长实时地交流；存储信息，为教育数据分析奠定基础。制作推文要使用微信官方提供的网页编辑器，其操作与word类似。因官方编辑器限制，若想做出多彩的推文，可借助第三方编辑器进行图文混排，再用官方编辑器继续制作。下面我们来看看推文的具体制作流程。

我们可以借助流程图来理解推文的制作，如图3-27所示：

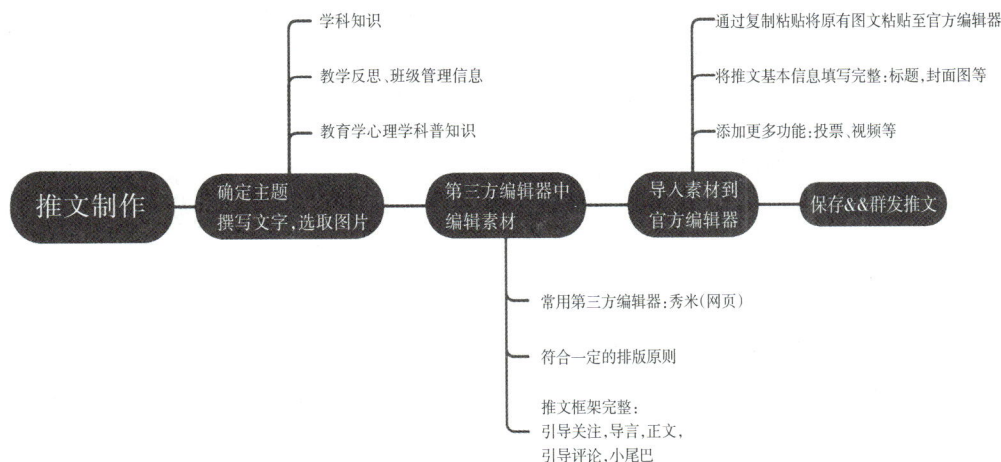

图3-27　推文制作流程

推文制作流程分为四步。第一步主要取决于制作者所处环境的要求、知识储备和信息素养，与具体的操作技术无关，因此下面我们将重点介绍后三个过程。

（1）排版素材/图文排版

大多数情况下，推文排版需两个编辑器协同完成。在此我们推荐秀米编辑器（https://xiumi.us）作为第三方编辑器。秀米提供了丰富多样的图文模版和风格排版（推文模版）。

对于排版的具体操作，米提供了详细教程，在主页点击"图文新手指南"即可获取，限于篇幅，不再赘述。

虽有排版教程，但仍有一些需要了解的基本概念和排版技巧。

推文结构。一般来说推文分为三段：前言、正文、小尾巴。小尾巴是指带有公众号简介、微信公众号二维码的板块，常置于推文末尾。

分割文字。当出现大段文字时，常用图片、空行分割文字，以提高阅读体验。

标题长度。标题长度一般控制在14个汉字（28个英文字母）以内。

封面图片。应选取清晰的、与图文相关的、长宽比最好为2.35∶1的图片作为封面图片，否则系统会自动裁剪图片。

文字颜色。正文文字常用深灰色，颜色太淡难以阅读，太深则刺眼。

文字字号。正文字号一般设为14~16pt，大标题字号一般设为18~20pt。

行间距。一般设为1.6~1.8pt，合适的行间距会使推文在手机上更容易阅读。

编辑器兼容性。如使用多个编辑器，需要注意不用快捷键复制粘贴，否则可能导致推文格式错位。

（2）导入官方编辑器

图文混排后，推文只包含图片文字，若想插入投票、视频等素材，则需在官方编辑器中操作，故将图文粘贴到官方编辑器中。

将其导入官方编辑器之前，我们首先需熟悉编辑器的各个区域和功能，通过菜单栏中的"素材管理"|"新建图文素材"进入到官方编辑器中。为方便描述，我们对区域进行编号。请注意，编辑器界面在不停地"改头换面"，但其核心未变，当发现进入"陌生"界面时，细心阅读提示文字，这往往能帮助你上手。

下面我们介绍一下编辑器的区域功能：

区域1：标题和封面图（头图）的预览区域，点击加号可增加推文数量。

区域2：与常见的Word编辑区一致。

区域3：用来插入图片、视频、音频、投票、小程序的图标等。值得注意的是投票和小程序,投票需新建投票后才能使用。小程序非常强大,但需要具备一定的开发经验。

区域4:推文标题、作者、正文内容编辑的区域。区域4对于推文编辑者而言,是编辑正文的区域。这些排好版的内容,最终会被"誊写"在用户的手机屏幕上。

区域5:这个区域有三个按钮,分别是"保存"、"预览"和"保存并群发"。"保存"即将推文保存在"图文素材"库中,以供后续编辑或发布。"预览"即将文章推送到指定的微信号上,以便预览排版效果。"保存并群发"即保存并推送。

区域6:设置封面图、简介的区域,封面图和简介编辑好之后会在公众号的主页中展示给用户。

> **Tips:** 推文的封面图,当前版本下要求长:宽=2.35:1。在用户转发推文后,封面图会被截取为1:1的小图。建议认真填写摘要部分,这是用户对推文的第一印象!

区域7:此区域有两个功能,即原创声明、原文链接。原创声明表示此篇推文为自己独立创作,申明原创的推文将带有原创标志。原文链接可设置网址,以阅读原文的形式显示在正文的最后,用户点击"阅读原文"会进入该网址。

编辑器界面简单直观,为便于理解,我们将其按功能分为三个部分:

第一部分为效果展示区域(区域1、4),"所见即所得"。

第二部分为编辑区域(区域2、3、4、6、7),排版设置推文。

第三部分为预览发布区(区域5),保存、预览、群发。

熟悉编辑器后,我们就可以轻松制作出一篇推文了。制作出的这篇推文现已"躺"在图文素材库中。下一步,是将推文群发(推送)给用户。

(3)保存并群发

在排版与设置后,就可以将文章推送给用户。其方法很简单:点击保存并群发,便会跳转到群发网页,点击网页中的群发按钮即可。一次可群发多条推文,只需提前在区域1中点+号进行添加即可。订阅号一天只能群发一次。若推文有误,则只能在"图文消息"中删除此推文。

推文制作与推送是微信公众号的关键部分,但还需要注意与读者间的互动。微信推文是支持评论的,作者甚至可以在推文的小尾巴之前,添加引导用户评论的提示语。

3.公众号管理

微信小程序为公众号管理提供了丰富的功能,下面重点介绍三大功能:获取公众号二维码、消息管理、自动回复。

(1)获取公众号二维码

公众号需要被用户关注,那么其二维码的生成就非常关键,具体方法如下:

第1步 在菜单栏中点击"设置"|"公众号设置";

第2步 在主界面"账号详情"|"公开信息"中点击头像下方二维码图标;

第3步 在弹出的界面中选择合适尺寸的二维码,并下载logo。

这样便会获取jpeg格式的二维码,可将二维码打印出来,或将电子版二维码作为小尾巴放在推文结尾处,以便潜在用户关注公众号。

Tips:对于海报制作等,为保证清晰度,请选择最大边长二维码下载并打印。

(2)消息管理

微信公众号支持后台维护人员(教师)与用户(家长、学生)进行交流。当用户向公众号发送消息后,微信后台的"菜单栏"|"消息管理"中将出现对应的内容。维护人员可在消息管理界面回复消息,也可将消息添加至收藏夹。对多媒体消息,还可将其下载到计算机、保存到微信素材库中。

及时交流是良好沟通的前提之一。没人想在即时交流软件上为回复等上1周或者更长的时间。正因如此,回复消息有时间限制,超过三天未回,则再不能进行回复。除此之外,腾讯出于成本考虑,收到的文本消息只保存5天,多媒体消息保存3天。

(3)自动回复

正如前面所说,微信支持即时交流,但教师却很可能无法即时回复。要是存在一种功能,能根据消息的关键字进行针对性智能回复就好了。自动回复即是这样一种功能。自动回复功能可不间断地根据关键字回复特定消息,例如作业和期末成绩询问等。按照不同的应用场景,自动回复通常被分为三个部分。

表3-2　自动回复的类别

自动回复类别	回复时机	回复内容的类型及特点	用途
被关注回复	第一次关注公众号	文字、图片、语言、视频 消息无针对性	用于介绍公众号基本信息、 欢迎用户关注等
收到消息回复	发送消息给公众号	文字、图片、语言、视频 消息无针对性	一般用于公告类消息
关键词回复	发送消息给公众号,且消息中有关键词	文字、图片、语言、视频、图文消息 消息有针对性,可以在一定程度上保护隐私	方便家长了解学生信息(如:输入孩子姓名+身份证后六位,可获得老师对其当天表现的评价。输入时间+作业,可获得当天家庭作业信息等)

Tips:建议只开启关键词回复,因为其和收到消息回复之间存在一定的冲突。

下面我们以关键词回复为例进行介绍。自动回复均默认关闭,需手动开启,进入"菜单栏"|"自动回复"时,点击灰色开启按钮,可开启关键词回复。开启关键词回复后,界面将会自动变为设置界面,如图3-28所示。

图3-28　设置按照关键词自动回复

同样的,我们将界面编号,分区域介绍。

区域1：为规则设置名称，以方便检索与管理。

区域2：输入关键词，并确定匹配规则（半匹配、全匹配）的区域。可通过加号添加多个关键词。为区分半匹配和全匹配，我们假设关键词为Key，其匹配情况如下：

表3-3　测试匹配情况

用户输入	匹配规则	匹配是否成功
Key	全匹配	成功
Key	半匹配	成功
123Key123	全匹配	失败
123Key123	半匹配	成功

区域3：设置回复内容，点击加号显示设置内容。内容至少要有一条。

区域4：设置回复方式。回复方式有两种，一种是回复全部；另一种是随机回复一条。

点击保存，完成关键词回复的设置。

○ 第四章

教学设计

新教师经常存在以下困惑:上课教什么? 依据什么开展教学? 教学目标如何确定? 怎样才能实现对学生核心素养的培养? 上课之前,应该进行哪些分析与准备? 什么是教学设计? 如何进行教学设计? 本章将围绕这几个方面的问题进行分析。

本章相关视频

第一节　概述

根据加涅的教学设计理论,教学(instruction)是嵌入有目的的活动中的促进学习的一系列事件。教学的目的是促进学习。对教学进行设计,促使学生参与到那些促进学习的事件和活动中,可以使教学更为有效。

(一)教学设计的理论基础

现代教学设计是在现代学习论、教学论以及相应的促进学生学习的教学技术的基础上产生的。

1.学习理论

因为教学设计的目的是促进学生有效地学习,所以现代教学设计的产生以现代学习论的发展为前提。学习是指学习者因经验而引起的行为、能力和心理倾向的比较持久的变化。学习理论试图解释学习发生的条件以及变化发生的过程。关于学习的理论研究较多,有行为主义学习论、认知学习论、建构主义学习论以及人本主义学习论等。加涅在总结行为主义、有意义言语学习理论以及信息加工理论等多种学习理论的基础上,撰写了《学习的条件》一书(1985年版更名为《学习的条件和教学论》),该书为现代教学设计奠定了牢固的心理学基础。在该书中,加涅对学习结果进行了分类,论述了不同的学习结果的内部和外部条件,论述了学习的一般过程,并提出了每类学习结果的检测标准。

2.教学理论

教学理论研究教学的一般规律,并用以指导解决教学中的实际问题。因此,教学设计必须以教学理论为依据。在研究学习条件的基础上,加涅于1985年提出了"任务分析教学论",即"为不同的学习结果提供不同的教学",人们将之总结为"学有定律,教有优法"。与加涅同时代的教育心理学家也提出了多种教学模式,为现代教学设计的产生奠定了理论基础。

1974年,加涅发表了《教学设计原理》一书,提出了现代教学设计理论。其基本观点有:a.中小学生的学习结果总体上可归纳为言语信息、智慧技能、认知策略、动作技能和态度五个方面,这五种类型的学习结果就是学校教学的目标;b.不同的学习结果,其内在性质、外在行为表现及有效学习条件也不同。教学设计就是针对目标类型,制订有效的学习计划;c.教学设计中应引入任务分析,以揭示有效学习的必要条件和支持性条件,确定学生的起点能力;d.根据任务分析的结果确定教学事件;e.对照目标检测学习结果,评价教学目标的达成情况并修改教学设计。

3.一般系统理论

系统理论也是指导教学设计的基本理论。系统理论遵循反馈原理、有序原理和整体原理,将研究对象作为一个具有一定组织、结构和功能的整体加以考察。教学是由许多要素构成的系统,教师需要运用系统方法来处理教学问题。教学设计要遵循"系统取向",要考虑教学系统中各要素的整体性、综合性和最优化,因此,教学设计有时又被称为"教学系统设计"。

4.传播学理论

教学是一种有目的、有组织的传播活动。哈罗德·拉斯韦尔认为,传播过程包括五个基本要素——谁(who)、说了什么(say what)、通过什么渠道(in which channel)、对谁(to whom)说、取得什么效果(with what effect),即"5W模式"。在教学设计过程中,主要是通过发挥传播者(教师)、受众(学生)的主动性和积极性,选择和组合适合教育内容的教育媒体,通过这些媒体将信息直接或间接地传递给受众,并通过实践检验或证明其产生的效果。

(二)教学设计的基本要素

教学设计(Instructional Design),也称教学系统设计,是以获得优化的教学过程为目的,以传播理论、学习理论和教学理论为基础,运用系统方法分析教学问题、确定教学目标、建立解决教学问题的策略方案、试行解决方案、评价试行结果和修改方案的过程。

教学设计包含哪些基本要素呢?

不同的教学设计模式包含的环节有差异。格拉奇(Gerlach)和伊利(Ely)模式包括四个要素,分别是:目标、学习者、策略和评价。肯普(Kemp)模式强调四个基本要素:教学目标、学习者特征、教学资源和教学评价。迪克(W.Dick)和凯瑞(L. Carey)提出的教学设计九环节中,同样也包括了教学目标、学习者、策略和评价四个要素。影响最大的加涅等提出的教学系统设计模型,即ADDIE模型,包括分析(analysis)、设计(design)、开发(development)、实施(implement)和评价(evaluation)五个阶段,其中设计阶段又包含了九种教学的外部事件,对教学设计的指导作用非常明确。该模式同样具备上述四个基本要素。所以,虽然教学设计模式在不断发展,但都离不开教学目标、学习者、策略和评价这四个基本要素。

第二节 学习需要分析

教学设计是一项目的性、系统性很强的教学准备活动,是为满足学习需求、达成教学目标而进行的设计。所以,首先就得明确为什么而进行教学,为什么而进行教学设计。

当"现状是什么"跟"应该是什么"之间存在差距时,就产生了学习需要。所以,学习需要就是指学习者目前的状况与期望达到的状况之间的差距。这个期望来自何方呢?来自社会发展的需要、个人发展的需要以及学科专业发展的需要。这个需要,由教师来分析相对较困难,需由课程标准来进行明确。

(一)课程标准简介

基础教育课程是贯彻执行党的教育方针、落实立德树人目标的重要载体。课程标准是由教育部颁布的国家指令性文件,规定了基础教育课程的基本要求,是国家意志在教育领域的具体体现。课程标准通过阐明课程性质、课程基本理念,明确了课程目标以及课程基本内容,指明了各个学段学生应该具备的学科核心素养、应该达到的学业质量水平,明确了学生学习相应课程后应达成的正确价值观、必备品格和关键能力。2001年教育部颁布的《基础教育课程改革纲要(试行)》指出,国家课程标准是教材编写、教学、评估和考试命题的依据,是国家管理和评价课程的基础,应体现国家对不同阶段的学生在知识与技能、过程与方法、情感态度与价值观等方面的基本要求,规定各门课程的性质、目标、内容框架,提出教学和评价建议。

(二)"学业要求"与学习需求的关系

2017年,教育部印发了新制定的普通高中各学科课程标准。在"课程内容"部分,多数学科从"内容要求"、"教学提示"以及"学业要求"几个方面,列出了主要的教学内容,针对学科以及内容特点提出了教学建议,并对学生学习后应达到的目标提出了具体要求。课程内容的选择体现了《普通高中课程方案和语文等学科课程标准(2017年版,2020年修订)》(以下简称《课程标准》)规定的思想性、时代性、基础性、选择性和关联性的原则。该部分内容对教材编写、教学以及评价等方面具有详细的指导作用。"学业要求"部分,从核心素养的角度,提出了对学生学业的具体要求。这个要求,是对上述三种发展需求的整合。

第三节 学习内容分析

通过学习内容分析,可以明确教学的深度和广度,解决教师"教什么"、学生"学什么"的问题。

学习内容是为实现总的教学目标,要求学生系统学习的知识、技能和行为经验的总和。按加涅的学习结果类型分类,学习内容也可以分为言语信息、智慧技能、认知策略、态度和动作技能。这些内容的主要载体是教材。

教材是指根据课程标准编选的指导学生学习的材料,包括文字材料(如教科书、教辅资料等)、视听教材(教学影片、唱片等)和网络教材等。教材是教师教学和学生学习的主要素材和依据。

对学习内容的分析,包括类型分析、关系分析以及重难点分析等。

(一)类型分析

根据加涅对教学结果的分类,学习内容包括:属于言语信息的符号、事实、综合性知识,属于智慧技能的概念、规则等,属于认知策略的方法性知识,以及态度与动作技能方面的信息。在教学设计中,针对不同的学习内容,教学策略的选择也不同。类型分析的目的,即是为教学设计奠定基础。

(二)关系分析

1.内部关系

学习内容间内部关系,有并列型、序列型和综合型三种类型。并列型是指学习内容之间相对独立,无严格的顺序关系。序列型就是指学习内容之间有先后顺序,前一个内容是后一个内容的基础,不能随意更换它们之间的顺序。综合型即包含了上述两种类型。在安排教学顺序时,必须明确学习内容之间的关系,避免犯科学性错误。

2.纵向关系

某一特定的学习内容处于一定的知识单元,与前后知识单元的其他内容间也存在一定的关系。在进行教学内容分析时,也要明确它们之间的关系,这样才能明确学生的学习情况,为教学的实施提供支持。通过这一分析,可以明确前后学习内容间的纵向关系。

3.横向关系

分析学习内容间的横向关系,包括与其他模块、其他学科之间的联系等。横向关系的分析,可以帮助学生实现知识的建构,完善认知图式;有利于知识间的融会贯通,并为迁移打下基础。

4.与课程标准的关系的分析

课程标准体现学习需求,所以,要明确学习内容与课程标准的关系,指出该教学内容是为达成课程标准中的哪些目标而设置的。这样就有利于将课程标准具体化,有利于教学目标的确定。

(三)重难点分析

教学重点是指学科或教材中最基本、最重要的知识和技能,即基础知识和基本技能。基础知识是指学科或教材中的一些基本事实及其相应的基本概念、基本原理、基本定律和公式等组成的相对稳定的知识。技能是指应用知识去完成某些实际任务的能力。基本技能是指学科或教材中最重要、最常用的技能。教学难点一般是指教师较难讲得清楚、学生较难理解或容易产生错误的教材内容。在教学过程三要素中,教学难点虽然在一定程度上取决于作为认识客体的教材内容,但它主要取决于作为认识主体的学生和作为引导者的教师的素质和能力。例如,对于同一教材内容,有的教师讲得清楚透彻,不易成为难点;而有的教师则难以讲清楚,易成为难点。同样,对于同一项学习内容,有时绝大部分学生容易理解,不易成为难点;有时绝大多数学生能够轻松领会,不易成为难点。所以,教学难点的确定,要结合教师和学生的情况,具体问题具体分析。

第四节　学情分析

(一)学情分析的目的

学情分析的目的是明确学生的学习起点,帮助教师明确教学中的着力点及教学策略的选择。学情也决定"去往哪儿"即终点的问题:是达成课程标准的基本要求,还是满足他们更高的发展需求等。

(二)学情分析的主要内容

1. 分析学生的知识背景

根据建构主义理论,学生学习新知识的过程就是在原有的知识结构基础上进行建构、形成新的图示的过程。所以,需要分析学生已有的知识结构。在课程标准的统一要求下,在班级授课制的教学组织形式之下,同一个年级的学生,在知识结构上具有共同性,这个共同性也是开展班级集体授课的基础。通过分析课程标准,以及教材的编排顺序,教师能够明确多数学生具有的一般性知识基础。也可通过测试,确定学生已掌握的知识。在进行学生的知识背景分析时,要注意有针对性地进行,要针对授课内容以及其所围绕的课程目标来进行分析。

2.分析学生的学习能力

学生的学习能力跟年龄段相关,同一学龄段的学生的学习能力基本处在同一水平上。同时,能力又是多方面、多维度的。不同学科,对能力的训练的侧重点也有所不同。《课程标准》就对学生能力的发展提出了相应的要求。如语文学科要求提高学生的语言能力、提高学生的形象思维能力等;数学学科要求"四能",即"从数学角度发现和提出问题的能力、分析和解决问题的能力";英语学科提出"语言能力""学习能力"等能力要求。而在培养目标里,《课程标准》就明确提出,学生要具有"终身学习能力"、"自主发展能力和沟通合作能力"等。这一目标细化到不同学科,结合学科性质,自然就有不同的侧重点。多个学科、多门课程形成合力,就形成了学生的综合素养。同时,在进行章节教学设计时,由于教学内容不同,能力发展的侧重点又有所不同。因此,在分析学生的能力状况时,要针对年龄特点、学科特点,同时结合具体的教学内容来分析学生的能力水平,分析学习新内容的有利方面和不足之处。

3.分析学生的情感、态度与价值观

课程目标中的"情感",主要是指学生的学习热情和学习兴趣,还包括审美情趣等。课程目标中的"态度"既包括学习态度,也包括生活态度等。而课程目标中的"价值观"则强调学生应形成正确的价值取向,在个人与集体、人类与自然的价值发生冲突时能正确取舍。"情感"关乎学生自发的学习兴趣,"态度"关乎学生的意志力,"价值观"关系到学生的终极追求,所以,这三者是依次递进的关系。这三者关系到学生的学习动机,健康的情感、态度与价值观是核心素养的重要内容。

(三)学情分析的方法

通过教学进程分析学情是最简便的方法。通过教学进度,教师可以了解学生的学习经历,为判断学情提供依据。

根据课堂教学过程反馈学情。通过课堂中的师生交流,例如教师有针对性的提问以及学生的反应,可以评估学情。

通过测试反馈学情。通过纸笔测试,可以判断学生的知识掌握情况,以及学生的理解能力、获取信息的能力、语言表达能力以及综合运用能力等。通过实际操作,可以了解学生的技能掌握情况等。

通过访谈调查学情。面对面的访谈在了解学生的情感、态度和价值观方面尤其具有优势。

采用问卷调查了解学情。不记名的问卷更有利于发现学生的真实情况。

学情分析的常见问题是:容易对学生进行一般性分析,而缺乏针对教材内容、具体目标达成的准确分析。教师应在明确具体的课程目标的前提下,分析跟目标达成相关的学情。

进行学情分析后,针对该节课的教学,教师就可以从有利方面和不利方面来进行阐述。

第五节　教学目标设定

教学目标,是指教学活动实施的方向和预期达成的结果,是一切教学活动的出发点和归宿。教学目标对教学设计以及教学的实施具有导向作用和评价作用。教学目标是预先设定的,教学活动之后产生的是结果。通过比较预期与结果,可以判断目标的达成度。根据目标的达成度,可以评估教学设计的合理性以及教学实施的效果。

(一)教学目标的维度

根据布卢姆的分类方法,教学目标分为认知目标、情感目标和动作技能目标。认知目标维度有:回忆、理解、应用、分析、评价、创造六个层次;动作技能目标可分为:知觉、定势、指导下的反应、机制、复杂的外显反应、适应以及创造水平;情感领域的目标可以分为:接受或注意、反应、评价、组织、价值与价值体系的性格化。这些目标都有相对应的具体的行为动词,在目标表述时就可以根据目标类别及层次,选择相应的行为动词。

（二）核心素养与三维目标的关系

自新课程标准颁布以来，教学目标的表述也随之发生了变化，从原来的三维目标转变为核心素养目标。三维目标中的知识与技能、过程与方法被提炼和整合成了关键能力，情感态度和价值观对应的是正确价值观和必备品格。从这个角度来说，两者的内涵是相同的。不同的方面在于，素养是人的内在秉性，从素养的角度来思考教育，更体现了以人为本的思想。而核心素养，又是素养系统中的关键性成分，对其他素养起统领作用。学科核心素养又是学科独特教育价值在学生身上的体现和落实，是学科本质和学科教育价值观的反映。通过各学科核心素养的落实和整合，可以促进学生综合素养的形成和发展。

（三）核心素养目标的确定和表述

教学目标的制定过程就是将学习需要具体化的过程。根据课程标准关于核心素养的要求，分析教材的具体内容，结合学习者的情况，确定教学活动，最终就可以确定教学目标的内容。具体步骤如下。

1.深入理解核心素养的内涵

以高中生物学的学科核心素养为例。该学科核心素养包括"生命观念""科学思维""科学探究"以及"社会责任"四个方面。以"生命观念"为例，对于这一素养的内涵，课程标准是这样表述的："生命观念"是指对观察到的生命现象及相互关系或特性进行解释后的抽象，是经过实证后的想法或观点，是能够理解或解释相关事件和现象的品格和能力。学生应该在较好地理解生物学概念的基础上形成生命观念，如结构与功能观、进化与适应观、稳态与平衡观、物质与能量观等。前面一句话阐明了"生命观念"的内涵，后一句话列举了几种主要的生命观念。教师应通过课程标准关于核心素养的表述，分析其内涵及外延，为落实核心素养目标做好准备。

2.分析教学内容中的核心素养

针对某一教学单元，分析教学内容中体现了哪些学科核心素养，同时分析这些核心素养间的相互关系，并找到侧重点，为目标的确定以及实施、评价提供指导。

3.分析学生的起点能力

在确定核心素养之后,分析学生的起点能力,与目标相比较,找出达成目标的必要条件以及支持性条件,为选择教学策略、确定学科活动提供参考。

4.确定学科活动

结合对教学资源的分析,思考可以开展的学科活动。通过学科活动,将知识消化、吸收、内化,最终转化、升华为学科核心素养。

第六节　基于不同教学策略的教学设计

(一)教学策略概述

为达成教学目标,需要选择教学策略,进行教学设计。教学目标影响教学策略的选择,教学策略是为实现教学目标服务的。

在教育心理学中,教学策略是教师教学时有计划地引导学生学习,从而达成教学目标所采用的一切方法。教学策略主要包括两种类型,即以教师为主导的教学策略以及以学生自学为主的教学策略。

教学策略不是教学模式。教学模式是教学策略的上位概念。教学模式是在一定教学思想指导下和丰富的教学实践经验基础上,为完成特定的教学目标和内容而围绕某一主题形成的稳定而简明的教学结构理论模型及其实践活动方式。教学模式通常包括理论依据、主题、教学目标、操作程序、实现条件、教学评价等因素。我国常见的教学模式有传递—接受教学模式、自学—辅导教学模式、引导—发现教学模式等。

教学策略也不是教学方法。教学方法是教学策略的下位概念。教学方法是教师和学生在教学过程中,为了完成教学任务、实现教学目的所采用的一系列具体的方式和手段的总称,包括教师教的方法和学生学的方法。教学方法的常见类型有讲授法、谈话法、讨论法、指导法、演示法、参观法、实验法、实习作业法、练习法、探究法等。这些教学方法特点不同,作用也不同,其适用范围也不一样。根据特点,可以将它们分为以下几大类:1.以语言传递信息为主的教学方法,包括讲授法、谈话法、讨论法等;2.以直观体验为主的教学方法,包括演示法、参观法等;3.以实际训练为主的方法,如实验法、实习作业法以及练习法等;4.以引导自主探索为主的方法,主要是探究式教学法(也称发现法)等。

教学策略决定了教学方法。比如,以教师为主导的教学策略,较多采用的是讲授法、谈话法等;而以学生自学为主的教学策略,可能较多采用发现法、探究式教学法等。教学策略关注的是整体设计,而教学方法关注的是如何实施。

(二)基于情境创设策略的教学设计

1.定义

教学情境,就课堂教学而言,是指作用于学生而引起积极学习情感反应的课堂氛围。教学情境创设,则是指教师在课堂教学中根据教学的内容,为落实教学目标所设定的、适合学习主体并作用于学习主体,产生一定情感反应,能够使其主动积极参与学习的学习环境。

2.意义

创设适合的情境能够吸引学生的注意力,激发他们的学习兴趣和学习动机,可以加速他们新的能力的形成。

3.类型

教学情境的类型很多,有人将之分为实验情境、虚拟情境、形象情境、问题情境等;也有人将之分为典型情境、常见情境以及真实情境等。教师可以结合学生的实际情况以及教学内容,创设适宜的教学情境。

4.设计过程

分析学习内容,分析学习者的情况,然后根据教学目标的要求,选择创设教学情境的素材,找准素材与教学目标的切入点,进行情境的创设。

教学情境的创设可用于课堂教学的起始环节用于导入新课;可以用于中间环节作为分析和解决问题的情境;可以用于结尾环节作为新的学习结果的应用

环节。

下面列举几种常见的做法。

（1）通过学生熟悉的现实生活创设教学情境。从学生熟悉的现实生活情境出发，既能激发学生的学习兴趣，又能培养学生的探索精神，促使学生去思考现象背后的本质，学会问"为什么"，形成观察现象、提出问题的习惯。同时，也能促使学生将理论与实践相结合，形成理论结合实际的习惯。例如，一名中学数学教师在进行"平面与圆柱面的截线"的教学时，首先展示了一幅学生常见的情景：太阳光照射球体，球体在地面形成投影。教师由此提问学生，影子的轮廓像什么图形呢？像椭圆。教师接着提问学生：到底是不是数学意义上的椭圆呢？进而引发学生提出假设：平面与圆柱面的斜截线是椭圆。最后引导学生合作探究，证明这个假设。

（2）通过提问创设教学情境。"学起于思，思源于疑"，通过适当的提问，能够促进学生的学习和思考。例如，一名中学物理学教师在进行"气体流速与压强的关系"教学的时候，在桌上摆放了两个乒乓球，提问学生：如果不用手，你有什么方法让两个乒乓球靠拢呢？该问题引发了学生探究的兴趣，经过尝试，学生发现，居然可以通过往两个乒乓球中间吹气达到这一目的。教师接着提问：为什么会这样呢？从而引入"气体的压强与流速的关系"的教学。教学过程中，师生通过探究解决了这一个问题。所以，该问题情境驱动了学习任务的完成。

（3）通过视频、音乐、图片等直观教具创设情境

直观教学让学生通过视觉、听觉直接感知外界信息，既吸引学生的注意力，又直接而真实地传递信息，从而提高教学效率。一位中学语文教师在进行《琵琶行并序》的教学时，首先让学生听一段琵琶曲，让学生体会从中传达出来的情绪。琵琶曲表达的情绪与白居易写《琵琶行》时相似，学生还未学习该诗，已经体会到诗所表达的意境，为学生理解该诗打下了基础。

（三）基于问题的学习策略（PBL策略）的教学设计

PBL（Problem-Based Learning）即基于问题的学习，是以学生为中心的教育方式，与以授课为基础的学习（Lecture-Based Learning，LBL）不同。

1.定义

PBL是以问题为导向的学习方式，以情境教学为基础，在问题的指引下，团队

成员收集资料,合作学习,从而充分调动学生学习的自主性与积极性。该教学策略具有问题性、情境性、自主性以及合作性等特点。

PBL学习具有阶段性,可以从初级到高级逐步过渡和发展,逐步培养学生自主、合作学习的能力以及解决问题的能力。

2.设计过程

（1）教学前端分析

教师首先要进行教学前端的分析。确定教学目标,分析学习内容,分析学情,确定学习者起点能力以及问题指向。

（2）创设问题情境

基于学科内容,搜集并选择材料,编写教学案例,将问题蕴含在案例所体现的情境之中。

（3）确定问题

引导学生进行讨论,明确问题本质,然后把总问题分解为若干子问题。

（4）分析问题,确定解决途径

学生通过搜集资料,分析并讨论,得出问题的解决办法,拟定问题解决方案。

（5）解决问题

学生可以通过推理式探究,也可以通过实验式探究来解决问题。将子问题解决之后,以小组为单位,形成问题解决报告。由于是以合作学习的方式来解决问题的,各组的分工有可能不同,也有可能不完善,所以,在各自的问题解决之后,还可以组织学生以小组为单位进行交流。通过师生的共同总结,最终形成结论,达成总的教学目标。

PBL教学策略于1969年在医学类课程中提出,迄今为止在医学类课程中的应用也是最多的,不过目前已广泛应用于各类学科课程的教学之中。

(四)基于STEM教育策略的教学设计

1.定义及意义

STEM是指科学（Science）、技术（Technology）、工程（Engineer）与数学（Maths）。STEM教育则是指将这四门学科有机融合而进行的教育,旨在培养学生的科学素养、技术素养、工程素养以及数学素养。STEM教育具有跨学科、创新性、协作性、体验性、情境性以及趣味性等特点,有利于培养学生创造性解决问题的能力。

1986年,美国提出STEM教育理念,并于2015年开始实施《STEM教育法》,确保对STEM教育的支持和经费投入。STEM自提出以来,很多国家对其予以高度重视,先后将其纳入国家教育改革的内容。我国也在积极探索如何实施STEM教育。2016年教育部发布的《教育信息化"十三五"规划》中提出,有条件的地区要积极探索信息技术在跨学科学习(STEAM教育)等新的教育模式中的应用。STEAM中的新增的A指艺术(Art)。

2.设计过程

教师可以参照赛耶模型进行基于STEM教育策略的教学设计。

赛耶模型(Thayer Model)由达特茅斯学院创建,以创建者希尔瓦努斯·赛耶命名。赛耶模型是一种解决问题的四步循环模型。四个步骤分别是:1.确定问题;2.对问题进行具体的描述,分析确定问题的参数或要求;3.根据具体要求,提出可供选择的解决方案;4.对可供选择的方案进行研究和评估,确定最佳方案。然后,对问题进行重新定义,开始一个新的四步循环。

STEM教育是让学生通过合作的方式,进行探究式的学习和工程项目的设计与实施,让学生在这个过程中进行学科的交叉与融合,形成解决现实问题的能力。下面以一个情境为例对教学设计过程进行说明。问题情境:当在厨房中发现了老鼠出没的痕迹,应该怎么办? 是清除痕迹呢,还是避免老鼠再次出现? 第一步,确定问题为:如何避免老鼠在厨房中出现。第二步,确定解决问题的要求:方案应安全、合法,符合道德要求以及环保要求等。第三步,寻找可以解决问题的多种方案。学生可以查资料,可以进行头脑风暴等。学生提出的方案可能包括投毒、使用捕鼠器、养猫等。第四步,评估方案,确定最佳方案。比如最终选择的方案是养猫。到此为止,第一个循环完成。那问题是否就解决了呢? 没有,接下来进行第二轮循环:如何养猫? 循环不是无限的,鼠患得到真正治理,问题就得到了最终解决。

上述是运用STEM教学策略的一个例子。我国很多学校、教师对此进行了积极的探索,取得了大量的优秀成果。以中国人民大学附属中学为例,该校与国内外高校、研究机构合作进行STEM课题研究。其将STEM课程分为基础类、拓展类和提高类分别实施。在2016年进行的一个基础类课题"中医校园行"中,由教师构建中医文化的大情境,让学生基于调查研究,形成研究项目——"制作便携式人体经络检测仪"。学生经过文献检索、市场调研,学习机械原理、控制原理、机械制图、材料工艺等知识,进行产品设计,最终达成预期目标。与以往的探究式学习相比,此次课题的工程技术学知识的学习和运用占了很大比重,是对探究式学习的一个突破。

第七节　教学设计评价

教学设计评价包括对教学设计方案的评价、对课堂教学过程的评价以及对教学设计效果的评价几个方面。在此着重分析对教学设计方案的评价。

教学设计方案是指以教学目标为导向,依据教与学的理论,结合学生的实际情况,针对教学全过程制订的指导方案,包括课程标准的解读、教学内容的分析、教学策略的选择、教学效果的评价等。对教学设计方案进行评价是为了对其进行改进和完善,使其最优化。

(一)评价的原则

对教学设计方案的评价要体现科学性和有效性原则。

科学性是指要体现教与学的规律。具体说来,就是要有整体性和有序性。整体性是指教学设计方案的要素要完整,缺一不可。教学设计一般包括教材分析、学情分析、教学目标、教学方法、教学过程、板书设计等基本要素。还有的列出了课标要求、教学反思等项目。同时要素内部要进行整合。从对课程标准的分析到目标的确立,再到教学策略和教学方法的选择以及教学评价,都要基于目标导向,要素之间具有内在的逻辑性和统一性。有序性是指形成方案的过程要合理,所形成的方案的结构要正确。

有效性是指以目标为导向来评价教学设计方案的目标指向性以及可行性。评价的方面包括:教学目标是否合理,教学策略及方法、媒体的选择是否具有可行性以及评价方法是否合理等。

（二）评价的主体和方法

评价的主体有学生、同行以及专家等。学生评价是一种民主的评价方式，可以采用问卷调查、访谈等方式进行，能够为教师改进教学提供重要的反馈意见。同行评价可以通过教研活动、个别交流等方式进行。由于同行了解学情、教学环境甚至教学设计者等，提出的意见和建议往往切实、中肯，具有重要的参考价值。专家评价则能从教育理念的角度指出教学设计者的盲点，帮助设计者明确提升的方向。设计者还可以进行自我评价，这样可以有效地提高自身的专业素养。

第五章

教学实施

　　一堂课上得精彩,具有很好的教学效果,说明该任课教师具有良好的课堂教学实施能力,同时还反映出该教师具有较好的教学设计能力(如课标分析能力、教材分析能力、学情分析能力、重难点设置能力、教学方法选择能力、教学过程设计能力、课堂驾驭能力等),以及较好的教师素养(包括对教育的理解、教育思想等)。换句话说,一堂好课可以折射出教师的教育思想、教学设计、教学实施、教学反思等各方面的综合能力。

　　由此,我们可以看出,课堂教学是由教学目标、教学重难点、教学过程、教学评价等组成的具有内在逻辑关系的、自洽的系统,这个系统的"灵魂"是该教师的教育理念、教育思想,教学实施只是建立在这些内容基础上的一种"显性"活动。本章将重点讨论教学实施过程、课堂把控与管理、课堂教学评价、说课与赛课等内容。

本章相关视频

第一节　中学教学常见模式

"教学模式就是学习模式。当我们在帮助学生获取信息、形成思想、掌握技能、明确价值观、把握思维和表达方式时,也在教他们如何学习。事实上,教学的终极目标就是提高学生的学习能力,使他们将来能够更加便捷有效地进行学习,使他们一方面获得知识技能,另一方面掌握学习的过程。"常见的教学模式一般有思维归纳模式、概念获得模式、图—文归纳教学模式、探究式教学模式、讲授式教学模式、合作学习教学模式等。本节主要介绍讲授式教学模式、探究式教学模式、合作学习模式、翻转课堂教学模式等。

(一)讲授式教学

此处所谓的讲授式教学模式基于奥苏贝尔的认知结构、积极接受学习以及先行组织者等理论。该模式包括三个阶段。第一阶段,提出先行组织者。具体包括明确课程目标、讲解先行组织者、确认定义类属性、给出实例或图表、给出背景、重复、唤起学生对相关知识和经验的意识。第二阶段,提出学习任务或学习材料,包括呈现材料、明确学习内容的逻辑顺序、把学习内容和先行组织者联接起来。第三阶段,强化认知系统,包括运用整体协调原则、确立学习新知识的批判性态度、澄清概念、主动运用概念等。

(二)探究式教学

该模式的实质是引导学生对实际问题进行探究,方法是使他们面对某一领域的研究,帮助他们在该领域内确定一个概念性的或方法论上的问题,并鼓励他们设计出解决这一问题的具体方案。

该模式一般包括以下步骤:第一,提供给学生调查的范围以及调查使用的方法;第二,学生确认调查中遇到的问题;第三,要求学生对问题进行思考;第四,学生找出解决困难的途径。对于科学探究,国内在表述上略有不同,例如《义务教育物理课程标准》(2011版)中,科学探究要素包括提出问题、猜想与假设、设计实验与制订计划、进行实验与收集证据、分析与论证、评估、交流与合作等;而《义务教育化学课程标准》中则提到科学探究的要素包括:提出问题、猜想与假设、制订计划、进行实验、收集证据、解释与结论、反思与评价、表达与交流等。虽然表述各有不同,但其实质都是要求学生应像科学家进行科学研究一样进行学习,从而发展相关能力。

(三)合作学习

合作学习就是在学习中运用小组,使学生共同开展学习活动,以最大限度促进他们学习的一种学习方式。该模式一般包括以下步骤:第一,选定课题,即确定要学习的内容或任务;第二,小组设计,即确定小组学习的规模,划分学习小组;第三,安排课堂,即学习小组的成员聚在一起,研究相关的学习材料,共同交流和探讨;第四,呈现学习材料,把学习材料分割开来,使小组的每位成员都有自己的学习内容,并承担相应的学习任务;第五,开展学习活动。学生根据分工完成自己的学习任务,然后小组成员交流各自的学习结果,最后把学习成果整合在一起。第六,提交小组的学习成果。学习小组把本组的学习结果呈现给全班同学,教师总结、评价各小组的学习情况,必要时对学习内容进行补充讲解。

(四)翻转课堂

所谓翻转课堂,简单来说,就是教师创建教学视频,学生课前通过在线观看视频中的内容,完成任务清单中的学习任务,随后,师生在师课堂上面对面交流讨论的一种教学模式。有学者认为该教学模式"吸收了主动学习、同伴互助学习、合作学习、基于问题的学习等理论(这些理论之间,其实有一些交叉和互通之处)为理论基础,并结合了混合式学习设计和课程播客等理念"。

通过翻转课堂教学模式,教师把一部分本应在课堂上完成的任务放到课前让学生在网上完成,课前根据学生完成的情况设计教学,课堂上更多的时间用来交流、讨论。此处的关键是,哪些内容可以放到课前让学生来完成,哪些内容必须放到课上完成,初次使用该模式时尤其需要注意。此外,正如有学者指出的,"翻转课堂不只是对知识传授和知识内化两个过程的翻转,伴随而来的是教育理念、教学内容、教学方式、教学手段和教学评价的全方位变革"。

教学要素的不同组合可以形成不同的教学模式,无论是讲授式、探究式,还是合作学习、翻转课堂,每一种教学模式也都有其相应的应用范围,不可将其绝对化。教师在教学过程中应该根据具体的教学内容、学生情况等教学实际对教学模式进行选择、取舍。

第二节　教学实施过程

(一)新课教学实施过程

1.新课教学实施过程中的常见问题

对初任教师而言,新课教学实施过程中常见问题主要有:教师讲的过多、教学方法单一、实验或教学活动处理不当等。

(1)教师讲的过多。教师所讲内容的多少和教学内容、教学方法等因素相关。在课堂教学实践中,新教师往往讲的过多,甚至一堂课从头讲到尾,课堂上留给学生的时间过少。留给学生的时间过少,则会在一定程度上影响学生的参与度,从而影响学习的效果。

(2)教学方法单一。教学方法单一具体表现在为:在一堂课中,往往一种教学方法贯穿始终。这样不利于学生的理解和接受。

(3)实验或教学活动处理不当。具体表现主要有:实验或教学活动中学生参与度不高;或者学生积极参与,教学气氛热烈,但是教学效果不明显;或者实验和教学活动没有达到应有的目的,或者没有发挥其应有的功能。

2.新课教学实施策略

针对以上问题,我们可以从以下角度入手进行改进:

(1)教学过程中注意留给学生参与的空间和时间。首先,总体理解各教学主体间的关系,教学设计时给学生参与留出空间。我们知道,课堂教学的要素,简单而言,包括教师、学生、教学内容。在教学活动中,教师通过适当的教学方法、教学手段,使学生建构相关知识,发展相关能力。现代教育理论认为,在课堂教学的几个要素中,教师的作用应该是引导性的,学生才是课堂教学的主体。因此,学生在课堂教学过程中应该积极地参与、主动地建构,而非一味被动地接受。有鉴于此,教师就应该根据教学内容、教学方法的特点,同时结合教师、学生在教学过程中的地位、作用和功能,在教学设计时留给学生空间和时间。根据教学内容的重要程度、难易程度,判断哪些知识、哪些技能是学生容易掌握的,哪些是需要在教师引导下学生进行学习的,哪些知识是需要教师详细讲解的。对教学内容进行判断之后,就很容易找到讲解的重点和难点,从而给学生的课堂参与留出充分的空间和时间;其次,针对教学内容的特点,总体规划各部分教学的时间。师生互动、学生参与需要一定的时间,因此在教学设计时需要规划时间,即使是那些必须由教师进行讲解的重点内容,也应注意时间的分布。这样,就从时间上保障了学生的参与;第三,注意教学语言的准确、精炼。课堂教学语言表达准确、精炼是教师的基本技能之一。用准确、精炼的语言教学,可以使学生准确接受信息,从而理解相关内容,促进学习。

(2)力求教学方式多样化。教学方式多样化不是刻意追求教学方式的"多",而是指根据对教学目标、教学内容、教学实际的综合判断,选择合适的教学方法和教学辅助手段。课程标准提倡教学方式的多样化。新课程并非一味提倡探究式教学,而是提倡教学方式的多样化。因为,无论是传授式教学法,还是探究式教学法,作为教学方法本身,并无绝对的优劣之分,关键是看教师如何应用。为了促进学生学习,应该有针对性地选择最恰当的教学方法。这才是教学方式多样化的本义。第一,选择最恰当的教学方法。每一堂课的教学内容、学生的特点等不同,所选择的教学方法也应该有所不同,即使对于同一堂课,由于各部分内容不同,也可以选择不同的教学方法。第二,选择最恰当的教学辅助手段。教学辅助手段的运用是为了更好地落实课堂教学目标,提升课堂教学效果,因此不能刻意求新、求异,而是应在综合研判各种教学要素的基础上进行选择。

(3)实验或活动教学应该以达成教学目标、发展学生能力、提升教学效果为指向。首先,无论是自然学科的实验环节还是人文学科的活动环节,其目的均应该指向本堂课的教学目标;其次,实验和活动环节学生如何参与,在参与的过程中主要发展学生哪些方面的能力,设计什么样的环节让学生发展这些能力,在课堂教学实践中学生表现如何,教师如何引导等,这些都需要教师在备课环节和教学实施环节予以重点关注;再次,教师应设计好相应的评价方案,以便事后对学生的参与情况和活动的效果进行评价。例如可以通过观察、提问等方式有意识地对学生的学习过程和效果进行评价,并在教学实施过程中根据观察和提问的效果及时调整教学策略,以最大限度地提升课堂教学的效果。

(二)复习课教学实施过程

1.复习课教学实施过程中的常见问题

复习课教学实施过程中的常见问题主要有:简单罗列已学过的知识、缺乏明确目标等等。

(1)简单罗列已学过的知识。复习课的功能是总结、提升。所谓总结,是指系统地梳理、归纳已经学过的内容,使学生的知识体系、认知图式不断趋于完善,从而提升其学习效果。新教师在复习课教学过程中往往简单罗列已经学过的课本知识,而忽略了知识之间的内在联系,忽视了知识的系统性。

(2)以习题代替复习,缺乏明确的目标。因为复习内容对学生而言是已经学过的内容,缺乏"新鲜感",所以复习课的教学效果往往不佳。其实,仔细分析可以发现,其根本原因在于教师对于复习课定位不准确,缺乏明确的目标所致。

2.复习课教学实施策略

针对以上问题,我们认为可以从以下几个方面进行改进:

(1)有效回顾总结已学过的内容,注意知识间的逻辑性、系统性。复习课不是简单地回顾课本上已经学过的内容,而是对所学内容进行总结提升。首先,复习课的回顾总结要注意知识间的逻辑关联。例如,对于高中物理《电场力的特性》,有老师在复习时对相关内容进行了如下总结:

【案例5-1】

电场力的特性

一、电荷、电荷守恒定律

1.两种电荷:用毛皮摩擦过的橡胶棒带负电荷,用丝绸摩擦过的玻璃棒带正电荷。

2.元电荷:一个元电荷的电量为 $1.6×10^{-19}C$,是一个电子所带的电量。

说明:任何带电体的带电量皆为元电荷电量的整数倍。

3.起电:使物体带电叫起电。使物体带电的方式有三种:①摩擦起电;②接触起电;③感应起电。

4.电荷守恒定律:电荷既不能被创造,也不能被消灭,它们只能从一个物体转移到另一个物体,或者从物体的一部分转移到另一部分,系统的电荷总数是不变的.

二、库仑定律

1.内容:真空中两个点电荷之间相互作用的电力,跟它们的电荷量的乘积成正比,跟它们的距离的二次方成反比,作用力的方向在它们的连线上。

2.公式: $F=kQ_1Q_2 / r^2$ $k = 9.0×10^9 N·m^2 / C^2$

3.适用条件:(1)真空中;(2)点电荷。

三、电场:

1.存在于带电体周围的传递电荷之间相互作用的特殊媒介物质。电荷间的作用总是通过电场进行的。

2.电场的基本性质是对放入其中的电荷有力的作用。

3.电场可以由存在的电荷产生,也可以由变化的磁场产生。

在复习这部分内容时,老师用PPT逐条呈现上述内容,和学生进行回顾总结。表面上老师是在逐条回顾已经学过的相关知识,但仔细分析可以发现,这不是简单的知识重复,"电荷、电荷守恒定律""库仑定律""电场"等内容之间具有内在的逻辑关系,后面的内容是在前面内容的基础上展开的。复习课全面总结了"电场力的特性"的所学内容,因此也具有很强的系统性。

从以上案例我们可以看出:教师在进行复习课教学设计时,应系统梳理要复习章节的主要知识点,注意各个知识点间的内在联系,并按照逻辑关系进行总结,如此能够起到较好的教学效果。

(2)以问题促进复习。复习课教学实施过程中,即使教师按照上述思路精心设计教案,但由于教学内容的"重复性",也并不一定就能够起到很好的教学效果。而以问答形式回顾所学内容,而非直接呈现所学内容,往往可以很好地引导学生深度参与。同样复习《电场力的特性》一课,有老师罗列出如下问题:

【案例5-2】

电场力的特性

一、电荷、电荷守恒定律

1.什么样的电荷叫作正电荷？什么样的电荷叫作负电荷？为什么世界上只有两种电荷？

2.什么叫作元电荷？元电荷的"元"是什么意思？

3.如何使物体带电(即起电方式)？

4.为什么电荷是守恒的？

二、库仑定律

1.库仑定律的内容(条件、大小、方向)。

三、电场

1.什么是电场？

2.电场的基本性质是什么？

3.电场是由什么产生的？

案例5-1和5-2的框架基本相同,但是内容呈现的方式并不相同。前者直接呈现复习内容,而后者以问题的形式进行呈现。复习课教学过程中,师生如果在案例5-2的问题提纲提示下一问一答展开教学,系统总结所学知识,虽然教学内容与案例5-2基本相同,但由于展开方式不同,学生的参与度、复习课的教学效果都会有很大不同。

(3)找准复习课教学目标,使复习课"复习"而不是"重复"。对复习课而言,回顾总结显然是其重要内容,但是复习课并不是简单的回顾,而是在回顾的基础上进一步实现知识的提升。因此,在复习课的教学过程中,梳理总结只是第一步,接下来,在回顾的基础上还应该有一定的拓展和提升。

有老师在复习课的教学过程中,对原有知识进行合理的"变形",使"老的内容"以"新的面孔"出现。例如某位老师在一节高一上学期函数复习课中,引导学生利用熟悉、简单的函数'组合'成陌生、复杂的函数。该复习课的前提是"学生已经学习完教材'必修 1'的内容,对函数的概念、图像与性质已经有了全面的理解,在充分回顾初中学习过的函数的基础上又学习了指数函数、对数函数和幂函数,反复演练了研究函数的一般方法与步骤,同时也做了大量的习题"。设计者并没有对相关内容进行简单回顾,而是在此基础上提出更高的要求:学生是否掌握了研究函数的一般方法与步骤? 能否自己设计一些函数,发现、提出问题并分析、解决问题呢? 基于这样的思考,该教师设想利用"对勾函数"$f(x) = x + 1/x$作为引子,引导学生利用熟悉、简单的函数"组合"成陌生、复杂的函数,启发学生发现、提出"研究什么"和"怎么研究"的问题,从而体验发现、提出问题的方法;并在此基础上,启发学生引入参数、逆向设问等,发现、提出更加深层次的问题,从而深化学生发现问题和提出问题的能力;最后,引导学生总结经验,将之上升为数学(科学)研究的一般方法。

当然,让复习课"复习"而不"重复"的方法还有很多,需要我们在实践中不断地探索。

(三)习题课教学实施过程

1.习题课教学实施过程中的常见问题

习题课教学中的常见问题主要有:

(1)就题讲题。根据我们的课堂观察和初任教师的反馈,习题课教学过程中,教师往往就题讲题,拓展不够。

(2)缺少整体规划。具体体现在:不同习题考查同样的内容或者同样层次的问题,或者一堂课中所讲的习题所包括的内容不够全面等。

(3)对学生了解不够,详略不得当,教学重难点不突出。有新教师反映"习题课中,觉得没有必要讲解那些没有'思维空间'的问题,但是经过一段时间的教学后发现,对于基本的计算,甚至基本的内容,学生竟然不清楚"。这恰恰反映了新教师对学生的学情了解不够,对学生学习的重难点了解不够,所以才不能提供有针对性的解答,所讲非所需,往往会直接影响教学效果。

2.习题课教学实施策略

针对以上问题,我们认为可以从以下几个方面加以改进:

(1)认真分析习题,找出同一类习题间的联系,不断积累习题资源。首先,在习题课的备课阶段,需要认真分析所选的每一道习题,弄清楚该习题主要考查学生哪方面的知识和能力,其考查的核心问题是什么。其次,搜集、分析同一类习题之间的关系,弄清楚它们之间的联系,以及考查的侧重点和方式有何不同。再次,初任教师教学经验相对有限,需要在教学的过程中不断积累习题资源。如前所述,教师可以建立自己的习题库,根据内容或者考查方式对习题进行分类。随着资源库的不断完善,新教师对同一知识点可能的考查方式、考察层次的了解将逐步加深,这样,在习题课的教学过程中才能做到信手拈来、应用自如。

（2）整体设计一堂习题课的教学内容。此处,可以借鉴试题编制中的"双向细目表"的思路,教师可以针对某一堂课考查的知识点、考查的方式、考查的层次等做一整体规划。在此基础上,选择、改编已有的习题资源,使相关习题更加符合本堂课的教学目标。

（3）深入了解学生的答题情况,讲解详略得当、重难点突出。首先,同样的习题对于不同的学生而言,难易程度是不一样的,因此教师应准确了解学生的学习状况,根据学生的答题情况进行有针对性的解答。例如,教师在批改课后作业时需要大致统计学生的错误率、出错点,找准问题的症结所在,从而"对症下药"。此外,对于个别基础薄弱的学生还需要进行个别的辅导。其次,一节习题课要详略得当,重点突出。对重点内容特别是疑难点的突破要详细讲解,而对于相对简单的问题一般指出解题关键即可,甚至可以直接告诉学生答案。

第三节　　课堂把控与管理

（一）时间与节奏把控

一堂课的时间是有限的,要在有限的时间内用有限的资源实现教学目标,就需要把握好各个环节的时间和节奏。

1.时间与节奏把控中的常见问题

（1）教学进度过快或者过慢。准教师或初任教师由于把握教学进度的经验相对较少,因此经常会出现一节课的教学进度过快或过慢的情况。课堂教学过程中,教学进度过快,可能会压缩学生认知建构的时间,影响师生之间的交互,进而影响教学效果;同样,教学进度过慢,则会影响总体的教学进度,同样影响教学效果。

（2）教学重难点不够突出。一堂课的重点和难点也体现在教学时间的分布上。通常，对重难点的讲解所花费的时间最多，节奏上也较缓慢。教学节奏把握不准，则会影响各环节的教学时间。节奏过快会使得本应该详细讨论的一带而过；节奏过慢，对重难点的讨论时间过长，同样也会影响教学效果。总之，把握好教学进度，按照教学内容的重要程度分配时间，是初任教师的重要素养之一。

2.时间与节奏把控策略

准教师或者初任教师可以从以下几个方面着手：

（1）备课时做好进度安排。准教师或者初任教师想把握好教学进度，就需要在备课时做好规划，即根据教学目标的要求，把握本节课的重点、难点，梳理本节课的各个教学环节，整体规划时间，把主要时间用在教学难点的突破、教学重点的讲解上。例如，新课教学时导入部分一般需3分钟左右，新内容的教学一般用20-25分钟，巩固迁移需10分钟左右，在此基础上，再按照教学思路，对讲解新内容的时间做大致的规划。

（2）备课时设置"弹性"内容。对初任教师而言，在规定的时间内恰好完成规定的教学内容是较难的。此时，设置"弹性"内容是一个很好的选择。新教师可以根据教学的具体安排，把一些相对次要的拓展栏目或者练习作为备选项，如果教学时间相对充裕，则在课堂中进行讨论，如果时间紧张，则留做课外作业或者下节课再讨论。这样的"弹性"内容一般不会占用太长的时间，对于调节课堂的整体进度具有较好的效果。

（3）提升自身的课堂驾驭能力。此处的课堂驾驭能力，主要是指教师根据课堂教学进度，调整教学内容、教学策略的能力。备课时的时间规划是大概的，是可以变化的，教学实践活动中，教师可以根据教学进展对某些环节进行适当的"压缩"或"延伸"，如此，则可以从总体上保障教学进度。

时间和进度的把握既需要备课时的整体规划，也需要教学实践中教师的临场把控，这种临场把控能力和教学经验密切相关，因此需要在实践中不断练习，不断感悟。

（二）课堂问答

课堂教学可以不同的方式展开。如果采用传授式教学法，那么在课堂教学过程中主要通过教师讲、学生听的方式展开教学;如果采用探究式教学法,那么在课堂教学过程中则主要由教师引导、学生积极参与的方式展开教学。无论是传授式教学法还是探究式教学法,要使教学更加有效,要使学生参与其中、积极思考,提问都是一种有效的方式。但是如何提问,特别是如何有效提问,是初任教师需要深入思考的问题。

1.课堂问答中的常见问题

初任教师在课堂教学过程中的问答环节存在的问题主要有:

(1)一堂课应该提出多少问题? 课堂教学过程中我们可以发现,有的教师提问次数较多,而有的教师提问相对较少。那么,对于初任教师而言,到底一堂课应该提多少问题比较合适呢?

(2)什么样的问题是有效的问题? 对于初任教师而言,什么样的问题才是有效问题,如何提出有效问题,是需要深入讨论的。

(3)提问环节应该注意什么事项? 有时候,教师的提问本身是非常有价值的,但是在问答互动的过程中,因为具体"火候"把握不到位,而致使好问题没有带来好的教学效果。因此,课堂问答的过程中应该注意什么,如何使提问发挥其应有的功能和价值,这些都需要新教师进行深入的思考。

(4)问答环节应该如何设计? 课堂问答过程中既有教师根据具体情景临时提出的问题,也有提前精心设计的问题,那么,在教学设计环节应如何设计有效问题? 课堂教学过程中应如何针对具体场景临场发问?

2.课堂问答策略

针对以上问题,准教师或初任教师可以从以下方面进行思考。

(1)一堂课提多少问题并没有固定的标准。课堂观摩中,我们经常可以发现,有的教师一堂课提出很多问题,但是,仔细揣摩,其中大部分多是"是不是?""对不对?"等问题。教师提问后学生积极参与,回答"是""不是""对""不对",课堂气氛活跃,师生互动频繁。而有的教师提问相对较少,但是所问问题多是较深层次的问题,学生需要进行思考后才能回答。通常,这一类教师往往不是单独提一个问题,而是一连串的问题,回答完第一个问题之后,紧接着又会出现第二个问题,回答完第二个问题,接着又会出现第三个问题。而且,这些问题多是前后相连、紧密相关的,恰好指向学生的疑惑所在。学生在思考和回答这类问题的过程中,知识得以建构,能力得以发展,教学效果往往比较显著。当然,二者相比较,前者也具有一定的教学效果,例如能使学生的思维沿着教学思路向前推进,但是从学生发展的角度而言,无疑后者更加有效。

(2)有利于教学目标达成的问题是有效问题。然而,从客观上来说,问题是否有效是相对的,同时也是和教学目标紧密相关的。例如,以掌握知识为主要目标和以发展学生能力为主要目标的问题评价就有所不同。所以,提问时,应该紧紧围绕教学目标,以突破教学重难点为指向。

(3)问答过程中应该给学生留有适当的思考时间,同时教师还应该进行有效引导。课堂教学过程中,常见的情况是,教师刚刚抛出问题,便要求学生进行回答,甚至教师刚刚提问,便很快告诉学生答案,如此,即便问题本身是一个好问题,但是留给学生思考的时间过短,没有发挥问题应有的作用,问题的有效性也就大打折扣。此外,要使学生的思维得以发展,问题本身需要有一定的难度,在学生思考后仍回答不出时,教师应进行适当的引导。引导不等于给出答案,而是给学生的思考指明方向。

(4)教师在备课过程中应该做好问题设计工作。问题设计是备课的重要环节,好的问题往往是由多个子问题组成的问题群,各子问题之间前后相连,具有必然的逻辑关系,前面的问题是后面的问题的基础,后面的问题是前面的问题的延伸。在这个问题群中,不同问题具有不同的层次,既有基础的、面向全体学生的问题,也有更深层次的需要深入思考的问题。这一系列问题的提出,能够指向教学重难点的突破;这一系列问题的解决,能够有效达成教学目标。因此,教师应根据教学目标、教学重难点精心设计问题。例如,对于高中历史《甲午战争》一节课,有老师设计出如下问题:

①基础设问:战前各方力量与表现如何? 战争进程分为几个阶段? 主要有哪几次重大战役? 涌现出哪些民族英雄? 战争结局如何?《马关条约》的签订在国际和国内有何直接影响?

②深度设问:分析明治维新前后日本制定和实施"大陆政策"的社会经济因素。为什么说《马关条约》反映了帝国主义资本输出和分割世界的要求? 如何理解《马关条约》的签订大大加深了中国社会半殖民地化的程度? 从中日"甲午战争"的结局中,你能得到哪些启示? 通过理解和分析历史事件的前因后果,学生

从中领悟历史发展的本质和规律。

③多元设问:对于"甲午战争"对中国近代社会的影响,有两种不同的看法:一种观点认为,巨大的灾难总是以历史进步作为补偿,甲午战争加速了中国近代化进程;另一种观点认为,"甲午战争"使中国在20世纪初几乎遭受亡国之祸,阻碍了中国近代化进程。你同意哪种看法? 请阐述理由。

④情境设问:一个俄国人在光绪二十一年(1895年)春末夏初来到中国游历,他当时在中国可能经历的事情有哪些?

该案例从不同维度设计课堂教学中的问题,既有基础性问题,又有需要深度思考的问题;既有一般性问题,又有开放性问题、情境性问题。并且,各问题之间具有内在的逻辑关系和梯度,值得初任教师参考和借鉴。

当然,课堂教学是师生共同参与的实践活动,因为师生共同参与,所以具有一定的开放性。随着课堂情境的变化,原先设计好的问题可能需要调整或者重新设计问题,这就需要教师结合教学中的各种因素随机应变。

(三)生成性教学资源

1. 处理生成性教学资源时的常见问题

所谓生成性教学资源,生成性教学资源指的是在课堂教学中伴随教学过程而产生的,能够推动教学进行的各种教学条件和因素。这种没有预料到的情形的出现对教师教学,特别是对初任教师教学提出了较大的挑战。这类生成性教学资源如果处理不当,将会为教学带来不利影响;如果利用得当,则会有效促进课堂教学。

笔者曾以评委的身份参加过一个小范围的教学比赛。拿到参赛选手的教学资料之后,有一份教学设计吸引了我,因为在这份教案中,几乎每一句话后面都有一个括号,里面用不同颜色的笔标示着"提问""举左手""微笑"……也正是因为如此,比赛过程中,我特意观察该选手的表现。结果,该教师的确如教案中所设计的那样,讲到标注提问的地方,便会有问题呈现;讲到标注举左手的地方,便会举起左手;讲到标注微笑的地方,便会微笑……

可以肯定的是,这位老师准备得很认真。但是他没有意识到课堂教学活动有其开放性、生成性。

2.生成性教学资源处理策略

为了有效利用课堂教学过程中的生成性教学资源,我们可以从以下几个方面进行准备:

(1)做好教学设计,预测各种可能出现的情形。教案,在某种意义上是教师教学的提纲,课堂教学活动就是按照它来开展的。因此,教师在备课时,要在分析课标、教材、学情的基础上,尽可能考虑到所有可能出现的情形,做好各种准备,特别是对于课堂提问中学生可能的回答要有充分准备。这样,在教学过程中,教师才能从容应对。

(2)提升课堂教学驾驭能力。生成性课程资源的处理,考验着教师的课堂教学驾驭能力。这种能力的高低和教师的教学经验、对教学内容的理解、教育理念等直接相关,新教师应不断积累经验,提升这一方面的能力。

第四节　　课堂教学评价

(一)课堂教学评价中的常见问题

课堂教学评价一般针对的是学生课堂表现、教学过程以及学习效果等方面,评价方式有课堂问答、课堂测验、教学反思等。课堂教学评价中的常见问题主要有:

(1)课堂反馈缺少梯度和针对性。学生在课堂上回答教师提问后,教师要及时对学生的回答进行反馈和分析,如有错误和不足之处,要及时指出,以便于学生改正。但是我们经常看到,很多老师给学生的评价都是"好""很好",很少准确说出具体错误所在,导致学生无法认识到自己的错误。此外,不同的学生,其学习基础、学习能力、学习积极性等也不相同,但老师对于不同学生的评价往往"千篇一律",缺少针对性。

(2)重学习结果的评价,轻学习过程的评价。课堂教学实施过程中,对学生进行全面评价既需要对其学习结果进行评价,同时也需要对其学习过程进行评价,课堂观摩时我们经常发现初任教师往往注重对学习结果进行评价,而忽略了对学生学习过程的评价。

（3）评价习题缺乏针对性、内在的一致性。在进行课堂测验时不少老师习惯于利用教材上的习题,或者随意选择一些题目,而忽略了学生具体的学习阶段和水平,忽略了习题内容与学习内容间的内在一致性,不能很好地起到巩固拓展的效果,更无法准确反映学生学习的效果。

（4）教学反思流于形式。教学反思是促进教师提升自身教学技能的有效方式,但是反思什么？如何反思？如何利用教学反思改进自己的教学？换句话说,如何让教学反思真正发挥其应有的功能,而非流于形式？这是初任教师经常遇到的问题。

（二）课堂教学评价策略

针对以上问题,我们可以从以下角度进行改进：

（1）客观、简练、有梯度地对学生的回答进行评价。保护学生学习的积极性、从正面进行引导是对学生回答进行评价的前提。但是,在此前提条件下应该对学生的回答进行客观、有梯度的评价。所谓客观,是指要对其回答的正误进行客观描述,使学生知道自己的回答是否正确。如果回答错误,教师应具体指明错在哪里；所谓简练,是指限于课堂教学时间,教师的评价要尽量言简意赅,直指问题的关键所在。而有梯度,则是指教师的评价应该有层次性,如"回答错误""回答部分正确""回答正确"等,这样才能使学生对自己的回答有一个清晰的认识,从而制订下一步的学习策略。

不同学生,其学习基础、学习能力是不同的,因此教师在进行课堂教学评价时不能"一刀切",而应该考虑到每一位同学的具体情况,给出有针对性的评价。例如,对于同一个问题,对于基础较好、积极性较高的同学的回答,教师可以客观准确地给出评语；而对于基础相对较差、积极性不高的同学,教师则应该在此基础上给予一定的引导和鼓励,以激发其学习的兴趣。

（2）对学生学习进行多维度的评价。我们很难在课堂教学的过程中对每个学生的回答进行全方位的评价,但是我们可以尽可能地对其进行多维度评价,从而使学生得到更加全面的反馈。例如,可以借鉴三维目标的框架,从知识的获得和技能发展的角度进行评价,这种评价,往往是结果性的；也可以从获得知识的过程和方法、习得技能的过程和方法进行评价,这种评价则属于过程性的。如果说结果性评价属于对"静态"学习结果的评价,那么,过程性评价则是属于"动态"评价,二者的侧重点不同。

(3)精心设计测验内容。课堂测验或者课堂练习既是对当堂所学知识的巩固,同时也是对知识的一种拓展,能够起到很好的巩固迁移效果,所以如何练习、练习什么样的内容就显得至关重要,直接关系到学生做题的效果。

(4)通过教学反思有效提升自身的教学能力。教学反思的目的是发现自己教学中的不足,从而改进教学。教学反思的内容一般包括:教学目标设置是否合适,教学方法选择及应用是否恰当,教学重难点是否突出,教学环节设计是否合理,教学实施效果如何,师生互动情况如何,学生学习基础、学习过程、学习效果如何,等等。换句话说,教学反思,不仅要关注教师如何教,更要关注学生如何学,从学生学习的角度研究教师的教,这对促进教师自身专业发展具有重要的理论和实践意义。

第五节　说课与赛课

(一)说课

首先需要了解何谓说课。不同学者对于说课的内涵有不同的界定。一般认为说课是教师面对专家、领导或其他听众,在规定的时间内,针对具体课题,采用讲述为主的方式,系统地分析教材和学生等,并阐述自己的教学设想及理论依据。说课的主体是教师,而说课对象一般是专家、领导或者同事等。说课的内容一般是说教学目标、说教材分析、说学生情况、说教学过程、说教学评价等。说课的方式一般以讲述为主,可以结合讨论、展示等方式。

与讲课相比,说课具有以下特点:第一,说课是一种教学研讨活动,而非如本章所讨论的课堂教学实践活动;第二,教学的目的是提升学生的素养,而说课的目的主要是提升教师的素养,并进一步发展教学;第三,课堂教学是师生共同参与的教学实践活动,其对象是学生,而说课则主要面对的是专家、领导、同事;第四,课堂教学活动可以采用传授式教学法、探究式教学法等不同的教学方法,借用不同的教学手段,而说课则主要是以讲述、研讨的方式展开;第五,说课不仅要说教学目标、教材、学生、教学过程等,更重要的是要说教学设计的理论依据,亦即不仅要说是什么,更要说为什么,从而更好地实现研讨、交流、提升的目标。

说课流程一般包括说教材、说学情、说教学目标、说教学方法、说教学过程、说板书设计等。所谓说教材,主要是指教师在理解课程标准对相应内容的要求的基础上,根据教材分析相关理论和方法,对某一章节教材的地位和作用进行定位,对具体教材内容进行处理等。说学情则是在对学生学习基础、学习能力、学习习惯等情况长期、深入了解的基础上,从实际出发,结合教学目标、重难点等,说明在教学过程中选择适当的方法引导学生进行有效学习。说教学目标,主要是说明教学设计时,教师对学科课程标准中相应的要求的理解和把握,以及结合教材、学情、教学设备等实际情况,根据课标要求,从不同维度(如知识与技能、过程与方法、情感态度与价值观)确定教学目标、教学重难点等。说教学方法主要是在课程标准要求下,结合学生实际,说明选择什么样的教学方法进行课堂教学。课程标准一再提倡教学方式多样化,所以,在具体情境中教师需要选择最佳的教学方法。说教学过程主要是说明针对某一节的内容,如何开展教学。新课教学中,教学过程主要说教学导入、新知识的呈现、内容巩固、教学评价等。此外,一般还包括问题设计、师生互动、多媒体技术的应用、教学突发事件的预测等。说板书设计主要是指对教学过程中板书、板画的具体设计,包括整体布局、呈现次序、字体颜色、字体大小等给予说明。

以上是说课的一般流程,在此,需要再次强调的是说课不仅要说是什么,更要说为什么,从而实现交流、提高、改进的目的。

1.说课中的常见问题

说课实践中常见的问题主要如下:

(1)说课标内容,忽略对课标的解析及对课标要求的落实。说课实践中,该问题主要表现在:第一,说课教师能够展示出课程标准中对相应内容的要求,但是对此的解析不够深入,或者把握不到位;第二,说课教师能准确呈现课程标准中对应的具体要求,但是容易忽略课标对于教学的指导作用。

(2)说教材,重形式而轻实质性内容。主要表现在:第一,教师往往以教学内容的章节位置替代教材地位和作用的分析,使得教材分析流于表面。例如,对于某一节的内容,教师能够详细说出该内容属于教材第几个模块中的第几章第几节,能够说出该节的题目是什么,但是,对于教学内容的内在逻辑关系却缺乏深入研究;第二,分析某章节内容时,往往能够说出教材呈现了哪些内容,而缺少对教材内容的研究和处理。

（3）说学情,缺乏对学情的实质性把握和理解。说课实践中的学情分析最常出现的问题主要是教师对学情缺乏深入研究,往往停留在"学生已经学过什么,后续将要学习什么"这一较浅的层次。

（4）教学目标、重难点分析,把握不到位。说课过程中,教学目标、重难点把握不到位,除了上述的课标解读方面的问题之外,常见的问题还有:教学目标过多,生搬硬套"三维目标""核心素养";对重难点的把握有偏差。

（5）说教学过程,忽略教学内容的自洽。初任教师在说教学过程时,往往出现以下问题:教学目标、教学内容之间缺乏内在联系;教学片段的设计指向性不明确。

2.说课策略

为了更好地进行说课,我们认为可以从以下几个方面进行改进:

（1）深入解析课标,认真落实教学目标。第一,呈现课程标准中对相应内容的要求是课标解读的第一步。接下来,说课教师应该结合自己的教学经验、听课经验,详细说出自己对该要求的理解。一般说来,课程标准对内容的要求都比较简练,教师需要从行为动词、教学内容、不同内容之间的关系等角度进行深入分析,从不同层面、不同维度对课标要求进行解析。教师从不同层面、不同维度分析课标要求,可以梳理出多条具体的内容,但是一堂课的容量有限,所以需要说课教师根据教学内容、学情等对条目的重要性进行排序,选择最为重要的条目作为该节课要实现的目标。换句话说,分析课标要求是一个先发散,再聚焦的过程,在此过程中选择哪些内容,反映了教师对于教学内容的把握程度,这和教师的教学经验、理论水平等密切相关。第二,分析课标要求之后,需要以之为指导,根据学情、教学资源、教学设备等实际,选择合适的教学方法、确定教学重难点,同时,根据教学目标、教学重难点、教学手段、教学条件等设计教学过程,教学过程的展开应该以课标要求为准绳。

（2）梳理教材内容结构,挖掘教材的内涵。教材分析一般遵从整体分析到章内容分析,再到节内容分析的顺序。所以,针对以上问题,在说课过程中要注意:第一,说出所讨论的节内容属于教材第几模块第几章第几节,只是说出了该内容在教材中的客观位置,而要真正分析教材的地位和作用,则需要教师从教学内容之间的内在逻辑关系进行研究和梳理。第二,在进行节内容分析时,教师应该在深入理解教材内容的基础上,揣摩教材编写者的意图,比较不同版本教材中内容的呈现顺序,对教材节内容进行"解构",然后再根据课标的要求、教学实际等进行"建构"。所谓"解构",主要是指了解教材自身的展开线索,从导入、知识呈现、巩固练习、拓展等方面对教材内容进行拆分,理清各部分之间的关系;所谓"建构",是指在对教材内容进行"解构"的基础上,对不同版本的教材进行比较,并结合实际,重新整理出适合自己教学的内容。在这个过程中,选用了哪些内容,置换了哪些内容,都需要有充分的理论依据。

(3)深入了解学生学习,找到认知生长点。学情分析主要是从学生学习认知的角度,分析学生已有的知识储备、学习能力、学习特点,在综合研判的基础上,为学生学习本节内容设计最佳的教学方法、教学过程。而要分析学生已有的知识储备、学习能力、学习特点,则需要教师在长期的教学实践中不断观察、了解学生对相关内容的掌握程度、不同学生的学习特点、学习能力。前期的作业批改、课堂互动、教学评价、课前摸底等都是常见了解学生情况的方法。只有明确学生学习过程中的关键问题,才能提出有针对性的教学建议。

(4)通过研究,准确把握教学目标与教学重难点。教学目标是在课标分析的基础上,结合教学实际确定的本堂课要达成的具体目标。其具有导向性,因此需要准确无误、言简意赅;此外,为了更加全面、清晰地展示教学目标,我们常常以"三维目标"(或学科核心素养)为框架,从三个不同维度对教学目标进行表述,但是,在教学设计时、在说课过程中,切勿生搬硬套三维目标。首先要理解三维目标的真正内涵,理解三个维度之间的关系;其次,在设计教学目标时应对号入座。当然,教学目标是根据课标和教学实际确定的,所以在设置时应该实事求是。重难点是本节课需要解决的关键问题,其确定的依据主要有课标要求、教学实际、教学经验等,初任教师应该在分析研究的基础上自己设置,然后将其与教参、教辅上的相应内容进行对比;或者在听课、教学研讨中,吸收老教师的经验,对重难点进行确定。

(5)注意教学各要素之间的自洽性。教学目标、教学方法、教学过程构成了一个具有内在逻辑关系的、自洽的体系,教学方法的选择、教学过程的展开都是为了实现教学目标,所以每个教学环节的设计都应该具有其目的,所有目的之间都具有内在逻辑关系。

(二)赛课

1.赛课中的常见问题

赛课的选题、设计、实施来源于常规课,但又"高于"常规课。赛课和常规课的不同在于,前者是教师(或教学团队)经过精心打磨的,具有一定特色、亮点的公开教学,因此在一定程度上更能代表其教学能力和水平。对初任教师而言,赛课过程中常见的问题主要有:选题缺少"创新点"、教学设计上存在不足、课堂驾驭能力有待改进等。

(1)选题缺少"创新点"。赛课内容需要具有一定的创新性,需要有吸引听众的亮点,但是在赛课过程中,一些老师的选题往往创新性不够,或者对于受众没有足够的吸引力,从而影响赛课的效果。

(2)教学设计上存在不足。赛课的教学设计往往都是经过教师精心打磨的,但是依然会存在各种问题,主要体现在:教学思路不够清晰,重难点不够突出,细节设计不够精致,教学目标没有真正得到落实,等等。

(3)课堂驾驭能力有待改进。新教师由于缺乏课堂驾驭能力,在赛课过程中往往会出现以下问题:讲得过多,教学过程不连贯,生成性课程资源处理不当,等等。

2.赛课策略

针对以上的问题,我们认为可以从以下方面进行改进:

(1)深入研究,精选课题。赛课时,参赛教师往往可以自己选择赛课内容,这就为他们提供了较大的发挥空间。选择课题时,教师可以结合自身的风格、特点,选择在某一个或几个方面具有创新空间的内容。经过不断研究、打磨,在赛课的过程中,教师如果在上好课的基础上,能充分展示创新点,往往能够取得良好的效果。赛课时,如果课题已经给定,就需要教师从已经给定的课题上下功夫,尽量寻找创新点。此处的创新性,主要体现在以下几个方面:首先是教学思路、教学过程的创新。对于某一主题的教学内容,教师们往往会形成相对固定的教学思路、教学过程,因此,在选题过程中,如果能够突破传统教学思路,采用能有效达成教学目标的新思路、新设计,无疑将为赛课的成功奠定基础;其次是教学细节的创新。教学过程是由一系列前后相连、具有内在逻辑关系的教学片段组成的。对于某一具体内容,如果能从教学方法、师生互动等方面进行有效突破和改进,则会提升整节课的教学效果;第三,教学实验或教学活动的创新。新的实验资源或活动资源往往更能够吸引受众的注意,起到更好的教学效果。例如,对于《带电粒子在磁场中的运动》一课,常见的实验装置是利用蹄形磁铁靠近阴极射线管以观察粒子流的偏转。该实验现象较为明显,辅助教学效果较好。不过该实验是教学大纲要求的实验,应用比较普遍,从实验创新的角度来看优势还不够。如果改进实验,将电视机的显像管(含荧光屏)接入电路中,通过控制偏转电场和偏转磁场的强弱来实现显像,则不仅让学生观察到了带电粒子在磁场中的偏转,同时也了解了电视机的工作原理,有利于激发其更大的学习热情,起到较好的教学效果,同时还能给评委或同事留下深刻的印象,更易在赛课中脱颖而出。

(2)精心打磨教学设计。教学是一个不断改进的过程,在此过程中,教学资源、教学方法等得到不断改进和完善,教师对教学的理解得以不断加深,教学效果得到不断提升。因此,对教学设计进行打磨就显得尤为重要。赛课过程中,如果条件允许,集中教学团队的力量对教学设计进行打磨、改进,不仅能够提升赛课质量,更能促进教师自身的发展。教学设计的打磨一般从以下几个方面入手:第一,教学目标、教学重难点。在研究课标、教材、学情的基础上,重点关注教学目标、教学重难点设置是否合理;第二,教学思路。教学有法,教无定法,结合课标、教材、学生、教学资源等,有效融入新的教学理念、教学模式,设计最合适的教学思路。此外,还应重点关注教学过程能否有效达成教学目标,教学重难点能否得到有效突破。第三,教学细节。教学设计要力争做到精益求精,这就要求对教学过程中的细节进行不断改进,既厘清前后内容间的逻辑关系,有效指向对应的教学目标,又能吸引学生参与、思考,取得理想的教学效果。第四,实验或活动内容。包括实验(活动)目的、实验(活动)开展方式、实验(活动)创新性、实验(活动)安全因素等方面。

(3)提升自身的课堂驾驭能力。首先,教师应该熟悉教学内容,不仅熟悉教学的具体环节,更要对教学环节的设计目的、逻辑关系等有深入的理解,这是课堂教学顺利开展的前提;其次,语言表达要准确、精炼、连贯,教态要端庄大方;第三,能够顺利实施课堂教学,有效引导学生参与,启发学生思考,能对学生的学习进行客观、及时、有效的评价等。日常,在常规课的教学过程中,教师应该有意捕捉生成性课程资源,积累利用生成性课程资源的经验,提升自身的课堂驾驭能力。

初任教师的教学能力、教学经验处在一个积累、调整、发展的过程之中,如果将赛课作为自我发展和提升的契机,在此过程中积极思考,吸纳其他老师的建议、策略,不断反思、改进,必定能够实现自我提升和发展。

第六章

学业评价

　　学业评价旨在为学生的发展提供进一步的教学反馈和指导。因此,教师在进行教学设计时,也要进行测评设计,保持教、学、评的一致性和统一性。在进行学业评价时,教师要关注学生的个体差异,聚焦学科核心素养。

　　那么,当前的学业质量标准应该是怎样的? 指向学科核心素养的学业评价有什么特点? 常见的评价方式主要有哪些? 教师如何根据评价目标选择合适的评价方式? 在具体实施评价的过程时,如何基于发展的目的选择合适的评价工具,布置合理的评价任务? 如何对评价结果进行科学的处理和反馈?

本章相关视频

第一节　学业评价概述

学业评价是指以国家的教育教学目标为依据,通过恰当的、有效的工具和途径,系统地收集学生在各门学科教学和自学的影响下认知行为上的变化信息和证据,并对学生的知识和能力水平进行价值判断的过程。

(一)学业评价理念

既然学业评价的目的是为学生的发展提供进一步的教学反馈和指导,那么,评价的理念有哪些呢?

1.以学生发展为本,关注学生的个体差异

发展是指个体生理与心理上的发展。以"学生发展为本"的学业评价首先要承认每一个学生都有发展的潜能,因此要通过正确的评价方式激励学生发挥自己的潜能,促进每一个学生的发展。但每个学生的先天因素和后天生长条件都存在一定的差异,全面发展不等于平均发展,在教学中要注意学生主体地位的体现和主体作用的发挥,尊重学生个性,建立既关注学业成绩又重视个体进步和多方面发展的评价体系,实现个体的全面和谐发展。

2.以学科内容和学业质量标准为依据,聚焦学科核心素养

学科核心素养的内涵、指标体系以及表现形式,是根据学业质量标准制定的,相对抽象,要将其落实到教育教学过程中,还需要将其进一步具体化,并贯穿于各个教学环节。

基于学业质量标准的学科核心素养涉及知识、技能、情感、态度与价值观等多方面内容,要通过课程、教学和评价来实现。因此,教师应当从学生的发展需要出发,将学科各核心素养按照教学目标细化为教学和评价中的可测性指标。

3.促进教师的教和学生的学

有价值的评价,不论是哪种形式,最终都必然指向学生的发展。因此,教师在教学设计时不仅需要明确教学目标,而且要通过精心的设计,准备好与与之相匹配的测评标准。

传统意义上,教学设计仅仅被局限于教—学的过程上。这是不够的。有效的教学,要求我们关注教—学—测评的过程,将测评作为教学计划的基本组成部分。

(二)学业评价方式

学科核心素养是学生在解决真实情境问题时所表现出来的价值观念、必备品格和关键能力。因此,在具体评价时应重视真实情境的展示,尽量使学生面对真实情境中的问题。其中,表现性评价自然是最重要的一种评价方式,但传统的纸笔测验仍然有其独特的优势,只是在命题时试题素材应凸显真实情境中的问题。在实际教学中,学业评价主要有以下几种形式:

1.学生成长记录袋评价

学生成长记录袋评价又称为"档案袋评价"或"学习档案评价",是以档案袋为依据对学生进行的客观的、综合的评价。档案袋可以反映学生的努力情况、进步情况、学习成绩等,它收录了学生的实验报告、实验设计、小论文、作业等,展示了学生在某一段时间内、某一领域内的能力的发展,记录了学生成长过程中的点点滴滴,是衡量该学生学习态度和能力的依据之一。

档案袋评价自引入我国就受到教师的热捧,但实践中仍存在较多的问题。而如何将档案袋评价与学科教学结合起来,突出档案袋评价的进步性、个体差异性等特点,并未受到学科教师的真正重视。打开学生的档案袋,里面装的材料都是一样的,如周记、总结等。学校应鼓励所有的学科教师参与制订评价方案,如各学科教师在进行学期和单元教学备课时就应该统筹考虑本学期或本单元开展什么样的过程性评价活动才能体现学生的学科课程学习情况,不同学生应该将什么样的学习成果和材料装入档案袋才能体现他们的个性和进步性。为了解决这样的问题,教师在备课时一定要结合教学内容的特点制订有针对性的评价方案,设计一定的表现性任务,融入表现性评价,让学生真实地表现自己,以评价促使学生全面发展。

2.课堂行为观察

在真实的课堂里,教师的教和学生的学是交织在一起的,学生通过倾听、与教师对话、交流建构自己的学习方式,改善自己的学习行为,获得新的认知与情感体验。可以说,教师的课堂行为、学生的学习习惯及课堂环境都在影响学生的学习。

因此,教师需要了解学生的课堂行为及行为出现的原因,清楚某种行为可能产生的影响。教师可以根据自己的需要,有目的地设计学生活动或行为观察记录表,在观察中发现问题,寻找原因,为下一步教学决策提供反馈性建议,从而更好地改善学生的学习。

除此之外,教师还可以将课堂行为观察与传统的纸笔测验相结合,使两种评价方式相互补充。日常教学中,传统的作业练习或纸笔测验更多关注的是学生的阶段性学习结果,而试题本身并不能揭示问题产生的原因。教师可以针对通过率低的试题所考查的内容,进一步进行课堂行为观察,从而了解学生出现问题的原因,并找到解决的策略。当然,此时教师需要根据自己的目的自制课堂行为观察表。

3.作业练习

作业练习是学生为完成学习方面的既定任务而进行的活动,是检测学生是否完成课堂学习目标的一种方法。通过作业练习,可以及时强化所学内容,巩固知识。作业分为课堂作业和课外作业两大类。课堂作业是指教师在上课时布置的对学生进行当堂检测的各种练习,课外作业是指学生在课外时间独立进行的学习活动。作业练习属于过程性检测,一定要紧扣具体的学习内容和学习目标,注意考查学生对重要内容的掌握情况,切忌过偏和过难,以免学生产生厌学心理。

4.实践与应用检测

实践与应用检测是指教师根据学生实际情况,组织学生利用课余时间,以小组为单位,自拟研究题目,进行实践活动。在实践与应用检测中,教师要做的就是准确观察与评价学生在实践活动中的表现。这时候,一个好的评分表就至关重要了。教师需根据活动目标及活动涉及的技能和能力要求,制订一个规范的评分表,包括评价要点、具体观察指标、权重、评价主体等内容。

以"人体口腔上皮细胞临时装片的制作和观察"为例。显微镜是生物学研究的重要工具,显微镜的操作和临时装片制作是初中生应具备的重要技能,本实验是学生进入中学后进行生物学学习的第一个关于显微镜操作的实验,因此,在学生的操作表现中观察和评价其相关技能并为下一步的强化学习提供参考依据是极其重要的。理所当然,"显微镜的操作"和"临时装片制作"就成为这个任务的两项评价要点。那么,如何通过评价促使学生快速、牢固地掌握这两项技能呢?教师可以根据这两项技能的基本操作要点和学生的实际情况,编制具体的观察指标。例如,"人体口腔上皮细胞临时装片的制作"的步骤为:擦→滴(生理盐水)→(漱)刮→涂→盖→染→吸,那么,在各操作步骤中具体的观察指标是什么? 就如"擦",是不是学生只要擦拭了载玻片,这一项就可以给满分? 假如学生先检查了一下发现载玻片很干净就没有擦拭,这一项就要扣分? 很显然,后一种做法的学生更清楚擦拭的目的,更应该被肯定;再一对比,甚至会发现前一种做法的同学对操作步骤的理解有些机械。所以,教师在制作评分的具体指标时一定要先对评价的内容进行深刻的理解。

优秀的评分表应具备以下特点:有利于教师准确考查学生学习目标的达成情况和学习状况;让学生明确学习的具体目标,了解自己的目标达成情况和学习的基本状况,并能根据测评的结果对学习策略做出调整;有利于表现性评价的具体实施和可持续开展,达到促进学生自主学习,不断发展的目的。

5.阶段性纸笔检测

纸笔测验侧重于评定学生在知识或在认知能力方面的情况。

聚焦学科核心素养的学业评价中,纸笔测验在命题上应以课程标准、学业质量标准为依据。试题应贴近学生生活实际,以真实问题情境组织命题,应重点考查学生综合运用所学知识和技能解决问题的能力。试题的表述要明确、清晰、直接,确保公平性、科学性和准确性,要能够通过测验,测试出不同学生的素养。

第二节　阶段性纸笔检测

纸笔测验是当今教育评价的主流形式,其在考查学生对知识的掌握情况方面具有独特的优势。那么,纸笔测验除了编制试题外,还有哪些更重要的工作? 当前课程改革情况下,纸笔测验又有哪些变化趋势?

(一)命题的一般步骤与原则

命题的一般步骤往往是教师们比较熟悉的,然而,很多老师并不会全程参与命题工作,且大部分情况下,新老师很少自己开发原创性命题,更多的是参考现成的优秀试题来进行组题。在这个过程中,以下问题常被忽略:如何把握考查内容和考查目标之间的关系? 如何保证命题的效度? 如果有多张试卷,如何保证它们在考查目标上的一致性? 要解决上述问题,教师在命题时就要先进行规划。

1.确定测验目标和内容

布鲁姆将教学目标分为三类:认知领域目标、情感领域目标、技能活动领域目标。纸笔测验多适用于对认知领域目标的评价。认知领域目标分为识记、理解、应用、分析、综合、评价六个层次。教师自编成就测验时,在命题前一定要根据教学目标和教学内容,确定考查内容及考查的目标层次,应尽量避免考查学生对零散知识的识记,重在考查学生对概念的理解、应用、分析等。

2.编制命题双向细目表

在确定了考查内容和考查目标后,教师可以以考查内容为横轴,以考查目标为纵轴,画出一个二维度的分类表,每项考查内容都有一个相对应的目标层次,由此交叉形成细目,且根据内容的重要性设置好相应的分数、比重或题型、题数、题号等。当然,在命题结束后,也可以请专家根据试卷的实际情况再次制作双向细目表,并将前后两个双向细目表进行对比,从而判断试卷的效度。

纸笔测验常见的题型有客观题和主观题两大类,其中客观题主要有选择题、是非题、填空题等,主观题主要有简答题、设计题、论述题等。不同题型有其相应的考查的目标层次,如,相对客观题而言,主观题更适合考查学生对概念的理解、应用、分析、综合等高级认知能力。教师可根据考查目标有针对性地确定考试题型。除了常见的反映测验内容与测验目标关系的双向细目表,还有反映测验内容与测验目标、题型之间关系的双向细目表,这种细目表需要充分考虑题型与考查目标层次的关系。

3.编制试题

编制试题一般遵循以下原则:

(1)考试内容不能超出教学的范围和学生的认知水平;

(2)考试内容的权重、赋分应与其重要性相一致;

(3)试题文字的表述应准确、简练、完整,使学生易于理解;

(4)应尽量使用新情境、新材料,有助于提高学生的兴趣;

(5)各试题所考核的内容应尽量避免重复,以使测试更为充分;

(6)试题在难度上应有层次性,题型应多样,便于多方面的考核。

草拟试题并按要求对试题进行核检后即可对测验试卷进行编辑。首先,试卷的题量应合适,不能因题目过多而引发学生的畏难心理。其次是试题的排列,应遵循由易到难的原则,有一个"预热"的过程。最后是试卷的指导语,应详细介绍考试和答题的基本要求,特别是特殊作答要求。

(二)指向学科核心素养的考试命题

学科核心素养的测评需要整合多个维度,整体思考学科核心素养、任务情境和课程内容之间的关系,因此,学科核心素养测评可以考虑采取如图6-1所示的国际学生评估项目(PISA)的评价框架。

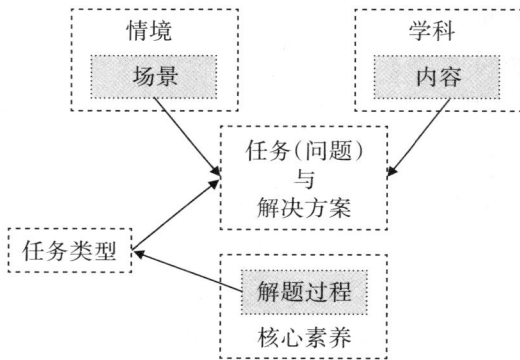

图6-2 国际学生评估项目(PISA)的评价框架

不同于双向细目表,该框架整合了情境、学科内容和核心素养三个维度。教师可以真实情境为基本素材,通过改变其结构、要素等,创设各种任务。简单的情境可以考查低水平的学科核心素养,复杂的、开放性的情境蕴含着大量干扰因素,考查学生对相关知识、技能、思维和观念的创造性整合,体现了学科核心素养的较高水平。

因此,教师在自编成就测验进行学科核心素养的测评时,首先要避免从单一的、过细的学科知识点角度进行考查,而是要着重考查学生对大概念的理解和掌握情况;其次,依据学科核心概念,结合知识点创设开放、真实的问题情境,让学生从中体验学习与实际生活的联系,学会用所学知识解释生活现象以及解决实际问题,例如下题。

(2018年马鞍山市高三生物第二次模拟考试非选择题第31题)物种跨越重洋,因漂流环境恶劣难以存活下来,但最近研究发现全球变暖导致极端恶劣天气变多,如台风、海啸等,把更多的海岸生物带向海洋,海洋中无法降解的塑料、玻璃瓶等海洋垃圾,为这些海岸生物提供了更多的附着场所。当漂流速度缓慢时,这些海岸生物逐渐适应海洋环境,漂流到另一个海岸,可能成为入侵物种。请分析并回答下列问题:

(1)某地区的部分原有物种由于这些入侵物种的影响,种群数量减少,生态系统的抵抗力稳定性将会　　,这些原有物种与入侵物种之间可能存在　　关系。

(2)海洋垃圾和恶劣天气这些环境因素与入侵物种相互影响,体现出了　　的过程。在这个过程中某一入侵物种发生了基因突变,导致其种群的基因库发生了改变,判断其与原物种是否仍是同一物种的依据是　　　。

(3)根据材料,在无法控制海啸的情况下,我们可以通过什么方式预防入侵物种对当地生态系统的危害?　　　。

参考答案:

(1)降低　竞争、捕食或寄生

(2)适应性进化　是否存在生殖隔离

(3)减少无法降解的塑料、玻璃瓶等进入海洋(合理即可)。

【分析】本题干素材来源于《环球科学》杂志,此素材既是大家关注的热点问题,也提供了一种真实情境,可以基于此素材设置问题来考查学生理论联系实际的能力,考查生命观念、社会责任、科学思维等生物学学科核心素养。例如,第一个问题考查"入侵物种引起种群数量变化""种间关系""抵抗力稳定性改变"等概念,需要学生利用生物学知识,做出理性解释和判断,由此考查学生的生命观念和科学思维;第二个问题考查"适应性进化""生殖隔离"等概念,有助于学生深刻理解和形成生态观、进化观;最后一问旨在真实情境中考查学生的社会责任意识,要求学生关注环境问题,有利于学生形成正确的价值观。

(三)试卷分析

只有测量而没有评价,测量就会毫无意义。同样,只有纸笔测验和成绩而没有试卷分析,考试也会失去其意义。因此,在考试结束后,教师一定要对成绩进行统计,并基于统计结果进行科学的试卷分析。

1.难度和区分度

通过实际难度和区分度的计算,教师可以基本判断学生学习目标的达成情况以及教师对题目的规划是否合理,为进一步教学和评价提供参考建议。

(1)难度

难度,就是考生在完成试题或试卷时所遇到的困难的程度。难度系数是反映试题难易程度的数据,一般表示答对题目人数(或拿到合格分数人数)与总考试人数的比值,其数值通常在0.0~1.0之间,数值越大说明考试题目越简单。难度系数的计算公式为:

$$L = \frac{X}{W}$$

其中,L为难度系数,X为样本平均得分,W为试卷总分。

例如:

高一(2)班50名同学参加语文必修1的考核,单项选择题中的第6小题,只有18个同学做对,每人均得1分,其他同学未得分(0分);填空题的第1小题有3个空,每空1分,全班平均分为2分;求这两道题的难度系数。

解答:选择题可以直接用答对的人数除以考试总人数即可;填空题用平均得分除以试题总分。

(2)区分度

区分度是指试题(或试卷)区别考生能力与水平的量度,即对学生学业水平的鉴别能力的指数,也称为鉴别力,用字母 D 表示。计算公式为:

$$D = P_H - P_L$$

式中的 D 表示试题的区分度;P_H、P_L分别表示高分组和低分组在该试题上的得分率。高分组和低分组是这样确定的:

按照试卷的总分(不是某一试题的分数),将全体学生从高到低排序;

从高分到低分,前27%的学生为高分组;

从低分到高分,其27%的学生为低分组。

为了计算的方便,还可以采用如下公式:

$$D = \frac{\bar{x}_H - \bar{x}_L}{F}$$

式中 D 表示试题的区分度;$\bar{x}_H$ 表示高分组在某一试题上的平均分;$\bar{x}_L$ 表示低分组在该试题上的平均分;F 表示该试题的满分值。

求得各试题的区分度后,可根据试题区分度的评价标准(如下表6-1)对各试题的区分度情况进行判断。试卷区分度可以根据各试题区分度的整体情况来判断。凡是区分度较好的题目,则能将不同水平的被试区别开来。

表6-1 试题区分度的评价标准

试图区分度（D）	试题评价
0.4以上	极佳
0.30~0.39	良好
0.20~0.29	尚可,须加以改进
0.19以下	极差,应废弃

例如:

高一年级物理试卷第8题的满分为5分,高一(2)班共50名学生,总分前27%和后27%(各14人)该题的得分如下表所示,计算此题的区分度,并予以评价。

学生类别	第8题得分
前14名	3.0,4.0,3.5,2.5,2.0,1.5,4.5,2.5,3.5,3.0,4.0,3.5,3.0,4.0
后14名	2.5,1.0,1.0,3.0,1.5,1.0,2.5,2.0,1.0,3.5,2.0,1.5,1.5,1.0

解答:前14名同学该题的平均得分除以5,倒数14位同学该题的平均得分除以5,然后用前者减去后者,求得区分度的值,最后参照"表6-1 试题区分度的评价标准"进行判断。

2.信度和效度

要明确考试是否反映了学生的真实情况,试卷作为一种评价性工具是否有利于实现教师预先的意图,教师首先必须对试卷的信度和效度进行分析。

（1）信度

信度指的是可靠性,测验的信度指的是测验结果的可靠程度,即测量能否稳定反映被试者的实际水平。一个好的测验,对同一批被试先后两次测试的结果应该保持一致,否则,该测验的信度就不高。根据计算方法,可将信度分为再测信度、复本信度等。

①再测信度

再测信度是一种表示测验稳定性的方法,可用稳定性系数来表示。稳定性系数指的是用同一份试卷在不同的时间对同一组学生施测两次所得分数的相关系数。其计算模式为:

$$测验A_1 \xrightarrow{\text{适当时距}} 测验A_2$$

A表示两次测试的试卷相同,A_1 和 A_2 表示同一测验经过适当时间间隔施测两次,时距可以是几天至几个月。使用重测法计算再测信度即稳定性系数,可用积差相关系数的计算公式来表示:

$$r_{A1A2} = \frac{N\sum XY - \sum X \sum Y}{\sqrt{[N\sum X^2 - (\sum X)^2]}\sqrt{[N\sum Y^2 - (\sum Y)^2]}} \quad 在此处键入公式。$$

在这里,r_{A1A2} 为两次测验结果的相关系数,X 为第一次测验的实得分数,Y 为第二次测验的实得分数,N 为被试人数。

②复本信度

复本信度又称为等值性系数,指的是两份试卷,在试题格式、题数、难度、指导语说明、施测要求等方面都相当,对同一组学生施测两次所得结果的一致性程度,其大小等于同一组学生在两个复本测验上所得分数的相关系数,这一系数又称为等值稳定性系数。计算等值稳定性系数的公式为:

$$r_{xx} = (\frac{\sum X_A X_B}{N} - \overline{X_A}\ \overline{X_B})/S_A S_B$$

其中,X_A、X_B 为同一被试在 A、B 两种测试中的得分,$\overline{X_A}$、$\overline{X_B}$ 为 A、B 两种测验的平均分数,S_A、S_B 是 A、B 两种测验的标准差,N 是被试人数。

③分半信度

分半信度指的是将一份试卷分成对等的两半后,所有学生在这两半上所得分数的一致性程度。用斯皮尔曼－布朗公式加以校正:

$$r_{xx} = \frac{2r_{hh}}{(1 + r_{hh})}$$

式中的 r_{xx} 为整个测验的信度系数;r_{hh} 为两个分半测验的相关系数。知道学生分半测验上的得分,即可用SPSS统计分析得到 r_{hh},再代入公式计算得到 r_{xx}。

（2）效度

效度指的是测验的有效程度。美国心理学会将效度分为内容效度、构想效度和效标关联效度三类。其中，内容效度是指测验内容与预定要测的内容之间的一致性程度。其分析方法有两种，一是逻辑分析法，一是统计分析法。

①逻辑分析法

用逻辑分析法估算效度，主要是指依靠教学内容、课程标准以及教学目标等分析测验内容，检查测验内容究竟在多大程度上切合教学内容和教学目标。用逻辑分析法估计内容效度实际上是在进行定性分析，主观性较强。

②统计分析法

统计分析法主要是采用定量分析手段来描述测验的内容效度。即两位专家在审阅教学目标（测验目标）的基础上，分别判断试卷中的每个试题"实际测量的内容"与"想要测量的内容"之间的联程度，用四点量表赋值："1"表示完全无关，"2"表示有点相关，"3"表示相关较密切，"4"表示完全相关。其中，"1""2"为弱相关，"3""4"为强相关。

将两位专家的判定进行统计。"A"为两位专家都判定为弱相关的试题数；"B"为专家一判定为强相关，但专家二判定为弱相关的试题数；"C"为专家一判定为弱相关，但专家二判定为强相关的试题数；"D"为两位专家都判定为强相关的试题数。

内容效度系数 = D／A+B+C+D（强相关试题数占总试题数的比例）

量化后的内容效度系数的值介于0和1之间，值越大表示内容效度越高；值越小，表示内容效度越低。一般考试的效度应在0.4—0.7之间，大规模的考试要求效度在0.9以上。

（四）反馈与决策

教学是一个系统，教学过程就是教与学的双方利用相应的教学反馈信息，不断调整各自的行为及其方式，以有效完成教学任务、实现教学目标的过程。教学反馈贯穿于整个教学活动中。教学之初，教学双方都需要通过反馈做好教与学的各种准备；教学进行之中，教学双方都须借助于各种反馈信息不断调整自己的教与学的行为；教学活动结束时，教学双方都要知道有关教或学的结果反馈，从而保留成功经验，纠正错误的做法。

因此，只有评价而没有针对评价所进行的反馈，那么评价将失去其价值；评价

对于教学的重要性直接体现在反馈与决策上。对于缺少实践经验的新手教师而言,这几点很重要:

首先,要时刻提醒自己基于评价结果的教学决策才是科学的,而不是凭感觉。教师可以基于学生的课堂表现、作业情况、考试情况等分析学生的学习优势、不足,从而有针对性地调整下一步的教学计划和方案。

其次,要及时向学生反馈重要的信息。教师的教一定要作用于学生的学,教学的最终目的是帮助学生学会自主学习。因此,教师一定要让学生及时了解自身的学习状况,找到学习中存在的问题,找到适合自己的学习方法。这里需要注意的是,教师不要一味地向学生反馈其在学习上存在的问题和不足,适当的鼓励更有利于激发学生学习的积极性。所以,教师在向学生反馈信息时一定要根据学生的情况进行选择性的反馈,如果某位学生近期一直为某个问题所困扰,教师就没必要一直反馈其不足之处,而应该对其进行鼓励式反馈,帮助其建立学习的信心。

最后,自我反思与总结是反馈与决策之间的重要桥梁。面对同样的反馈信息,不同的教师会因为个人立场、经验、教学反思能力而做出不同的教学决策。因此,不论是学生还是教师,在接收到反馈信息之后,一定要结合自身实际情况,对反馈信息进行反思、总结,之后再进行学习或教学决策。

第三节　作业练习测验

作业练习是课堂教学的延伸,不仅能巩固学生在本节课所学的知识,还能检验学生对本节课所学知识的掌握程度。除了巩固与检验的功能以外,高质量的作业还能让学生在学习上得到进一步的提升,不仅仅是掌握知识,还能应用知识解决实际问题。

(一)作业布置

1.作业布置的时间

根据作业布置的时间和作用的不同,可以将作业分为前置性作业和后置性作业。

前置性作业指的是教师向学生讲授新课之前,让学生根据自己的知识水平和生活经验所进行的尝试性学习,又称前置性学习。如预习、导学案中的作业等。设置前置性学习的目的是为课堂教学的各个环节做准备,使学生在课前能够对新知识进行初步感受和理解。有效的前置性学习能够培养学生的自主学习能力,让学生更自信。学生在听课时将更有针对性,对于所学的内容掌握得将更扎实,为终身发展打下良好的基础。

后置性作业指的是学生根据教师的要求,在课外时间独立进行的学习活动,又称后置性学习。后置性作业有利于学生巩固课堂教学内容,深化理解,因此其作业应当具有一定的开放性,向课外延伸,与生活接轨;作业形式应贴近学生的心理特点,增强实践性、探索性,促使学生在学习实践中获得新知;作业的评价应具有针对性。

2.作业布置的原则

第一,层次性原则。首先老师应布置一些适合所有学生做的基础性习题,以便对课堂所学知识进行巩固和复习。其次根据学生的不同学习水平和能力设置不同的作业。以英语作业为例,对于那些英语基础差的学生,教师可以多给他们布置一些基础性的作业,例如抄写单词、词组、句子等。对于学习成绩中等,学习能力一般的学生,教师在布置作业的时候在难度和要求上都要有所提高,可以布置诸如词汇运用,句型模仿类作业,既可以巩固基础知识,也有利于提高他们的英语运用能力。而对于一些学习成绩好、学习能力强的学生,教师则可以给他们布置一些有探索性的、创造性的英语作业,进一步提高他们的英语水平。例如让他们进行英语对话编写或者是完成一个英语小作文等。在这个过程中,学生也可以根据自己的需求,在完成自己的作业的前提下,尝试做一些更高难度的题。

第二,多样性原则。老师布置作业时需要灵活变通,采用多种作业形式,吸引学生的注意力,提高学生做作业的积极性。仍以英语为例,在学习单词方面,除了抄写单词、提写单词等方式以外,老师还可以将单词记忆和手工操作结合起来,让学生根据所学单词制作对应的卡片,并贴到相应的物品上去。比如学习用品、动物单词、家庭用品等。另外也可以采用分组学习的方式,将学生分成不同的小组,每个小组根据课堂所学的英语知识合作制作一份英语手抄报,或者是编一个话剧,让学生自己设置情景、编写对话,并自己分配角色进行表演。这样不仅可以提高学生做作业的积极性,同时还可以培养学生的合作精神,锻炼学生的勇气和胆量,增强学生的自信心。

第三,趣味性原则。如果作业的内容或者是形式吸引不了学生的注意,或者是不符合他们的喜好,学生做起作业来就会觉得枯燥乏味,心生厌烦。再以英语作业为例,教师在作业布置时应秉承趣味性原则,引起学生对作业的兴趣。在学习英语字母时,教师可以布置一些画图作业,让学生在课下对每个英语字母进行想象,看它们像什么东西,并将之画下来。

3.作业形式

就目前来说,许多教师布置的作业在题型上仍局限于传统纸笔测验中的题型,如语文中的字、词、句的书写、作文、背诵等,数学中的计算题、应用题等,物理、化学、生物中的填空题、计算题等。许多教师还认为学生作业做得越多,对知识的记忆也就越牢固,因此在布置作业时特别重视作业的数量和知识点的重复次数。

这种一成不变的形式会让学生感觉到枯燥乏味。想要提高学生的综合能力,需要教师根据教学内容和学生特点布置一些实践性作业,通过观察学生在完成实际任务时的表现来评价学生,这样能够让学生在实践中掌握并灵活运用知识,让学生对作业保持一种新鲜感。比如在进行《燕子》一文的教学时,教师可以布置一些具有实践性的作业,如观察作业等,让学生在课后观察燕子的习性和特点,感受自然界的美好。

为了起到巩固强化效果,教师们通常会布置一些内容重复的作业,但一定要注意避免机械的重复。在刚学习完新知识时进行简单同式练习,确实可以起到巩固新知识的作用,但随着学生对知识的不断把握,再加上学生涉猎的知识越来越多,教师需要多设置变式练习或干扰性练习,训练学生的思维,使其能考虑知识之间的联系或抓住问题的本质。

(二)作业批改

1.标记与评语

教师应当重视作业批改这一环节的交流作用,而不仅仅是对学生作业进行打分。单纯关注对错会让学生对犯错产生畏惧心理,因此,教师要改变作业批改模式,采用多样化的批改方式,提高学生的学习自信。例如,在实际的作业批改中,可以采用色彩标记法,利用不同颜色来对学生的作业进行批改,如做错的题用蓝色笔标记,做得好的题目用绿色笔标记等。

除此之外,教师还要重视评语的作用,不能简简单单地写一个阅字,或者只是对学生的作业情况进行等级评价,要基于学生的个人情况进行启发性与激励性的书面评价。教师启发性的评语可以有效唤起学生学习的热情,使学生在学习过程中能够主动思考。而激励性的评语可以提高学生学习的自信心,使学生在学习过程之中敢于表达与尝试。

2.作业情况统计

为了更准确地获取反馈信息并为后续教学提供科学的决策,教师在完成作业批改之后必须对作业情况进行统计。

第一,基本情况统计。教师完成作业的批改后,首先要统计作业完成的基本情况,这种统计一般是定量的客观统计,即根据每位学生的答题情况及评分要点,分析各题的正确率和错误率。

第二,错误诊断。细致诊断学生的解答,找出答错的原因,弄清哪些题错得多,错在哪里,错误的类型、性质和原因,学生需要何种帮助等。分析学生是对重点内容理解不到位,还是解题思路和方法有问题,还是粗心大意,或者是因为情境变换或者思维定式等造成失分。

(三)作业评讲

1.集体评讲

(1)集体评讲的方式

集体评讲的常用式有归类评讲、重点评讲、学生评讲。难度比较大的作业宜采取归类评讲方式,把作业分成若干类,归纳起来讲,便于学生理解和掌握。例如,按出现的错误类型进行分类,一般可分为:对概念理解不透甚至错误;审题时对关键字词句的理解有误;思维定式等。对于难度适中、有一定综合性和灵活性的作业,可进行重点评讲,主要突出方法和技巧、规范和规律、严密性和科学性。对于作业中的个别题目,特别是因思维定式和粗心大意造成的错误,由学生自己来评讲,允许台下学生提问、反驳,进行辩论和讨论,加深理解。因此,教师在评讲作业前首先要对错误的原因进行分析归类,这样有利于学生的总结与提升。

(2)集体评讲的策略

第一,要注意鼓励学生。对作业完成得好、进步快的学生要进行表扬,鼓励其再接再厉,再创佳绩;对出现的好思路、好方法要展示于课堂,供全班同学效仿和借鉴;对暂时落后的学生要鼓励其克服困难,奋勇直追,要善于挖掘他们答卷中的闪光点。

第二,要发挥学生的主体作用。教师切忌一言堂,教师的作用在于组织、引导、点拨。教师应鼓励学生主动思考、积极探究、大胆假设,培养学生的创新意识,使他们敢想、敢说、敢做,真正成为评讲的主人,在动脑、动手、动口的活动中获取知识,发展智力,培养能力。

第三,要注意启发学生。在分析问题时,教师应重在点拨,可以引导学生阅读关键字、词、句,挖掘题目中的隐含条件;或引导学生回忆作业涉及的相关知识,挖掘基本概念、基本规律的内涵和外延;或探寻题中的已知因素和未知因素之间的内在联系,再现已有的学科知识。要针对重点知识精心设疑、点拨、耐心启发,并留给学生必要的思考时间和空间,让学生领悟深、领悟透。

第四,根据相关内容,构建知识网络。教师应引导学生梳理题目中所涉及的知识点,查漏补缺,使知识系统化和结构化,这样有利于学生巩固知识,提升解决问题的能力。

2.个别辅导

多数情况下,教师只针对学生在作业中存在的共性问题进行讲解,对于个别同学的某些错误,则需要课后老师与学生交换意见,进行个别辅导。

当然,要进行个别辅导,首先,教师要在批改作业和统计分析作业完成情况时对学生存在的个别问题进行记录和分析。其次,教师应与学生真诚平等地对话,才能了解学生出现错误的原因,从而为学生提供必要的帮助。再次,在个别辅导时,不仅要帮助学生分析存在的问题,还要使学生充分认识到自己的闪光点,增强学生学习的信心。

3.矫正补偿练习

评讲课之后,教师还须根据学生反馈的情况进行矫正补偿,这是保证评讲课教学效果的必要环节。教师要及时依据评讲情况,再精心设计一份有针对性的练习作为评讲后的矫正补偿练习,让易错易混淆的问题多次在练习中出现,达到矫正、巩固的目的。针对有代表性的问题设计相应的变式练习。通过练习,让学生运用总结、归纳出来的规律、方法去解决实际问题,以巩固矫正成果。

○─── 第七章

实践教学

　　我国坚持教育与生产劳动、社会实践相结合的方针，着力提高学生的综合素质、创新精神及实践能力。实践教学以学生为主体，教师基于一定的实践环境，制订目标和教学方案，引导学生对问题进行分析、思考、讨论，通过探究、体验等方式，培养学生跨学科的综合素质。在实践教学中，学生运用学科知识解决日常学习、生活中的问题，在不断实践中掌握科学的方法与思维方式，探索多种目标实现的途径，激发了好奇心和求知欲，培养了创造力。因此，实践教学是提高综合素质和动手能力的重要途径。本章主要介绍实践教学的三种形式：实验、实训以及科技实践活动。

本章相关视频

第一节　　实践教学的特点和原则

（一）实践教学的特点

1.实践性

实践教学主要以实践活动的形式开展,实践是其主要特征。学生在调查、实验、设计、制作、探究等活动中积累知识经验、发展能力,在实践中学习,在实践中成长。

2.自主性

实践教学要重视学生自身发展需求,尊重学生的选择,注重培养学生的兴趣、爱好。学生是实践活动的主体,在教师的有效指导下参与实践性学习的全过程,自主学习、自主实践、自主反思。在主题开发与活动内容选择上,教师要善于引导学生围绕活动主题选择活动内容,制订活动目标,提升自主规划和管理能力。同时,要善于捕捉和利用教学过程中生成的有价值的问题,指导学生深化活动主题,不断完善活动内容。

3.开放性

实践教学超越了单一学科知识体系和课堂教学的时空局限,教学目标和教学内容是开放性的。在实践教学中,教师基于学生已有经验和兴趣专长,选择综合性活动内容,鼓励学生跨领域、跨学科学习,不断拓展活动时空和活动内容,使自己的实践能力不断获得发展。实践教学关注学生在实践过程中学习体验的获得和个性化发展,其学习方式、活动过程、评价与结果都是开放性的。

（二）实践教学的原则

1.以教师为主导

在实践教学中,教师要处理好学生自主实践与教师有效指导的关系。没有教师的学习活动不是教学,因此,在教学实践中必须遵循以教师为主导的原则。教师既是教学活动的规划设计者、组织管理者,又是教学活动的参与者、实践者,是实践教学活动成功的保障。教师既不能包办一切,也不能推卸指导的责任。教师的指导应贯穿于实践活动全过程。在准备阶段,为学生提供活动主题选择以及提出问题的机会,并及时捕捉活动中学生动态生成的问题。在活动实施阶段,侧重对学生活动方式与方法的指导,帮助学生找到适合自己的学习方式。当学生实践偏离主题时,教师应及时调控,将其拉回正常轨道。当小组合作分工不合理、责任不明确时,教师应协调成员间的关系,明确分工和责任,调动每个人的积极性,促进小组合作的有效性。在活动总结阶段,教师要指导学生选择合适的结果呈现方式,随后,教师还要对活动过程和活动结果进行系统梳理和总结。

2.以学生为主体

实践教学必须遵循以学生为主体的原则。教师必须转换观念,由主角变为配角,学生则上升为主体。教师应鼓励学生去积极探究、讨论、实践。

3.合作探究

实践教学以小组合作为基本形式,注重在实践中发现问题,获取知识,在合作中互相学习、共同进步。合作探究最大限度地调动了学生合作学习的积极性和主动性,能有效破除定式思维,开阔视野,有利于合作精神的培养。教师要学会放手,让学生自主选择合作方式、合作伙伴,在合作实践中锻炼自己。

第二节　实践教学的主要形式

(一)实验教学

实验研究法,是指针对某一问题,根据一定的理论或假设进行有计划的实践,从而得出科学结论的方法。这一方法在自然科学中得到广泛运用。在开展实验教学时,教师应明确实验教学的目标,通过实验丰富和活跃学生的思想,培养学生的观察能力和分析能力。引导学生了解实验在科学发展过程中的地位和作用,学习掌握一些常用的实验方法和技术,学习使用一些较大型和复杂的仪器,培养良好的实验素养和严谨的科学作风。

实验研究也称为实验性研究,是收集直接数据的一种方法。选择适当的群体,通过不同手段,控制有关因素,检验群体间的反应差别。研究者运用科学实验的原理和方法,主要目的是建立变量之间的因果关系,一般做法是研究者预先提出一种因果关系尝试性假设,然后通过实验操作来检验,是一种受控的研究方法。实验研究方法涉及的概念主要有:变量、自变量、控制变量、前测与后测、实验组与对照组等。

1.实验的分类

按照不同的分类方法,可以将实验分为不同的类别,如,按照实验的目的,可以把实验分为定性实验、定量实验和结构分析实验;根据实验手段是否直接作用于被试,可分为直接实验、间接实验和模型实验;根据实验目的可分为定性实验、定量实验、测量实验、对照实验、验证性实验、判定性实验等;根据实验的形式可分为演示实验、分组实验、虚拟仿真实验和数字化实验等。下面简单列举几种实验法。

(1)验证性实验

验证性实验是指对研究对象有了一定了解,并形成了一定认识或提出了某种假说,为验证这种认识或假说是否正确而进行的一种实验。验证性实验按照已有的实验步骤进行,强调操作的规范性和准确性,以培养学生严谨、认真的科学态度。验证性实验是目前理科教学中最常用的一种教学模式。例如,自由落体运动测重力加速度实验,化学实验中验证蛋白质的变性、盐析,验证质量守恒定律等实验都属于验证性实验。

(2)探究性实验

探究是一种主动学习的方式。探究性实验是指围绕某一问题提出假设,通过自主设计实验、观察实践、分析研究得出结论,从而发现科学概念和原理,获得知识,培养探究能力的一种认知活动。探究性实验通过实验来探究未知对象的属性、特征以及与其他因素之间的关系,有利于激发学生的好奇心,培养其科学探究能力、实验设计能力、问题解决能力。探究性实验最大的特点是开放性,从问题的提出到解决,从方法途径的选择到研究成果的展示形式,都是多元开放的。除此之外,探究性实验还要遵循科学性、可行性、实际性等原则。生长激素对植物生长影响探究,铁生锈的条件探究,大气压的测量探究等,都属于探究性实验。

（3）数字化实验

数字化信息系统 Digital Information System（简称 DIS）主要由传感器、数字采集器、计算机和应用软件组成。数字化信息系统是指在实验数据的采集、传输和预处理方面采用传感器和数字电路等技术,实验数据上传至计算机,由特定的软件加以计算、处理,最终得出实验结果的新型实验教学体系。传感器可以实时记录下温度、pH 值、压强、电流、电压、电导率、气体浓度等物理量,并将其转化成电信号;数据采集器将传感器采集的电信号处理后输入计算机;计算机通过软件分析采集器输入的信号,或根据用户需求输出表示各物理量相互关系的数字曲线图。数字化信息系统实现了数据采集、处理、分析实时完成,提高了实验的精度和效率。各种传感器可以组合使用,以满足实验的个性化设置需求。DIS 为实验教学提供了新的手段和方法,在实验教学的发展及发展学生主体性、创造性,培养学生的创新精神和实践能力等方面都有重要意义。首先,在中学的定性实验中引入定量实验,让学生学会应用 DIS 技术进行量化实验,可以使学生从感性认识上升到理性认识,将对实验现象的关注转到对现象本质的研究上。其次,数字化信息系统将新科技引入实验教学,丰富了学生的实践体验,改变了实验形态,增加了新的实验工具,对多样化教学有重要意义。再次,数字化信息系统优质的技术平台以及可组合使用的多种传感器、可以个性化定制的实验仪器,为推动实验改革创新、教师科研、教育改革提供了有力支撑。

2.实验教学的原则

（1）直观性原则

实验的特点就是直观形象、一目了然。实验教学给学生提供了直观形象的感官体验,为新知识、新概念的学习奠定了基础。

（2）科学性原则

实验是建立在科学的基础上的,必须遵循科学规律,选择科学的方法,制订科学的方案,否则必将失败,更严重的还会造成危险事故发生。

（3）可重复性原则

可重复性是自然科学研究的基本原则,是实证科学中最主要的原则之一,它基于自然科学的一个基本假设,即普遍存在的规律,科学家通过实验发现因果事实,进而推导出普遍规律。所以,理论上任何成功的科学实验都应该可以被复制。

3.实验教学的基本流程

（1）实验教学计划及安排

在每学期之初,教师根据具体教学进度拟定相应实验教学计划及实验安排表（见表7-1）,主要包括实验教学进行时间、实验的目的要求、实验类型、实验内容、重难点、实验材料等。

表7-1 实验教学安排表

教研组　　　学年　　　学期

实验时间	课时数	实验类型	实验名称	班级	任课教师

（2）实验安全培训

实验是进行科学探究的重要手段,学生具备基本的实验技能是保证实验顺利进行的重要条件之一。因此,开始实验前,要对学生进行安全教育,使其遵循实验规则。

首先,树立安全意识,学习安全知识及安全行为。根据国家相关规定,遵守实验安全守则,掌握正确的实验操作方法。学习污染物、废弃物的处理方法,正确处理"三废"。其次,了解实验室的危险源、实验室中的不安全行为;熟悉有毒有害物品,易燃易爆物品,电气设备等的安全使用和防护措施。最后,学习安全事故的基本防御措施。掌握火灾、触电、灼伤、烧伤、中毒等意外事故的紧急处理办法。

（3）实验目标设计与实施

实验目标设计。在实验教学中,有意识的设计实验内容以培养学生动手能力、实践能力、协调合作能力;逐步养成严谨踏实的科学态度、强烈的社会责任感,培养核心科学素养。并通过参与实验设计训练培养科学的思维习惯,在实验教学中注重执着坚韧、勇于探索、求真务实、开拓创新等科学精神的培养。

确定研究思路。考虑研究的新颖性、可行性、推广价值、成本、影响因素等,

查阅资料(调查、采访、参考文献等),确定具体研究方向及思路。

设计实验方案。考虑包括时间、器材、人员、所需数据以及记录方式(表格、图片、摄像机等)等在内的各种因素,初步拟定实验研究方案。

进行实验。严格按照实验要求,根据实验方案进行实验,记录真实数据,同时记录发现的问题,分析和整理实验数据。

得出结论。根据实验现象及数据得出实验结果,重复实验,以验证实验结果的准确性。反思实验过程中的不足以及可继续探索之处。

实验整理。实验结束后的扫尾工作也是培养学生有始有终的科学态度、养成爱护实验仪器的良好实验习惯的好时机。实验结束后,清理实验仪器及工作台,并将实验仪器及药品分类整理后放回原处。

(二)实训教学

实训即实践加培训。传统的课堂教学往往以教师讲授为主,在教学过程中以教师为中心,理论教学更有优势;事企业单位的实习是让学生在工作中学习,以实践操作为主的训练更有优势。而实训结合了两者的优势,模拟真实的工作环境,教学过程中理论结合实践,更强调学生的参与式学习,能够在最短的时间内使学生在专业技能、实践经验、工作方法、团队合作等方面有所提高。实训是理论联系实际的主要环节,是应用能力提升的主要手段。

1.实训教学分类

(1)通用技术实践教学

通用技术通过设计过程使学生巩固所学的技术与知识,获得创造的乐趣;激发学生设计的热情,培养其创新精神及实践能力。通用技术是实践性较强的课程,是实践教学的重要组成部分。

影响通用技术实践活动成效的因素有:a.设计内容是否合理。具有创造性、探究性、挑战性的活动往往深受学生的欢迎。b.活动的目的是否明确。设计相对制作来说更为枯燥、艰难,只动手不动脑、轻设计重制作就会背离通用技术课的本

质,变为劳动技术课。c.设计方案是否完备。成功的设计一定会有完备的设计方案、完整的设计流程。设计方案不完备,制作的作品一定会存在这样或那样的问题。

通用技术教学策略:重视实践,重技术,多给学生动手的机会,让学生将理论知识与实践结合起来,从而提高解决问题的能力;利用现代化教学手段优化教学设计,提高学生学习的兴趣。改变单一的教学模式,利用计算机、电子白板、传感技术等现代教育技术手段优化教学设计,为学生们带来全新的学习体验。

【案例1】

设计中的人机关系

段志勇　西南大学附属中学校

一、教学设计思路

任何技术活动都不可能脱离人的亲身体验和实践,技术设计中的人机关系无时无刻不在发生,每位学生每天都在经历却很少实际去感悟。《设计中的人机关系》一课涉及的概念理解起来较为容易,但是通过对以往教学的观察,我发现学生在进行设计和制作时很难将人机关系加以合理应用。所以,本节课采用翻转课堂的形式,让学生在课前利用微课进行概念学习,并寻找生活中的相关案例,课堂中教师引导学生去运用知识进行案例分析及设计,课后进行设计的修改完善。让学生在"做中学""学中做",逐步强化学生对知识的实践应用意识。

(一)教材分析

本课内容选自江苏教育出版社普通高中通用技术必修一第二章《技术世界中的设计》第二节 《设计中的人机关系》。这一章由技术与设计的关系、设计中的人机关系、技术试验及其方法三小节构成,每节内容环环相扣而又逐步深入。人机关系是进行设计必须学习的基础内容,又是"技术是为了满足人的需求"这一理念的具体体现,所以本节内容具有过渡作用。本节内容的教学需要2课时,本节课为第1课时。

(二)学情分析

高一学生通过对技术的性质、技术与设计的关系等知识的学习,对技术的价值和研究范畴有了初步的认知,但是对"设计"的认识还不够深刻。通过微课学习,知道人机关系的基本概念,但是不能较好地理解设计过程中所体现的人机关系,更不能系统地将人机关系应用到实践中。

(三)主要教学方法

1.任务驱动法

技术课程不同于其他学科,它是强调学生动眼、动手、动脑的直接体验的课程,是强调培养学生的综合能力和创新能力的课程。本课希望以任务驱动的形式,激发学生主动解决技术问题的兴趣。

2.合作探究法

以小组合作、探究的方式,激发学生思考问题、解决问题,积极参与课程活动。

3.讨论法

在教师的指导下,围绕课程的相关问题,学生以小组为单位进行讨论和评价,从而获得知识、巩固知识。

二、教学目标

(一)知识与技能

1.通过微课自学、问题引导和分析,了解人机关系的含义,特别是人、机、环境三要素的关系;

2.通过案例分析,知道人机关系在设计中要实现的目标;

3.通过案例改进,了解如何运用人机关系的核心设计理念进行产品设计。

(二)过程与方法

1.通过自主学习、举例分析和讨论,初步掌握小组学习的方法;

2.通过小组内的设计活动,培养学生的技术意识以及创新设计、图样表达等核心学科素养。

(三)情感、态度与价值观

通过人机关系的分析,从中体会到产品设计中人性化的设计思想,并形成一定的创新精神、实践能力,进而树立起正确的设计观念。

三、教学重点、难点

重点:1.什么是人机关系;2.人机关系在设计中要实现的目标。

难点:人机关系的具体分析和应用。

四、教学过程

教学过程			
教学环节	教师活动	学生活动	设计意图
情境导课 激发兴趣	播放视频,引出人机关系	观看视频,引发思考	视频导入,引起学生兴趣
检测自学效果,强调知识重点	人机关系	人机关系是指人使用物品时,物品与人产生的相互关系。请同学们根据微课学习的知识,用实例解释人使用物品时产生的人机关系。 教师提问:老师听了同学们所举的例子后有一个疑问,刚才你们举的例子都是有接触的,那黑板与我们有没有发生人机关系?如果有,存在哪些人机关系?	学生回答: ①人手握菜刀时,人与菜刀的把手之间的人机关系; ②人坐在椅子上时,人背与椅背的人机关系; ②人开关门时发生的人机关系; ……	1.通过学生列举的例子,检测微课的学习效果; 2.教师进行案例分析,引导学生正确理解"什么是人机关系"
人机关系要实现的目标	教师:同学们刚刚谈到的各种关系,其实就是产品或环境带给人的各种感受,而产品的设计要满足这些要求,其实就是人机关系要实现的目标。 任务一:让学生对上一环节列举的例子进行归类。 教师根据学生的归类,总结人机关系要实现的目标:高效、舒适、健康、安全等。 任务二:学生对网络学习平台中提交的优秀人机关系案例进行交流讨论,判断案例中的多重目标。 教师引导学生认识优秀的人机关系设计需要达成多个目标才能实现。 教师展示学生填写的结果,进行点评总结	任务一:学生举手回答 任务二:学生分组讨论交流,积极思考,分析案例,在网络学习平台中填写分析结果	1.通过归类,检测学生是否掌握人机关系要实现的目标,如高效、舒适、健康、安全等,并进一步加深对人机关系要实现的目标的理解。 2.培养学生的技术交流能力、发散思维及知识迁移能力

实践应用，提升能力	教师展示两把椅子的图片，通过两把椅子的设计对比、价格对比，使学生了解我们生活中的很多产品的人机关系设计都不完美。同时鼓励学生去发现生活中不合理的人机关系，提出改进方案。 试一试：学生在小组内相互交流课前布置的学习任务——发现生活中不合理的人机关系设计案例，然后小组选择其中的部分案例讨论相应的解决方案。或者可以马上在教室里去发现不合理的设计，并进行改进	学生从人机关系的各个目标对产品进行分析后进行比较。小组交流、讨论，并将搜集的数据、解决方案、绘制的设计图上传到网络学习平台	1.通过学生自主发现问题、分析问题，然后通过头脑风暴解决问题的过程体验，让学生在做中学、学中做，提升学生的知识应用意识和实践能力。 2.通过实践逐步形成"以人为本"的核心设计理念
交流评价，内化吸收	请两组学生展示案例及解决方案，引导学生通过网络学习平台进行自评和互评，教师点评，培养发散思维	展示本组案例及解决方案，完成网络学习平台自评、互评	1.鼓励学生学会评价与交流。 2.学生自主进行评价也是检验学生是否掌握知识的手段
总结提升，铺垫新课	教师点评学生的解决方案，总结本节课的重难点，并指出合理的人机关系设计还需要考虑多方因素和技术指标，这些都是学生还有待学习和提高的地方。鼓励学生在课后根据提出的解决方案，去查询相关的技术指标，学习微课等，进行设计修改，在下节课进行交流展示	归纳问题，课后自主学习，完善课堂解决方案及评价	帮助学生梳理知识脉络，总结所学知识。共享拓展性资料，为下节课做铺垫

五、教学反思

（一）立足实践，紧密联系学生生活

课程标准强调：通用技术是一门立足实践的课程，应紧密联系学生的生活实际，努力反映先进技术和先进文化。因此，在教学实践中，教师给学生搭建探究的舞台，强化过程学习意识，让学生经历"学中做、做中学，在做中反思"的全过程。

（二）依托平台，实现学习形式交互化

网络学习平台为教学中资源的交流提供了便捷的通道。教师、学生之间均可以通过网络进行全方位的交流,以此拉近教师和学生之间的心理距离,增加教师与学生交流的机会。通过计算机快速准确的统计分析,教师能更深入了解到学生在学习过程中遇到的主要问题,获取学生信息,以便更有针对性地指导学生。

（2）信息技术

通过信息技术课程可以培养获取信息、传输信息、处理信息和应用信息的能力,培养学生良好的信息素养和技术创新意识,将信息技术作为终身学习和合作学习的手段,为适应信息化社会的学习、工作和生活打下基础。

信息技术教学策略：

基于活动的教学策略。设计有效的信息技术活动,让学生在活动中习得知识,掌握方法,锻炼技术应用能力。教师提出活动任务,明确要求,提出活动建议、注意事项,并提供相关素材、学习资源等。学生根据要求开展信息技术活动,在活动中引发技术需求,从需求出发学习技术,解决问题。

基于问题研究的教学策略。利用信息技术解决学习和生活中的问题,这些问题没有标准答案和公认的解决方法。具有研究价值、挑战性的问题不仅可以调动学生的积极性、创造性,还可以激发学生的好奇心和求知欲。

基于项目学习的教学策略。强调应用与分析项目的学习,让学生以小组的形式,根据项目要求设计系统方案,自主探究、讨论沟通、分工协作、编写调试程序,最终完成项目作品。通过头脑风暴等方式引导学生发现问题、分析问题,进行批判性思考,迁移所学知识解决相关问题。学生的信息素养、信息思维与创新素养在项目学习中逐渐形成。

（3）创客教育

创客教育以课程为载体,融合创新教育、体验教育、项目学习等理念,将数学、物理、化学、艺术等各学科知识进行整合,通过相应的实践教学实现做中学,培养学生的创新精神以及实践、协作及解决问题的能力。创客教育要求学生动手、动脑、实践和创新,是实践性非常强的课程,不能像常规教学那样,必须探索与之配套的教学模式。教师是创客教育成功的关键。教师通过设计复杂的项目为学生创设挑战性任务,让学生大胆想象,提出符合设计原则且具有一定创造性的方案,主动参与创新实践,自主确定作品主题并进行设计,完成制作。在互动的环境中学习知识和技能,在问题解决中对信息进行理解和再利用,在创造性的制作中类比、反思,在技术创新实践过程中,提升技术并交流创意,提高批判质疑能力和问题解决能力。

创客教育的特点：

①教育者与被教育者共同学习。创客教育在我国还是一个较新的领域，教师在理论与实践方面都需要与时俱进，要学习和探索最新的教学理念与创客精神，逐步积累开展创客教育的经验。

②教育主体为学生。以学习者为主体，在做中学、创中学，将原来知识的学习者转变为知识的创造者。

③以问题为导向的教育。以创客活动为载体，让学生发现生活中存在的问题，探究问题解决的方法，并通过动手实践解决问题。

创客教育的教学模式：

④体验式学习。教师可以根据自身专业特长和兴趣爱好，结合学校发展需求及现有条件等，选择自己擅长的仪器设备开展体验式教学。创客教育强调在实践中体验，在体验中创新。

⑤个性化学习。有别于传统教学，创客教育注重学生的个体差异。强调在对学生全面了解的基础上进行沟通、引导、激励，面对面地辅导，及时发现问题并加以解决，教师教学的重点不是讲解知识，而是为学生设计个性化的学习任务，让学生学会自主学习、独立思考，培养学生的学习能力。

⑥项目式学习。学生通过一个项目的设计、实施、完成，通过信息技术课程来整合其他课程内容，将跨学科知识整合、内化、吸收，在项目完成过程中自主学习、合作学习、主动探究，最终实现综合能力的提高。这是一种培养创客精神与创客素养的新型学习模式。

【案例2】

铝热反应实验的改进

佟桧群　辽宁师范大学

教材分析

本节课选自人教版高中《化学》必修1第三章第二节《铝及其重要化合物》的第一课时的内容。铝热反应实验是高中化学实验中与生活关系最密切的一个实验，同时实验现象剧烈，趣味性强，足够引起这一年龄段学生的学习兴趣。实验是化学的基础，但传统的实验演示过程中有很多不足之处，例如产生大量白烟污染环境；实验过程中，出现火星四射现象，有一定危险性；等等。因此，本节课采用创客教育的理念,引导学生亲自动手设计并改进实验,既能够帮助学生理解反应原理,牢记实验现象,又能够培养学生的跨学科思维和创新思维。

教学目标

(一)知识与技能

1.了解铝热反应的传统实验方法及现象;

2.掌握铝热反应的实验原理;

3.形成创新思维。

(二)过程与方法

1.在小组讨论中,培养学生的交流能力、协作能力、设计能力、软件操作能力与动手能力。

2.在设计并改进实验的过程中,培养学生的创新精神。

(三)情感、态度与价值观

引导学生在日常学习中重视动手能力和创新能力的提升。

教学重难点

重点:引导学生合作创新"铝热反应"实验方法;

难点:自主讨论并创新实验。

教学过程

(一)创设情境,引发思考

本环节首先由教师采用传统实验方法进行实验,学生观看,并把提前录制好的实验演示视频发到每个小组的电脑上,这是因为在观看演示实验时,有些现象学生未必记得住,需要反复观看,熟悉实验现象,才有利于改进。在观看视频的过程中,通过教师引导、学生亲身感受来发现问题,并通过小组讨论,寻找"突破口"——如何改进? 如何让实验变得安全、绿色环保? 怎样才能更好地进行实验、得出结论?

【板书】铝的性质

【知识回顾】同学们,上节课我们学习了书中的铝热反应,同学们还记得实验原理是什么吗? 请在练习本上写出。

【教师追问】那么大家还记得铝热反应的实验现象是什么吗?

【学生回答】大多数表示想不起来,几个同学在翻书查找答案……

【教师演示实验】那么,今天老师就给同学们演示书中的反应实验。请同学们观察实验现象。

【问题的提出】以上进行的铝热反应的演示实验过程是否清晰明显呢？你能记住多少？

【学生反馈】刺眼的火光影响了我们观察内部的反应。

【教师追问】大家对这个实验是否满意呢？如果不满意，请大家思考：这个实验有哪些不足？

【学生回答】不满意。

【教师引导】环境问题与安全问题是我们学习化学过程中最关注的两个话题，而在传统实验中，这些问题有待进一步解决。那么今天，我们就采用创客教育理念来深入学习并改进这个实验，让实验现象更便于观察，结果更有说服力，同时还要能够有效减轻环境污染，并保证实验的安全性。请同学们想一想：该怎么改进这个实验呢？

（二）展示样品，观赏分析

本环节教师展示一个改进后的"铝热反应"实验并引导学生们观看，分析、体会其创新之处。

【教师引导】这里，老师给同学们展示一个改进后的实验装置以便同学们观看、参考，体会创新的角度和方法。

【展示创新作品】

1. 实验仪器

铁架台、粉笔、火柴、烧杯、磁铁。

2. 实验药品

氧化铁粉末、铝粉、氯酸钾粉末、无水乙醇

3. 实验步骤

（1）取一根粉笔，用小刀在其身上划刻出一个凹槽，然后将刻好的粉笔放在烧杯中，向烧杯中倒入无水乙醇浸泡10分钟左右，将其取出。

（2）将氧化铁和铝粉按3:1的比例称量好后混合均匀制成铝热剂加在粉笔槽中，将研细的氯酸钾粉末加在粉笔槽中，用火柴点燃粉笔，引发反应。

（三）要点精讲，体会创新

本环节，教师主要讲解所展示的实验仪器的原理，带领学生们分析改进后的实验的优缺点，帮助学生寻找创新的突破口。

【教师讲解】同学们看这个实验装置，这个实验装置针对传统实验中存在的某些问题进行了改进。

传统实验中存在的问题：

(1)镁条引燃，火光太刺眼，会引起观察者眼部不适；(2)传统实验中产生大量白烟，污染环境；(3)实验产物落入沙中难以观察和寻找。

改进后的实验：

(1)改进了引燃方式，便于观察者观看引燃过程；

(2)由于药品用量的减少，副产物白烟的产生量也随之减少，既减少了环境污染，又节约了药品。

【教师设问】那么，这个改进了的装置就完美无缺了吗？它是否还存在问题呢？请同学们思考并分析。

【学生思考并评价该装置的优缺点】

优点：(1)引燃方式有了改进，不再产生刺眼的火光；(2)由于药品用量的减少，反应的剧烈程度减弱，从这一点来看，安全系数增加；(4)生成的铁珠直接落入粉笔槽中，便于寻找和验证。

缺点：(1)仍然是开放环境下的实验，污染空气的问题没有得以根本解决；(2)因反应产生大量的热，易使粉笔烧断，药品迸溅，有一定危险性；(3)粉笔槽太小，药品用量减少，因此生成的铁珠极少，坐在教室后边的学生看不清楚，达不到教学效果；(4)粉笔易断，在其上制作凹槽比较费劲儿。

(四)小组讨论、激发创意

本环节引导学生针对分析出的不足进行详细改进。例如，改进引燃方式、收集方式、检验方式等。如在传统的"铝热反应"实验中，用镁条引燃的方式有很多不足，对此引导学生思考选用新的引燃方式来完善实验。

教师介绍了几种常用的引燃方式，让学生对这些引燃方式有一个整体的认知，包括：(1)钠、$KClO_3$粉末、铜丝；(2)酒精、白砂糖、$KClO_3$粉末、Mg粉；(3)酒精、$KClO_3$粉末；(4)$KMnO_4$粉末、Mg粉、甘油；(5)棉球(浸过酒精)、Mg条、$KClO_3$粉末。

【教师引导】接下来，请以小组为单位，讨论并设计你们满意的实验。

【学生活动】反复观看视频，一起讨论传统实验中出现的问题以及改进策略，采用思维导图的形式记录讨论过程以及中间产生的灵感。

【教师活动】小组讨论及设计期间，教师巡视各个小组，并按照之前设计好的观察表进行观察、评分，同时，及时为讨论期间出现问题的小组答疑解惑。

【教师提示】大家如果忘了传统实验中出现的现象,请及时回看视频,然后进行讨论。这里,老师给大家提示一下实验中出现的现象,便于同学们参考:红热现象因滤纸的遮挡而无法观察,怎么办?反应过程中还有大量的白烟产生,怎么办?此外,该实验还有很多不足之处,请同学们仔细思考并勇于突破思维限制,大胆设计实验。

(五)实际制作、互相帮助

本环节引导学生根据上一步小组讨论的结果,在老师面前做一个简单的思路汇报,在确保实验安全的基础上,学生进行新的实验操作。

【学生活动】学生根据刚刚小组讨论、确定的实验方案,对实验仪器进行选取、加工,组装实验装置。在此期间,教师做好巡视工作,及时对有困难的小组给予帮助。

(六)作品展示、分享创意,师生评价、引导反思

由学生小组代表在讲台上展示组装完成的实验仪器,并介绍原理及优点,最后进行实验操作,台下同学观看效果。最后采用师生点评的方式,分析每一组的实验装置的优缺点,帮助学生反思与改进。

【教师组织活动】一段时间后,教师引导学生展示实验改进成果。要求:每小组选派1—2名代表,到讲台前给大家展示自己的实验设计思路,以及组装好的实验装置,由台下同学和老师一起进行点评,展示小组也可以自己进行反思,同时小组成员自己做好改进记录。教师检查设计及装置无误后,指导小组代表进行实验,台下同学观察实验现象,并进一步讨论。

(七)教师归纳总结。

2.实训教学的组织和实施

(1)讲解实训注意事项、安全纪律要求,引起学生高度重视。介绍实训室管理制度,并要求学生遵守。介绍仪器的使用方法,布置实训预习任务,提示相关注意事项及突发状况预案。根据仪器设备、材料工具、场地等实际情况分组。

(2)根据实训内容选择合适的教学形式,教师示范操作要领,严格按操作规范操作,强调重难点。确保人人动手,独立操作。爱护仪器设备,使用完毕放回原处。在学生训练的过程中随时巡视指导,消除安全隐患。做好实训的数据记录和分析。在实训的过程中着重培养学生的动手操作能力,自学能力,独立观察、分析、处理问题的能力。

(3)对仪器设备和场地进行清理,发现问题及时上报。对实训情况进行小结,

对出现的问题进行分析,提出解决的办法和预防措施。对学生表现及课程完成状况进行评价。

(三)科技实践活动

科技实践活动是以小组为单位在学校或校外教育机构进行的,有一定主题和科普意义的综合性、群体性的实践活动。

科技实践活动的特点:以学生为主体,鼓励他们积极参与、大胆实践;基础性与实践性相结合,兼顾科学性、研究性、教育性、趣味性、群众性、生活性。

1.科技实践活动资源开发

科技教育是素质教育的重要内容,科技实践活动是科技教育的重要载体。那么,如何进行科技实践活动资源的开发呢?

(1)立足学校,利用校本资源

立足本校,依托学校所在的社区,因地制宜挖掘活动主题,开发富有地方特色、学校特色的本土资源。教师努力创造条件,将本地独特的自然资源、人文资源打造成为科技实践活动资源。学校内的各种场所设施以及各种活动,如实验室、图书馆、信息中心、创客中心、各学科专用教室等,学校的讲座、社团活动、艺术节、运动会等都可以成为促进学生全面发展的最直接、最便利的科技实践活动资源。

(2)馆校合作,利用校外科技场馆资源

馆校合作是科技实践活动的重要形式之一。博物馆、科技馆、天文馆、美术馆、海洋馆等科技场馆以丰富的展品资源和优质的科技活动为依托,以其特殊的教育方式为学生营造不同于学校课堂的学习环境,在培养学生创新思维、科学探究能力、动手实践能力和解决问题能力方面发挥了独特的、显著的作用。

馆校合作模式:

●科技场馆研学实践活动。结合科技场馆的特色主题教育活动,开设跨学科综合课程,课程的开发和实施由馆方相关负责人和学校教师共同完成。课程资源的丰富、教育空间的扩大、教育内涵的不断深化,为学校开展课外活动提供了有力的支持。

●馆校共同培训科技方面的教师。扩大科技场馆的科普服务辐射范围,加强中小学教师对科技教育资源的了解,定期邀请行业内专家组织科技教师培训,培训主题包括科技教育发展趋势、科技教育资源应用、科技教育政策解读等。

● 科技场馆活动进校园。让科技场馆丰富优质的科技教育资源走进校园,参与学校的科技节、综合实践活动等,为学生带去精彩的科普教育。

(3)挖掘其他社会资源

科技实践活动需要教师的热情和智慧,需要学生广泛参与,需要学校层面的大力支持和科学管理,更需要社会力量的帮助。校方应深入挖掘社会资源,争取青少年活动中心、创客中心、青少年科技创新服务平台等的支持。

2.科技实践活动的组织和实施

(1)确定活动主题

开展背景调查,掌握资料收集的方法,了解上网、查阅文献书刊、访谈、问卷等获取资料的途径和方法,并学习判断信息的有效性,整理和归纳资料,并在学生原有的知识和经验的基础上确定研究的范围和活动主题,明确活动的目的。

(2)设计活动方案

小组集体研究设计活动的实施方案,选择合适的实施方法,确定活动的地点、活动的参与对象、活动的分工、活动的流程、活动时间安排、展现形式等。

(3)活动的实施

准备阶段:知识准备,建立活动小组,讨论活动方案。

实施阶段:查阅资料,专题培训,调查研究,参观访问,实验探究,设计制作。

总结阶段:将研究的结果用文字、图表等形式总结提炼为书面材料以及演讲交流材料,还可以是实物和录像资料。书面材料包括研究报告、调查报告、实验报告等。总结活动经验及收获,进行活动反思。

宣传阶段:在校园科技节、校园宣传日、家长开发日等活动中宣传展示活动成果。

【案例3】

缙云山国家级自然保护区生态考察活动方案

宋洁 西南大学附属中学校

一、活动背景

大自然是人类最好的老师,它会教我们爱物知恩,节用惜福。为了培养学生对自然的热爱,关注生态环境保护,我们结合学校地理位置优势开展了系列缙云山生态考察活动。我校位于缙云山下、嘉陵江边。缙云山位于重庆市北碚区嘉陵江小三峡之温塘峡西岸,是国家级自然保护区,面积7600公顷,海拔350—951.5米。缙云山自然保护区自然资源非常丰富,有珙桐、银杏、红豆杉等国家珍稀保护植物,桫椤、伯乐树等濒危植物,同时野生动物资源丰富,具有较高的科学研究价值,是开展生态科考研究、环境保护教育等活动的良好场所。

二、活动目标

1.走近自然,开阔学生视野,磨砺意志,增加对生物多样性的认识,对生态环境有一定认识;

2.学会识别不同的植物和昆虫,了解其特征、习性等;

3.了解人们利用自然、改造自然和保护自然资源的情况,并学习写野外观察记录和调查报告,以及掌握野外考察的一些基本技能;

4.学会团队合作,学会交流,勇于克服困难。

三、活动对象

中小学生,家长中的环保提倡者,户外运动爱好者,带队教师(5-6名同学配备1名带队教师)。

活动指导教师:缙云山管理局、林业局、自然博物馆、西南大学等单位的环保专家,地质学、植物学、动物学专业人士。

四、活动内容和形式

缙云山国家级自然保护区生态考察活动可分为几次开展,每次考察时间为一天或半天。主要内容为缙云山地质地貌观测、自然保护区常见植物及昆虫观察、专家讲解保护区内常见的动植物种类、野外考察基本知识学习。可按考察内容或主题分版块做定项考察活动,不同时间季节在相同地点研究某一物种,如表1;也可做通识培训,一次活动完成全部预定内容,如表2。

表1 缙云山植物考察活动安排表

时间	观察点1	观察点2	观察3	沿途
3月	采集、观察预定的几种目标对象	采集、观察预定的几种目标对象	采集、观察预定的几种目标对象	观察沿途随机发现的非既定目标
6月	同上	同上	同上	同上
9月	同上	同上	同上	同上
12月	同上	同上	同上	同上

表2　缙云山一日考察活动安排表

时间	地点或线路	活动形式
8:00	山下出发点集合	集中出发,徒步上山
10:30	第一观察点	缙云山地质地貌观测,学习记录数据、绘制简图,学习制作蜻蜓、蝴蝶等动物标本的方法
12:30	第二观察点	学习记录野生动物(如钩虾、涡虫、壁虎等)样本数据的方法
15:30	第三观察点(缙云山珍稀植物保护区)	探访识别缙云山珍稀植物,学习制作植物标本的方法
17:00	返程到达出发地	下山返校

五、活动前期准备

1.活动地点背景调查

缙云山国家级自然保护区是国家首批认定的国家级风景区,自然资源丰富。了解缙云山地理位置、地形地貌、自然资源、人文历史、主要动植物种类等相关知识。

2.气象资料调查

收集最近一段时间考察地的气象资料,包括天气状况、温度湿度、是否会有泥石流等自然灾害发生等等。

3.活动任务安排

了解此次考察的目的、要求、对象以及线路和具体观察点,对地形、路线以及可能遇到的问题提出预案。完成本次考察活动的主要任务,并绘制成记录表,如野生动物考察记录表等(参见表3)。

表3　缙云山野生动物考察记录表

样本编号	名称	发现地点	主要特征	体长、体态	记录人
1	铜蜓蜥	缙云山坛子口	古铜色,背部有一条黑纹;体侧有一条黑褐色纵带	20厘米左右	
2					
3					
4					
5					

4.安全保障措施

(1)树立安全意识,强调外出活动的纪律要求、注意事项,谨防森林火灾、虫蛇咬伤等意外事故发生。活动应预先周知家长,得到家长支持,低学段小学生应有家长陪同。

（2）准备防蚊虫、中暑和外伤急救药品。

（3）将学生分成小组，每组3~5人，明确小组长和各成员分工，老师负责的工作落实到个人，预备教师一名驱车跟随，以备紧急情况。

5.装备准备

服装：长裤、运动鞋。

补给物品：食物、水。

工具：地形图、笔记本、相机、笔、地质罗盘、放大镜、GPS测量仪、钢卷尺、手电筒、pH试纸、捕捞网、铁铲。

六、活动过程

1.出发前准备

再次强调纪律要求，以小组为单位分派任务。规定任务一项：每人选择一个观察对象，写一篇有关缙云山考察的笔记；自选任务：在生态考察活动结束后，每组合作完成一份考察报告、宣传展报，或研究发现小论文、科学实验报告，或科普小话剧等。

2.活动过程指导

按照预定路线进行观察，请地理学专家讲授缙云山地形地貌特征，在观察点记录时间、海拔、地理方位等。指导学生观察思考，掌握地理学观测记录方法，学习绘制简单的路线图。

分别在几个观察点观察、采样、记录。教师指导采集生物样本及水源、土壤等环境样本的方法，测量、记录样本信息资料等。请动植物学专家指导学生观察植物和动物的特征，讲解其生活习性，学习动植物识别方法。每组选择一种目标物种作为小组研究对象，研究成果作为活动汇报。

除重点观察专项内容外，随时注意观察沿途的动植物，并养成做记录的习惯。有条件的同学可以用相机/手机拍照。

途经贺龙院、小平旧居、白云观、缙云寺、八角井等文化古迹，考察的过程中，可让同学们了解缙云山历史文化，有兴趣的同学活动后可自主拓展学习研究。

3.活动小结

指导学生思考所见所闻，体味保护生物多样性及维护生态平衡的意义。完成与此次生态考察活动相关的一项作品（绘画、调查报告、随笔、植物标本等），进一步深入了解某一感兴趣的问题。

七、活动总结与展示

本次实地考察活动可作为系列考察活动的范例，活动的预期成果包括学生和教师成果两个方面。学生成果有生态考察报告、以缙云山自然保护区为主题的摄影作品、绘画作品、小课题研究报告、科普剧等。可将学生书画、摄影作品、制作的标本等以墙报的方式进行展览，或以讲座、汇报的形式进行成果交流。教师成果有：生态考察活动教学案例；指导学生开展有关缙云山自然保护区自然、人文课题的研究，形成研究报告或论文等。

八、反思总结

活动指导教师撰写活动经验和反思，并进行内部交流，总结活动的经验与不足，为今后活动提供借鉴。

3.开展科技实践活动注意事项

（1）明确选题目的

设计科技实践活动时，要从发展科技和培养人才的角度出发，选择与科技发展趋势和前沿有关，有利于学生学习知识，掌握科技方法，培养科学精神，同时符合青少年的年龄特点、认知水平、兴趣爱好的选题。

（2）合作指导

在科技实践活动中，观察、实验、思考的活动比较多，这些活动大多需要小组分工合作来完成。教师要指导学生如何进行分工合作学习。如果只是简单分组，而不给予具体指导，合作的实效就会打折扣。每组中成员的组织能力、学习能力、实践能力、成绩、性别等都要大致均衡。合作前，要落实每个人的责任，明确组长、记录员、资料员、汇报员等的职责（尽量发挥每个人的特长），明确实施步骤。合作时，教师要适当点拨，引导学生积极讨论并参与实践，尽量调动每个学生的积极性，发挥其想象力和创造力。活动之后，组织小组进行汇报交流。发言时，观点要有理有据，思路清晰，对别人提出的质疑，要耐心解释；要善于启发他人的思考，体会合作的快乐。

（3）教师指导应适度

教师要准确定位自身的作用，在指导时要把握好度。科技实践活动主要以学生自主探究为主，学生自主发现问题、自主猜想、有效地开展实验研究、验证实验结果、交流结果。教师要充分地调动学生的学习主动性，多让学生自己去发现和解决问题，训练学生的创造性思维和独立解决科学问题的能力。但是，学生自主探究并不是完全放弃了教师讲授，当学生探究的问题难度过大时，教师需要给予学生及时的指导，或者进行一些讲授；当要求学生在一定时期内获取大量的知识和信息时，教师需要传授相应的方法。

○ 第八章

班级管理

现代教育以班级为基本单位,而班主任则是最佳的教育管理的实施者。本章将从班主任定位、班主任素养、建班原则、建班准备、建班过程、主题班会活动、成长管理、班级保障这几个方面进行阐述,为即将踏上班主任岗位的你提供一点儿参考。

本章相关视频

第一节　班主任的基本素养

　　班主任虽然只是一个小小的"主任"，但是对于能力的要求却非常高和全面。曾经有一个调侃班主任的段子，大意是作为一个班主任，必须具备演讲的才能，从而鼓舞学生的士气；必须具备导演的才能，从而指导班级的文艺节目；必须是一个大侦探，从而准确"侦破"班级发生的各种"案件"；必须是医生，从而及时诊断病情；必须是心理学专家，能及时疏导学生心里的苦闷……虽然这是一个网络笑话，却从中折射出班主任工作的复杂性以及应对这些复杂状况所必须具备的一些基本能力。那么，要想成为一名优秀的班主任，必须具备哪些素养呢？

（一）仁爱与公正

　　中小学教育工作者面对的都是未成年人，他们正处于身心发展的重要时期，所以班主任的工作方式极易对学生的健康成长产生深远的影响。在所有的班主任素养中，仁爱之心必须放在首位。因为有一颗仁爱之心，才能够包容，才能从学生的角度思考问题，才能在坚持原则的前提下更温情地对待学生。

（二）民主与智慧

　　教育的最终目的，是赋予学生独立的人格及解决问题的能力，为学生的终身发展奠基。作为班主任，应当在班级管理中遵循民主原则，灌输民主观念，在班级建立的各个环节，如班名、班徽、班旗、班训、班规的制订中充分发扬民主精神，集思广益，体现集体智慧，增强班级凝聚力。在班级初步建立后，应当经常变更班级管理人员，让更多的同学甚至是全员参与到班级管理中，让每一位同学接受别人的管理，也管理别人，最终实现从他人管理到自我管理。班主任作为班集体最高层次的管理者，应当具备足够的管理智慧，要精心规划，善于发现并发展学生的长处，比如设计一系列的主题班会活动等。

（三）理性与应变

　　目前中小学校中并没有全职班主任，班主任同时还需要担任学科教学工作。

备课、上课、批改作业、班级日常管理、个别学生谈心、家访、接待家长来访或是在班级的微信群、QQ群解答家长问题……班主任的工作强度非常大。学生随时有可能会发生意外的紧急情况，比如远道住读学生生病就医、体育课或者课外活动锻炼意外受伤、学生打架等等，这些都时刻挑战着班主任的能力。班主任只有保持稳定的情绪，保持清晰的思维，具有灵活应变的能力，才能有序高效地处理各种突发状况。一个情绪善变外露的班主任，一个遇事手足无措或遇事就躲的班主任，很难在学生中树立威信，对班级的影响与控制力自然也就不可能强，管理效果自然也不会好。

（四）善于表达与沟通

班主任面对的是青少年，其世界观、人生观、价值观正处于形成过程中，虽然接受信息的能力强、速度快，但是看法往往比较片面和幼稚。其自我意识正在觉醒，因而表现得比较固执，蔑视权威，容易冲动，与家长和老师都很难交流。而良好的语言表达能力与沟通技巧能减轻学生的抵触情绪，是班主任最基本的一项素养。

第二节　班级的建立

（一）建班原则

班级是一个充满矛盾的地方，学生相当于是在一个最不利于独立思考的环境中学习独立思考，又是在一个最需要独立的地方学习群居。班主任作为这样一个复杂、矛盾集合的创建者、管理者，在工作中需要遵循以下一些原则。

1.集体主义原则

通常情况下，中小学一个班级人数在50~60人左右，有些地方学生人数更多，并且，学生的家庭背景、父母文化层次、学生自身发展水平等都不一样，这些都决定了班级融合是一个缓慢而又艰难的过程。因此，建班的首要原则就是贯彻集体主义，通过丰富多彩的班级活动等创建班级文化，通过常规管理等形成班级纪律，在多个层面努力，最终使学生形成集体观念，使每个人成为集体不可或缺的一员。

2.公平公正原则

马斯洛把人的需求分成多个层次,最基本的是生理需求,往上分别是安全需求、社会需求、尊重需求和自我实现的需求。对于中小学生而言,生理需求经由家长得到保障,而绝大部分学生的自我意识处于萌芽阶段,自我实现需求并不强烈。因而在中小学阶段,学生最为强烈的需求是安全和尊重。一个理想班级的状态应该是这样的:学生不焦虑、不恐惧、不孤独;老师不威胁、不强迫。班主任在建班及班级管理过程中,都应遵循公平公正的原则,让学生健康、自由地成长。

3.激励向导原则

1971年,美国斯坦福大学心理系的津巴多教授进行了著名的斯坦福监狱实验,细节已广为人知。在短短一周内,原本心理健康的学生就在模拟监狱里彻底入戏:不是变成了暴力、专制的警卫,就是变成了麻木的、疯狂的因犯,而津巴多本人也陷入监狱长的角色无法自拔。这个实验与著名的破窗理论一样,给我们传递出一个重要信息:环境对一个人行为的影响,比大多数人想象中要强大得多,只是很少有人意识到这一点。班主任作为班级的最高管理者,在管理事务上,应遵循激励向导的原则,在建班及管理过程中,采取多种方式巧妙发挥榜样的力量,创设好的班级环境,依靠环境对学生的影响,引导学生逐渐完善自我,向更好的方向发展。

(二)建班准备

对于新手班主任而言,班级建设绝非易事。班级建设涉及方方面面的事情,既有宏观方面的班级目标定位,又有微观方面的零碎细节处理。目标定位不清或者不当,班级建设的方向就会"走偏";零碎细节处理不当,就有可能影响师生关系、家校关系。因此,做好建班前的准备至关重要。

1.了解班级管理,形成初步判断

刚迈出大学校门的毕业生,缺乏教育教学和班级管理的经验,在组建一个新的班集体时,往往会感到茫然甚至手足无措。以阅读的方式汲取他人的班级管理经验,是新手班主任迅速成长的有效途径。可以阅读1~2本有关班级管理或者班主任工作的书,如魏书生的《班主任工作漫谈》、李镇西的《爱心与教育》、万玮的《班主任兵法》等。还可以直接向具有班级管理经验的中小学教师求教,与他们进行深入交流,为组建班级做好充分的准备。

2.基于初步判断,做出相应规划

在对班主任工作有了大概的了解之后,新班主任需要认真思考以下两个关于班级管理的基本问题并形成自己的想法和见解。第一,我想打造什么样的班级?第二,我想培养什么样的学生? 只有对这两个问题有了比较深入的思考并形成自己的见解,才能够围绕这两个问题制订班级管理计划并付诸实践。新手班主任可以先制订第一个月计划,在班级运行过程中适时地调整计划并根据实际情况制订学期计划和学年计划。

3.做好开学前一天的准备工作

开学前一天的准备工作对于新手班主任来说至关重要。具体而言,大家要做好以下几件事情。

(1)理清学生报到流程,打印好新生报到流程图。

(2)打印学生基本信息表。

基本信息表由学生板块和家长板块构成。学生板块应包含的信息如下:基本信息(姓名、性别、出生年月;手机号、QQ号;家庭住址);学习信息(最喜爱的学科、最不喜爱的学科、优势学科、弱势学科、曾获奖项);其他信息(爱好特长、座右铭、升学目标、人生理想)。家长板块应包含的信息有基本信息姓名、电话、学历、工作单位/职务等。

(3)准备好印有学生姓名的桌签。

(4)提前做好教室清洁,领取课本。

(5)安排好住读生寝室和床位,将寝室和床位信息制表打印并张贴在对应的寝室门上,同时指定好寝室临时室长。

4.做好开学第一天的工作

在与学生及家长的第一次见面中,新班主任应尽力给他们留下好的印象,这是进行有效的班级管理的基础。开学第一天的工作大致有以下几项。

(1)按照报到流程图,指导学生报到。

(2)编排临时座位。学生有序进入教室就座后,班主任分发桌签。

(3)让学生填写基本信息表。

（4）让学生清点书本,写上姓名。

（5）召开新学期第一次班会,详细介绍自己的班级管理规划。

（6）召开新学期第一次住读生会议,明确住读纪律。

（7）上第一天晚自习,明确晚自习纪律。

（8）根据基本信息表中的学生学习信息,指定各学科课代表。

（三）建班过程

开学第一天报到结束之后,班主任就要着手建班。一般而言,建班过程由以下三个环节构成:组建班委会、形成班级公约、提炼班级文化。强有力的班委会有助于班主任开展班级管理工作,班干部是班主任的得力助手。班级公约即学生日常行为准则,也是班主任处理班级相关事务的依据,是班级有序运行的保障。班级文化是班级师生价值认同的标志,也是一个班级的个性和特色所在。

1.组建班委会

（1）班委会的组织架构

班委会通常由班长、副班长、学习委员、宣传委员、生活委员、体育委员、文娱委员、卫生委员等组成。根据实际需要,还可以设置其他个性化职位,如班史记录员、门窗员、绿化员、生日会组织员、仪容仪表检查员等。

（2）班委的职责分工

班长:

①领导、督促各委员、课代表、小组长的工作,检查执行情况。

②积极配合班主任做好集会、外出参观、郊游等活动的组织安全工作。

③组织主题班会,开展相关教育活动。积极配合班主任抓好班风建设,克服不良倾向。

副班长:

①检查登记学生到课情况。如有异常,及时向科任老师或班主任反映。

②维持自习课纪律。协助班长做好相关工作。

学习委员:

①做好作业上交记录工作,及时登记,及时上报。

②定期向各学科课代表了解班级学习状况和学风表现。

宣传委员：

①按照学校的要求，定期出刊黑板报。

②做好教室的美化工作。

生活委员：

①收缴班级学习、活动等相关经费，管好、用好班会费。关注住读生的生活，如有异常，及时向班主任反馈。

②督促同学爱护教室课桌椅、玻璃等一切公共财物，注意节约水电，定期进行班级公物检查登记。

体育委员：

①负责检查升旗仪式、广播操及课外活动人数检查和队伍整理。

②负责田径运动会等的报名、组织工作。

③组织班上同学参加各项校际、班际体育活动。

文娱委员：

①组织本班同学参加重大文娱节目排练、演出。

②配合班主任做好本班郊游以及观看文艺戏剧、影片、展览等集体活动。

卫生委员：

①每天督促值日生做好教室和公共区域的清洁工作，并做好记录。

②定期检查本班同学的仪容仪表。

③督促本班同学做眼保健操。

（3）班委竞选流程

①竞选演说。竞选者发表演讲，对自己的竞选岗位、竞选决心以及当选后如何做好相关工作加以说明。演说结束后需接受全班同学提问，单人总计不超过4分钟。

②班级民主投票。同学投票，每名同学可投七人，只需填写姓名即可，不须注明职务。投票结束后在班主任的监督下进行现场唱票。

③干部任命。投票结果得出后，班主任参考票数以及竞选人现实表现任命班干部并颁发聘书。所有任命的班干部试用期为一个月。

2.制订班级公约

班级公约是一个班级关于共同的行为标准、思想道德标准和文化标准的约定，是教师班级管理的重要凭据，它在一个班级的日常运转中发挥着重大作用。

班级公约不是由班主任制订的,而是由班委会深入讨论,经全班学生投票通过的一种契约性的规定。班主任在班级公约形成过程中做出必要的指导或提出合理的建议。

班级公约通常包括学生权利、学生义务和常规守则三个部分。其中,常规守则部分的每一条款都要进行量化,明确奖惩,切记不能虚化标准。

3.提炼班级文化

一个班级应该有独一无二的班级文化。班干部应该在班主任的指导下,带领全班同学集思广益,提炼出本班的班级文化。班级文化主要包括班名、班徽、班旗、班歌、班训以及班风、学风等七个部分。学生共同提炼出的班级文化有助于增强班级的凝聚力和执行力,也有助于培养学生的集体荣誉感。

(1)班名

班名即班级名称。班名与班主任的班级管理目标以及教育理念有关,同时也应体现班级学生的精神面貌。

(2)班徽

班徽即班级徽章,一般由班级标识加班名等要素构成。创设班徽的主要的目的是分辨班级学生、留存纪念和通过图案、文字来介绍班级。

(3)班旗

班旗即班级旗帜。班旗通常涵盖班级的一些基本元素,如班级名称、班徽等,以彰显班级的文化理念、个性特色,展现班级的精神风貌。班旗的使用范围很广泛,在班级、年级或者学校举行的仪式和活动中都可以使用。

(4)班歌

班歌是指独属于某个班级的反映其理想追求或者精神信念的歌曲。班主任可以指导学生自己作词作曲,也可以从众多流行歌曲中选一首。

(5)班训

班训可以是班级师生共同遵守的经高度凝练的基本行为准则和道德规范,也可以是体现班级师生奋斗目标的一句高度凝练的话语。一般悬挂于教室前方墙面上,用以日日训示师生。

(6)班风

班风即一个班的整体精神风貌和个性特点,体现出班级的内在品格与外部形象。

（7）学风

学风是指班级师生的治学精神、治学态度等。学风能反映班级成员的整体学习风貌,体现出班级的治学品格和形象。

第三节　主题班会活动

主题班会是指在班主任领导下或者同学自发组织的,以班级为单位,围绕一个或几个主题组织的对全班同学开展教育的活动。

主题班会可以提高认识、发展个性、愉悦心情,又可以培养学生的民主意识,锻炼自理自治能力,增强班级凝聚力。因此,班主任应多指导并鼓励学生组织开展主题班会。

一个有教育意识与教育艺术的班主任,会经常巧妙地利用主题班会这种形式来加强班级管理,同时以此为手段和途径,来达到育人的目的。

（一）主题班会活动组织原则

主题班会活动是对班主任对学生进行德育或者美育的重要载体。因此,班主任一定要精心组织每一次主题班会活动。一般而言,主题班会活动的组织和开展应该遵循以下四个原则。

1.计划性原则

主题班会活动的开展不是随意的,班主任应根据上级部门以及学校、年级的要求,学生发展特点,班级治理目标,有计划地进行。

2.针对性原则

班会活动的主题一定是有针对性的,一定是根据国家的教育方针政策、学校的教育教学规定以及学生的实际情况来确定的。

3.整合性原则

主题班会活动在开展时容易走向两个极端:一是班主任主导型,整个主题班会活动全由班主任以说教的形式进行,形成一种我说你听的态势;二是学生主导型,整个活动全由学生自己组织进行,没有班主任的指导与参与。一次好的主题班会活动应该是在班主任指导下由学生组织开展的。

4.创新性原则

枯燥呆板的形式和内容只会让学生感到厌倦,班主任在组织开展主题班会时,一定要有创新,可以结合学生的实际,准备一些喜闻乐见的内容吸引他们,也可以打破常规,采用多种形式开展活动。

(二)常见主题班会活动

以下是重庆市朝阳中学曹宗清老师根据2017年教育部颁布的《中小学德育工作指南》整理的初高中班会主题,供大家参考。

表8-1　初一上学期可开展的主题班会活动

班会主题	班会目标
中国梦	了解中国梦的具体内容,了解实现中国梦与作为中国人之间的密切关系
诚信意识	树立诚信意识和契约精神
校园欺凌	建立对校园欺凌和暴力的防范意识,提高应对能力
学习习惯	养成良好的学习习惯
行为习惯	养成良好的行为习惯
人与自然	思考人与自然和谐发展的重要性
关注环境	关注家乡所在区域和国家所面临的环境问题
低碳生活	提高价值判断能力,对绿色消费、低碳生活、节约资源等有正确的价值判断
自我认识	加强自我认识,客观评价自己,认识青春期的生理和心理特征
珍爱生命	认识自己生命的独特性,珍爱生命
情绪管理	进行积极的情绪体验与表达,并对情绪进行有效管理
职业规划	把握升学方向,培养职业规划意识,树立早期职业发展目标
应对挫折	逐步适应生活和社会的各种变化,培养应对失败和挫折的能力
团队意识	树立团队意识,维护集体荣誉
同伴关系	建立和维持良好的同伴关系,建立良好的人际关系

表8-2　初一下学期可开展的主题班会活动

班会主题	班会目标
社会主义	树立建设中国特色社会主义的坚定信念
烈士事迹	了解革命烈士的光荣事迹
革命精神	学习老一辈革命家艰苦奋斗、勤俭朴素、奉献社会的崇高精神,逐步形成良好的道德品质
规则意识	树立规则意识
国情教育	通过一系列真实数据和案例,了解我国人民生活水平不断提高、文明不断进步、国家在世界民族之林的地位不断提升的事实
民族团结	了解民族团结的重要意义
传统习俗	了解中华传统习俗的文化内涵
文明礼仪	理解基本的社会规范和道德规范
垃圾分类	积极推动实行垃圾分类
勤俭节约	养成勤俭节约的生活习惯
自觉劳动	养成自觉劳动的生活习惯
健康生活	形成健康文明的生活方式
自护自救	能够进行基本的自护自救
师生沟通	能积极有效地与老师沟通
亲子沟通	能积极有效地与家长沟通

表8-3　初二上学期可开展的主题班会活动

班会主题	班会目标
爱党教育	教育和引导学生热爱中国共产党
社会主义	了解中国特色社会主义的基本理念、基本特征和基本任务
基本国情	了解我国在农业、工业、商业以及服务业、信息技术产业等方面的基本情况
绿色消费	倡导绿色消费
民事法律	了解民事法律活动的基本原则
国家制度	了解国家基本制度
民族文化	了解我国各民族的历史文化

续表8-3

班会主题	班会目标
爱党教育	教育和引导学生热爱中国共产党
异性交往	把握与异性交往的尺度
兴趣娱乐	正确处理学习与兴趣爱好、娱乐之间的关系
学习方法	改善学习方法,提高学习效率
民族精神	弘扬民族精神
创新意识	形成勇于创新等良好品质
与人合作	形成善于合作等良好品质
珍爱他人	珍爱他人生命,维护他人权益
生物生态	珍视生物多样性,尊重一切生命

表8-4 初二下学期可开展的主题班会活动

班会主题	班会目标
民族自豪感	有作为中国人的归属感和自豪感
国家安全	深入开展国家安全教育
传统美德	大力弘扬中华传统美德,引导学生了解中华优秀传统文化的历史渊源、发展脉络、精神内涵,增强文化自觉和文化自信
环境保护	积极参加林木绿地抚育管护,有积极参与环境保护行动的强烈愿望
奉献精神	乐于奉献,积极参与志愿服务,自觉提升文明素养
中华文明	认识中华文明的历史价值和现实意义
民族史实	了解中华民族发展过程中的重要历史事件,理解国家统一和民族团结的重要性
服务精神	培育志愿服务精神
道德判断	培养道德判断能力,了解规则和道德要求背后的价值准则
认识自由	了解自由的含义,知道世上没有绝对的自由
社会和谐	引导学生感受社会和谐的重要意义
平等公正	了解与体验自由、平等和公正在社会生活中的具体表现
国家战略	了解国家在新的历史时期的指导思想和发展战略
经济政治	了解中国特色社会主义的基本经济制度和政治制度
法治观念	了解我国司法制度,养成尊重司法的意识

表8-5　高一上学期可开展的主题班会活动

班会主题	班会目标
中国梦	了解中国梦的深刻内涵,了解实现中国梦必须在中国共产党的领导下,坚定地走中国特色社会主义道路
适应环境	引导学生增强环境适应能力
学习态度	培养尽心尽力学习的态度
学习效率	提高创新能力,掌握学习策略,开发学习潜能,提高学习效率
友善为人	理解友善既是个人道德品质,也是社会主义核心价值观的要求
职业规划	在充分了解自己的兴趣、能力、性格、特长和社会需要的基础上,确立自己的职业志向,培养职业道德意识,进行升学就业的准备
传统美德	自觉以中华传统美德律己修身
祖国地理	了解祖国的地理地貌
环保意识	理解关于环境的不同观点,通过交流和协商,形成保护环境的共识
自我认知	形成正确的自我认知
生活态度	培养积极的生活态度,树立正确的生命观和生活观
人际关系	正确认识自己的人际关系状况,懂得人际间的积极情感反应
应对挫折	提高承受失败和应对挫折的能力,形成良好的意志品质
法治意识	树立法治意识
面对考试	积极应对考试压力,克服考试焦虑情绪

表8-6　高一下学期可开展的主题班会活动

班会主题	班会目标
民族精神	深入理解中华民族最深沉的精神追求,更加全面、客观地认识国家前途命运与个人价值实现的统一关系,自觉维护国家尊严、安全和利益
基本国情	通过对人口、地理、资源、环境等方面的学习,了解我国基本国情
个人与集体	理解个人利益、集体利益、国家利益之间的辩证关系
国际意识	了解文化多样性,理解文化交流、国际对话的意义,培养国际意识

续表8-6

班会主题	班会目标
中华文明	了解中华文明在世界历史中的重要地位
人与自然	认识人类活动与环境的密切联系,摆正人与自然的关系,追求人与自然的和谐发展
直面问题	在面对问题时能够积极主动地解决
爱护自我	爱护自己的生命,积极探寻人生的价值和意义
志愿服务	体验志愿服务精神对个人、社会的意义与价值
担当意识	有担当意识和社会责任感
公民意识	增强公民意识
人生理想	树立人生理想和信念,形成正确的世界观、人生观和价值观
异性交往	正确对待和异性同伴的交往,知道友谊和爱情的界限
政治制度	了解中国特色社会主义政治制度
法律体系	了解我国社会主义法律体系

表8-7 高二上学期可开展的主题班会活动

班会主题	班会目标
民族复兴	理解中华民族伟大复兴中国梦的内涵,树立社会责任感
法律关系	全面认知家庭、婚姻、教育、劳动、继承等与学生个人成长相关的法律关系
马列主义	学习运用马克思主义基本观点和方法分析问题和解决问题
环保习惯	养成环保的生活习惯
时代使命	深刻领会国家发展的历史使命
学习品质	形成科学严谨、不怕困难、锐意进取的学习品质
自尊自信	形成自尊自信的生活态度
自立自强	形成自立自强的生活态度
国家制度	了解我国的基本制度,体会社会主义制度的优越性所在
国家意志	理解实现人的自由全面发展是社会主义的理想价值追求

续表8-7

民事法律	理解民事基本法律原则和核心概念
传统文化	了解我国优秀传统文化的主要内涵
新文化	了解新文化的主要内涵
如何选择	在面对事情时能做出自己的选择
民族自尊	增强民族自尊心

表8-8　高二下学期可开展的主题班会活动

班会主题	班会目标
爱党教育	加深对党的伟大使命的认知,增强对党和国家的热爱
革命文化	引导学生深入了解中国革命史、中国共产党史
中华人文	弘扬中华人文精神,引导学生了解中华优秀传统文化的历史渊源、发展脉络、精神内涵,增强文化自觉和文化自信
节约教育	加强节约意识,养成节约的习惯
诚信意识	理解诚信既是个人立身处世之本,也是国家经济发展之道
改革开放	了解改革开放的历史
习总书记讲话	引导学生深入学习习近平总书记系列重要讲话精神
尊重产权	树立产权(所有权)观念,学会尊重产权
程序正义	理解程序正义在实现法治中的作用
道路自信	树立为共产主义远大理想和中国特色社会主义共同理想而奋斗的信念和信心
人生态度	培养豁达乐观的人生态度
人格修养	开展人格修养教育,使学生形成健全的人格
时事政治	加强时事政治教育,了解当前重要的国家政策
自护自救	能够进行基本的自护自救

第四节　成长管理

学校是中学生学习和生活的主阵地。他们在这里将度过人生中最重要的一段光阴。在这段时间里,班主任与学生在一起的时间最为长久。毫不夸张地说,班主任是学生的"第二监护人",是学生成长的见证者。那么,班主任该如何恰当地对学生的成长进行管理呢? 具体而言,作为班主任,我们应该关注学生的学业成绩、行为习惯和学习习惯。

(一)学业成绩分析

学习成绩是学生在校学习活动过程有效性的直观体现,牵动着家长、学生、老师的心,因此,学业成绩分析能力是班主任必备能力之一。从成绩中分析得出问题并针对问题找到解决的方法有助于下一阶段班级成绩的提高。班主任通常可以从以下几个方面对班级的考试成绩分析总结。

(1)分析本班级各科平均分在年级中的排名以及分差,以此把握班级整体学习情况。了解本班存在的优势学科和相对弱势的学科,分析弱势学科成绩低的原因并通过与对应科任老师的沟通,力争下一阶段测试取得进步。

(2)对比学校和年级下达的指标人数,关注达标情况。分析未达标学生的各科考试成绩,找出弱势学科,与科任老师沟通协作,为学生制订学科成绩提升计划,对症下药。

(3)分析本班总分在前几名的人数和姓名,给予他们及时的鼓励和持续的关注,力求稳中有升。同时要让这些学优生充分发挥榜样作用,带动其他学生认真学习,共同进步。

(4)看本班单科成绩最高的学生,以更好地树立本班学科学习榜样,充分发扬先锋模范作用,整体带动学科成绩再创新高。

(5)将本次考试成绩与上次考试成绩进行对比,找出进步明显和退步较多的学生,综合分析原因,力争下次考试避免同样问题的发生。同时积极做好退步较多学生的思想工作。

(二)行为习惯改进

1.明确规范和标准

没有规矩不成方圆,要培养中学生良好的行为习惯,必须有相应的行为规范来对他们进行约束,让中学生的言行举止有章可循、有理可依。为了明确规范,清楚标准,每一位学生都应熟悉《中学生守则》、《中学生日常行为规范》、学校规定以及班级公约中的条款内容。

2.从细节处着手

从细微处培养学生的良好行为习惯是非常有必要的。平时应要求学生注重仪容仪表、交际交往时礼貌文明、课桌椅摆放整齐、保持教室干净整洁等。

3.言传身教,榜样示范

学生良好行为习惯的培养除了靠相关规范进行约束外,更要依靠老师尤其是班主任的言传身教。这就需要班主任时时刻刻注意自己的言行举止,从学习、生活等各方面为学生树立榜样。另外,充分利用学生中的典型事例,会收到事半功倍的效果。

4.激励为主,赏罚分明

在对学生进行良好行为习惯养成教育时,教师应适当地采用多种激励方式,比如公开表扬、物质奖励等,让学生有成就感。用奖励去强化学生的正面行为,从而使学生形成良好的行为习惯。而对于那些行为习惯比较差的学生,也要有一套行之有效的约束机制,促其改正不良习惯。

5.营造氛围,家校共育

家长的一举一动都逃不过孩子的眼睛,因此家长必须以身作则。家长要注意自己的教育和学校的教育相协调,督促孩子养成好的行为习惯;家长要重视时间观念,培养孩子自觉遵守时间的习惯;家长平时多读书看报,借此培养孩子阅读的习惯。

(三)学习习惯养成

良好的学习习惯是学生取得优异成绩的重要条件。好的学习习惯有很多,且因人而异。但就中学阶段而言,班主任应该帮助学生努力养成以下七个习惯。

1.制订每日学习计划

在开启每天的学习之前,合理地制订学习计划对于一天的学习来说是非常重要的。准备一个计划本,明确每天的学习任务,并在规定的时间内完成。

2.预习

课前预习可以提高课上学习效率,有助于培养自学能力。预习时,应认真研读将要学习的内容,遇到不懂的问题应查阅工具书或有关资料,实在搞不明白的应做好标记,以便课上有重点地去听、去学、去练。

3.认真听课

上课时,老师不仅用语言传递信息,还会用动作、表情传递信息,用眼神与学生交流。因此中学生上课除了听老师讲,还要跟着老师想,调动所有感觉器官参与学习。能否调动所有感觉器官学习,是决定学习效率高低的关键性因素。上课要做到情绪饱满,精力集中;抓住重点,弄清关键;主动参与,思考分析;大胆发言,展示思维。

4.多思、善问、大胆质疑

学习要严肃认真、多思善问。"多思"就是多思考问题。"善问"就是要虚心向老师、同学请教。除此之外,在学习的过程中,还要敢于合理质疑已有的结论、说法,在尊重科学的前提下,敢于挑战权威,要做到决不轻易放过任何一个问题。

5.上课记笔记

在专心听讲的同时,要动笔做简单记录或记号。对重点内容、疑难问题、关键语句进行"圈、点、勾、画",把一些关键性的词句记下来。

6.及时完成作业并反思

按时完成老师布置的作业和自己选做的作业,认真思考,认真书写。作业写完后,要想一下它的主要特征和要点,以收到举一反三的效果。反思是解题之后的重要环节。

7.课后复习

课后不要急着做作业,一定要先对每节课所学的内容进行认真的复习,归纳知识要点,找出知识之间的联系。对不同的学习内容要注意进行交替复习。

第九章

教学研究（上）

　　什么样的研究才是中小学教师所需要的研究？什么样的研究才是属于或者说适宜于中小学教师的研究？对于这些问题的回答，直接关涉中小学教师教育科研的指向、功能和定位，并决定着研究的方式以及研究的效果。

　　本章将从课题申报与文章撰写这两个方面介绍新时代中小学教师教学研究的方法及范式。

本章相关视频

第一节　课题申报

教师进行教育研究有多种形式，但其中最为重要也是最常见的形式就是课题研究。课题研究的方向明确、研究目标具体、研究范围固定、研究方法简单、研究周期适当。因此，以课题的方式进行教育研究是一种可行的方法。下面我们将从课题的选择与确立、课题的申报与实施两个方面介绍中小学教师如何开展课题研究。

（一）课题的选择与确认

选择与确认研究课题是教育科研工作中非常重要的一环。其中，选题是教育科研的起点，是研究探索的第一步，直接关系到课题申报的成败。

1.选题的来源

教育科学领域中不仅存在着无数有待解决的问题，而且新的问题、新的现象也不断产生，为我们提供了广阔的选题范围和课题来源。这既包括理论性问题，也包括应用性问题，还包括教育的现实问题。教育活动中，出现的问题有许多，但是并不是每一个问题都具有科学研究价值，都值得我们作为科学研究的对象。在人力、财力、物力、精力、时间都有限的情况下，必须选择那些具有全局性的、急需解决的规律性问题来研究。具体而言，可从以下几方面确定教育科学研究的课题。

（1）从教育教学实践中探寻研究课题

教育科学研究最迫切的任务是要解决当前教育实际工作中存在的普遍性问题，而这些问题恰又是理论上没有得到回答的。对中小学教育工作者来说，选题的类型可以概括为以下几个方面：①教学问题。如学生学业负担过重、学生厌学、学生学习、基础教育课程改革、提高质量与提高效率等。②德育问题。如中小学德育工作如何适应时代的发展、德育课程问题研究、道德情感教育研究等。③管理研究。比如，如何提高管理水平、管理效率、管理质量，师资队伍管理等，均包含着大量的研究课题。④教育改革与发展中的问题。随着新课程改革的推进，"应试教育"向"素质教育"转化，这为中小学教育工作者提供了大量的研究课题。

（2）从教育教学热点中寻找研究课题

教师平时应关注本学科以及相邻学科的发展动态及教育热点课题，并在此基础上形成自己的研究课题。例如，从"苏丹红事件"和"三聚氰胺事件"中开发出有关"食品安全"的课题，聚焦中学生核心素养，关注教育信息技术在课堂教学中的应用，等等。

（3）从教育教学经验中提炼新的研究课题

在全国众多的乡村学校中，江苏省的洋思中学和山东省的杜郎口中学脱颖而出，成为课程改革中的佼佼者。这两所学校都是乡镇初中，原来的办学条件在当地都是最差的，其改革始于基础教育课程改革之前，但真正体现它们改革价值的是新课程改革。它们的办学理念和课堂教学鲜明地体现了新课程的特征，这也使它们成了这次新课程改革的排头兵，引发了教育界的关注。对于这两所学校的办学经验，虽然已有多人做过研究或发表过论文，但仍然可作为课题进一步地探讨。如，课堂教学最优化研究、学生创新能力培养研究、如何让初中生轻松愉快的学习等，这些都是常谈常新的老话题。因为时代在发展，教育教学的环境在不断变化，这些旧的课题在新的环境下将会有新的内涵，更值得我们去研究。

（4）从其他学科中迁移研究课题

在现代科学综合发展的趋势下，各学科之间的交叉领域涌现出大量的值得开拓的新问题。从不同学科之间的交叉点即交叉学科间的空白领域找问题，也是选题的重要途径。科学研究的思路和方法在一定程度上具有共通性，因此，可以借鉴和参考其他学科的研究课题，以便从中获得某种启迪。也可以关注其他学科的最新研究动态，从中萌发灵感，形成课题。

（5）从教育课题指南中选择研究课题

教育工作者还可以从各级教育机构指定的课题指南或教育规划中选择研究课题。每年度各级教育机构都会颁发有关课题申报指南，如各级社会科学规划项目申报指南，全国教育科学规划课题申请指南，教育部、教育厅教育科学研究规划课题申请指南等，其中蕴含的许多课题都是值得研究的。这类课题多由基金组织资助，课题项目进行中有相关部门和基金组织监督和检查，结题时也由这些部门组织专家进行审核），所以一般来讲比较规范。需要注意的是，课题指南并非课题本身，它只是选题的方向和参考，还需要教师根据自身的实际情况将研究方向具体化，这样研究起来才能取得实效。

2.选题的技巧

（1）选题宜小不宜大

尽量选择教育教学中的小问题作为研究对象。问题越小，目标越集中，就越容易把问题讲清楚。要以小见大，把课题做深做透。

（2）选题宜实不宜空

要选择实实在在的、具体的教育教学问题，忌选抽象、空泛的问题。如"关于素质教育的研究"或"XX学科核心素养研究"，都是过于抽象空洞的问题。

（3）选题宜深不宜浅

应从纷繁复杂的教育现象和变化莫测的教学情境中发现和提出有意义的课题，逐层深入挖掘问题，突出问题的中心和主要方面，不必面面俱到。

（4）选题宜熟不宜生

选题不要超过自己力所能及的范围。"不熟不做"，即选择自己比较熟悉且有一定基础的问题作为课题。

（5）选题宜新不宜旧

应提出新的问题，或从新的角度来分析旧的问题，以获得突破性进展。不能人云亦云，简单地重复别人的研究，或进行简单的事实和经验堆砌。

3.选择课题的程序

（1）明确方向，发现问题

建议一线教师主要针对教育教学中的实际问题进行研究，这样一方面有效果，立项的可能性比较大；另一方面教师会有很强的成就感，因为研究所得可以直接应用到教学中去。这就要求教师应注意对日常教育教学实践中遇到的问题进行记录、整理，由此明确自己的研究方向。

（2）浓缩范围，选取问题

在对实际问题进行归类整理后，分析其重要程度和研究意义，确定其研究价值，并广泛听取专家、同行的意见，从中选取价值明显且适合自己研究水平和能力的问题。

（3）提炼焦点，形成课题

对问题进行分析，细化为课题。

(二)课题申报与实施

以下将从课题的申报、课题的立项、课题的中期检查以及课题的结项等4个部分对课题的申报与实施进行介绍。

1.课题申报

教师在选好研究的课题之后便可开始填写立项申请书了。撰写立项申请书是课题申报的第一步,也是非常重要的一步。我们以某省教育教学改革申报书为例,介绍立项申请书的几个组成部分:

（1）项目主持人情况

这部分的主要内容包括项目情况、项目主持人情况和项目主要成员情况。

①在填写项目名称时力求做到准确、规范、简洁、醒目;

②申请的金额根据项目级别填写,具体金额可咨询项目管理部门;

③在填写项目主持人基本信息时,应如实填写其主要的教学工作简历和主要的教学研究领域及成果,不要弄虚作假;

④项目若非独立完成,还应如实填写项目主要成员的信息,并请其签名,一般团队成员不超过5人。

（2）立项依据及目标

可从三个方面对该部分内容进行阐述。

①现状与背景分析

即简要说明为什么要进行这项研究,建议从以下几个方面阐述。首先从宏观方面说明该项目与时代发展、社会变革的联系;其次,从中观层面说明该项目与教育教学改革、教学发展的关系;最后从微观层面说明该项目着力解决的问题,可以简要补充国内外相关研究综述。

②教学研究及其实践的内容、目标,要解决的问题,拟采取的方法和主要特色

第一,研究的目标。对目标的描述力求做到具体、简洁、明确。既要考虑项目本身的要求,也要合乎项目组实际,如工作条件、研究水平和花费时间等,做到统筹兼顾。有多个研究目标时,要理清其内部的逻辑结构,形成目标体系。项目中涉及的重要理论也可以在这部分对其进行具体解释。

第二,研究的内容和要解决的教学问题。这部分是主体,需详细说明。应把研究内容分解为具有内在联系的几个部分并确定重点,从而把大问题细化为几个

具体而又关联的子问题。

第三,研究的方法。写明项目怎样实施,可以理解为原则、策略、程序、工具、方式的综合表述。这里既可以写旨在获得研究对象的客观资料,而不给予研究对象人为的影响的方法,如调查法、观察法、测量法、文献法等,也可以写改变或影响变量的方法,如实验法、行动研究法等。

③预期效果与具体成果

这部分可以叙述成果的展现形式,主要有论文、专著、新产品模型、发明专利等。

(3)具体安排及进度

项目研究一般分为准备、实施和总结三个阶段(如研究过程较长,则实施阶段还可以再进行细化),各阶段时间安排一般要写明"x年x月—x年x月"。必要时可以用表格来表示。

(4)经费概算

这里要简要地写明资金的来源,如申请相关部门专项经费,学校学院配套经费或自筹经费等。此外,还应列出资金的使用规划,资金的分配符合相关财务管理规定即可。

至此,项目立项申请书已基本完成。申报教师及项目组成员签字后交学院相关负责人签字盖章,后由学院统一交至教务处管理部门,项目申报工作结束。

2.课题的立项

在接到立项通知之后,就要开始撰写项目任务书和开题报告了。

(1)项目任务书

各级学术项目立项后,相关管理部门会发布文件公布立项项目,并要求提交项目任务书。

项目任务书主要包括项目简况、项目主持人情况、项目组成员情况等,以及项目总体目标与研究思路、项目实施计划与步骤、项目研究预期阶段成果和最终成果、经费管理规划和学校意见等主体内容。这些内容和立项申请书的内容大致相同,教师参照立项申请书填写即可,这里不再赘述。

项目任务书是结题验收的主要依据,因此其主要内容应与项目立项申请书基本保持一致。尤其值得注意的是,结题证书将严格按照任务书中项目组成员的组成及排名顺序制作,并有人数限制,一般不超过5人。

(2)开题报告

在提交任务书后,项目进入实质性研究阶段。校级以上的项目还要求由课题负责人所在单位邀请相关专家举行项目开题会议,并由课程负责人填写开题报告书。

开题报告书包括开题报告要点和专家评议要点。开题报告要点除了开题时间、开题地点、评议专家、参与人员等,还包括研究的题目、内容、方法、分工进度、经费分配、预期成果等内容,字数限5000字以内。随后,专家组对开题报告书进行评议,即对课题组汇报要点逐项进行可行性评估,并提出意见和建议,字数为1000字以内。

项目需要做出重大调整的,还应该填写项目重要变更说明,限1000字以内。

3.课题的中期检查

校级以上项目,自批准立项时起,每满一年或研究时限过半时,应该填写项目中期报告书,以便管理部门及时了解项目的进展,如取得了哪些阶段性成果、下一步的工作计划和目标、研究中尚需解决的主要问题以及经费的使用情况等。项目负责人应如实填写项目中期报告书,并报学校管理部门备案。

4.课题的结项

教师按计划结束研究项目后,应在规定时间内进行项目结题。结题时需提供以下材料。

(1)项目结题验收表

项目结题验收表主要由以下几个部分构成:

①项目基本情况。需要填写项目的名称、所属科类、所属类别、起止时间、主要研究人员、经费等信息。若项目在研究过程中没有变更,这些信息应该与项目任务书中的信息保持一致,尤其是项目主要研究人员的信息。

②项目工作报告。项目工作报告包括主要研究过程与活动、研究计划的执行与变更情况、项目研究中存在的问题、今后的研究设想以及经费支出情况。

③项目研究成果。这里需要对研究成果进行描述,其一般框架为:第一部分写研究成果,包括基本观点、主要内容及其创新之处、实践效果(或应用情况)、社会影响等;第二部分以目录的形式列出结题成果主件和附件。成果的形式包括调研报告、教改方案、教学软件、著作和论文等,其中研究报告为必备成果。项目研

究成果应不少于项目任务书中列出的预期成果。

④专家组验收意见。学校将聘请5-7名具备高级职称的专家，组成专家组进行项目验收，验收采取会议的方式进行，由项目主持人进行陈述和答辩。专家组将对项目研究的任务、目标、方法、研究成果水平、实践效果、应用推广价值等进行评价，投票决定项目可以结题或暂缓结题，然后将意见反馈给学校管理部门。

（2）研究总结报告

项目研究总结报告是结题验收必不可少的材料。研究总结报告主要回答这几个问题：研究的内容是什么，如何进行研究，从研究中可以得出什么结论或研究有何意义和价值。研究总结报告的框架一般由三个主要部分构成：①项目研究与实践情况及自我评价描述；②项目研究取得的主要成果；③项目推广价值及进一步的研究思路等。教师可将结题验收表中的工作报告作为提纲进行扩充，详细叙述。

（3）成果汇编

教师结题时应将研究取得的成果及其他可以说明研究成果的有关材料（公开发表的论文、专著、教材）汇总编目，以便专家审阅，成果应与结题验收表保持一致。通过验收的项目，项目主管部门将发文公布批准结题项目并发放项目结题证书，至此教改项目完成结题。

第二节　论文撰写

论文是展示、交流与推广教育科学研究成果的一种手段和工具，也是教育工作者记录劳动成果和工作成绩的一种有效方式。但现实情况是，一线教师往往缺少论文撰写知识的储备，论文写作能力较弱，难以将自己对教学活动的深层次的思考写成论文并公开发表。因此，提高教师论文撰写能力十分必要。

（一）选题原则与论文结构

1.选题的原则

选题是撰写论文最为关键的环节，也是最难的一个环节，通常应遵循以下原则。

（1）价值性原则

即选题在理论或实践上应具有一定的价值。既要有一定的理论价值，也有一定的实践意义，其中关于实践的部分，可为别人所仿效、借鉴。

（2）量力性原则

这一原则要求应尽可能结合自身的科研水平以及现实条件去选择相应的课题。尤其是初次撰写论文者，不妨把课题定得小一些，篇幅也尽量短一些，选题要尽可能贴近自身的教学实际，这样写起来也比较得心应手。

（3）新颖性原则

新颖性原则要求论文的选题具有一定的新意；或者这个课题过去无人探讨过，或者虽然有人涉及，但认识尚不深刻，结果也不完善，而你在这方面的研究比较深入，已有更深的领悟、更新的发现。

2.论文的结构

（1）标题

论文的标题是文章中心思想的集中反映，是对全文内容最鲜明最精炼的概括。一个好的标题能准确概括论文内容，反映研究方向、研究范围和研究深度。

（2）作者署名

标题之下要表明写作者姓名及工作单位等，同时表明著作权人，便于明确文责。有些刊物要求附上作者简介，包括职务、学历、年龄、单位和主要研究领域等。

（3）摘要

摘要是论文的重要组成部分，是对论文内容的简短陈述。摘要应简明扼要、恰当地记述论文的主要内容及观点，不对论文本身做评价，应具有独立性和自含性，一般字数不超过250字。

（4）关键词

关键词是反映论文主题概念的词或词组，通常以与正文不同的字体字号编排在摘要下方。一般每篇可选3~5个关键词，关键词之间用分号分隔，按词条的外延层次从大到小排列。关键词一般为名词或名词性的词组。

（5）正文

正文是论文的主体，在整篇论文中占核心地位。正文一般包括引言、论点、论据和论证、结论等。在正文中，研究者提出自己的观点，运用真实、准确的材料，展开充分的论述，证明自己的观点。

（6）参考文献

参考文献指的是研究者在撰写论文时所参考的相关文献资源。注明参考文献，不仅是对他人成果的肯定和尊重，也是为读者提供有关文献的线索。一般来说，参考文献附在正文之后。

（二）构思与撰写

1.提纲的构思

（1）提纲的编写应做到紧扣中心论题，构思好分论题，同时将分论题细化为一系列子分论题，使得论文结构严谨，论点与分论点相统一。

（2）根据分论题，选好论据。论据就是对论题进行论证的材料。论证材料的选择要有典型性，能"以一当十"，反映现象，说明问题。

（3）运用多向思维，确定提纲。

2.内容的撰写

（1）要围绕选定的论题及论据进行写作，当写作提纲中的分论题（或子分论题）的论据都已选定好，就可以依据提纲中的论题、论据逐条进行具体的撰写。围绕着选定的论题及论据进行写作，思路会更清晰，写起来也更有条理。

（2）要注意论题、论据和论述的逻辑性。一篇好的论文，必须论题明确，论据确凿，论述严密。在写作过程中，研究者应该对搜集到的大量材料进行提炼、取舍，精选出最有价值的论据来支撑论点。同时，在论证过程中要逐层论述，以便论题、论据、论述三者间形成严密的逻辑关系。

（3）要注意数据和文字表述的统一。为了科学、准确地表述研究成果，在一篇论文中必须提供数据，尤其是观察报告、调查报告、实验报告以及测量报告等。但若因此而认为只要有数据，就可以保证研究的成功，从而在论文中大量罗列数据，这也是错误的。在一篇论文中，数据只是供作分析的素材，重要的部分还是文字表述。写作者应该有选择地出示一些具有代表性的数据，并对数据进行逐层分析，展开充分论述，这样，论文才会具有较高的可信度和价值。

3.修改与推敲

论文写完后，还要进行反复的修改。不仅要对文章的立论、结构进行认真推敲,而且要对每个句子、字词,甚至标点细加斟酌。论文修改时,最容易出现的情况就是作者对自己写作的内容难以割舍,明知是多余的,却总不想删去。事实上,修改的过程很大程度上就是删削的过程。通过删芜去繁,使论点更为突出,论证更为有力,字句更为精炼。俗话说,好文章是磨出来的,一篇高质量的学术论文正是在不断的推敲修改基础上形成的。

4.期刊选稿的标准

各杂志的办刊原则和侧重的研究方向都不相同,因此,在选稿的标准上也有所不同。但总体原则基本一致,即稿件要体现科学性、知识性、时代性、资料性以及实用性。这几点并非要面面俱到,可有所侧重,一般从以下几个方面进行考察:

(1)看选题。每个杂志的来稿量都非常多,编辑们在接到稿件后要先进行初审,如果选题不恰当、不新颖、不切合实际,学术价值不大,则很有可能在初审中被淘汰。因此写作者首先要考虑选题是否有研究价值,是否新颖,是否具有独创性,适合发表在哪些期刊上;其次,要给论文取一个有特色的题目,要能激发审稿人的阅读兴趣。

(2)看框架。框架即论文的支架,通过框架可以看出论文的主要内容,了解作者的写作思路,同时看出论述是否周全、科学,以及作者的文字功底等。框架是编辑们关注的重点,直接影响到论文的录用与否。因此,论文的框架应该逻辑清晰,标题要有效地概括内容,要尽量做到简练、对称、层次清楚,让人一目了然。

(3)看内容。内容是论文的血肉,编辑的主要注意力是放在论文的具体内容上的。编辑会考虑你的基本思想是否正确、清楚;论点是否正确;是否提供了充足的资料;是否采用了合适的研究方法;重点是否突出;是否得出了正确的结论;摘要是否简要地概括了全文的主要内容;关键词是否恰当;文章语言是否通顺、精炼等。

第三节　课例研究报告

课例研究是当前基础教育教学中非常重要的环节,课例研究不能随课后研讨活动的结束而结束,执教者还需要综合群体研讨与自我反思的结果撰写相应的报告。无论在个体维度还是在集体维度上，课例研究报告的撰写都有助于促进教师的专业化发展。通常，课例研究报告的撰写不必苛求统一的格式。但是，为了展现课例研究的过程与成果，报告中需要向读者交代相关要素，如研究小组所选择的研究主题是什么、教学方案是如何规划的、教学实践是怎样展开的、所取得的教学成果有哪些等。本节拟以这些基本要素作为课例研究报告的基本撰写框架，并结合具体案例阐述其撰写要求。一个完整的课例研究报告基本上由五部分组成。

1.阐述研究主题与内容

在报告的第一部分，撰写者需要交代两个方面的问题：第一，说明课例研究小组期望解决什么教学课题；第二，确定以哪节课作为课例，阐述这节课的教学主题与研究课题之间的关系，明确解决的具体问题。

如上海市某中学的语文课例研究小组认为，传统的文言文教学讲究"字字落实，句句疏通"，这种做法抹杀了学生对文言文的学习兴趣。因此，该小组决定以"初中语文文言文教学策略的研究"为课题，以《卖油翁》这篇文言文为例开展课例研究。课例研究小组在报告中充分阐述了以《卖油翁》一文为例的原因：

这一课文集趣味性、文学性和思想性于一体，在文言文教学中具有较强的代表性。加之该文短小精悍，在一堂课的教学中能够展现文言文教学的多个侧面，便于尝试文言文教学的多种策略。

同时，课例研究小组表示，希望通过对该课例的研究探讨文言文在字词教学、人物形象分析、哲理感悟等方面的具体教学策略。显然，上述基本信息的交代有助于读者把握报告的重点，在阅读中有明确的预期。

2.描述教学规划和方案

完整把握一堂课的教学情况离不开对教师原有教学预设的了解。因此在课例研究报告中，描述原有的教学方案规划是极其重要的，它不仅是课堂教学的蓝本，同时也为课堂教学的评议提供了参考。

这部分需要阐述三个方面的问题：

（1）学情分析。学情分析要避免笼统，在规划教学方案时教师要针对某一教学主题甚至是某一堂课进行课前测试，了解学生的情况。学情分析是方案设计的基础，报告中对学情分析的展现有助于读者明晰方案设计的依据，同时也有助于他们从中借鉴研究学生学习的方法。

（2）方案的设计。方案设计不等于教案，而是重在阐明具体的教学流程，描述具体的教学方式。

（3）课堂观察的重点与工具。这部分内容是课例研究在规划教学方案时所独有的。

3.重点阐明教学中出现的问题

第三部分主要阐述教学实践的展开过程。由于课例研究是一个系统的教学改进过程，一堂研究课在第一轮教学实践后会在平行班级中进行第二轮的教学实践，因此报告中这一部分的写作就要反映每一轮教学实践的情况。不过我们并不建议对同一课例进行多次循环往复的改进。实践表明，从某一特定课例中获取的经验是有限的，一次又一次地对同一课例的教学进行修订将收效甚微，倒不如去研究一个全新的课例，收获会更大。报告中这一部分的写作要围绕教学的问题来展开，比如在该轮教学实践中出现了哪些问题，需要对教案做出哪些修改等，而不是再现课堂教学。

4.检讨教学成效

课例研究最终指向教学的改进，因此在报告中要通过对教学成效的系统检讨来反映教学改进的情况。反过来，教学改进的状况也在一定程度上体现出课例研究本身的成效。

5.附录

根据需要，课例研究报告在最后部分可呈现附录，以使读者更全面细致地了解课例研究的整体过程与具体细节。

附录的具体内容可以是详细的教案、课堂观察时所采用的观察表以及实地观察记录等。附录是对课例研究报告前四部分内容所做的补充说明，最终是否呈现要视具体情况而定。

通过课例研修报告，属于教师个体的教学知识得以汇聚、公开和传播，无论是课例研究小组成员还是其他教师，都可通过阅读报告将其中的教学知识融入自身的教学实践中，逐步发展出新的、有价值的教学知识。

第十章

教学研究（下）

　　一线教师在开展教育教学研究工作时,往往需要进行定量研究,而编制调查问卷、设计调查题目则是开展定量研究的核心工作。本章将从调查问卷的编制及使用、研究结果分析等方面介绍新时代中小学教师教学研究的方法及范式。

本章相关视频

第一节　教学研究方法

　　教育教学的研究方法很多,有文献法、历史法、比较法、观察法、调查法、经验总结法、案例法、实验法、行动研究法等。下面我们将选取调查研究法、教育访谈法、个案研究法以及行动研究法等4种常用的方法进行介绍。

（一）调查研究法

1.定义与特点

（1）定义

　　调查研究法是指通过考察了解客观情况,直接获取有关材料,并对这些材料进行分析的研究方法。

（2）特点

　　调查研究法具有以下特点:

　　第一,可以通过多种手段收集材料。采用调查法收集资料的形式多、速度快。它可以通过访问、座谈、问卷、测验等多种手段向了解研究对象的情况。

　　第二,简便易行。调查法是在自然状态中进行的,它主要通过考察现状、收集资料进行研究,而不是像实验法那样通过控制实验因素进行研究。

　　第三,可以对客观的教育现象(或现实)进行描述和解释。教育作为一种社会现象,是包罗万象、复杂多变的。要研究它,就得进行调查研究,变繁杂为有序、变模糊为清晰,在头脑里形成一个整体概况,以便进行正确的评价和判断。

2.调查研究法的种类

（1）依据调查的目的可分为常模调查和比较调查

　　常模调查是指以了解教育现象中某个方面的一般情况,或寻找一般数据为目的的调查,如高师院校化学专业历届毕业生在中学工作情况的调查、性别与化学学习关系的调查等。这类调查可以为教育行政部门和教育研究者提供某个问题的基本情况和一些有价值的研究数据。

　　比较调查是指以比较两个地区、两个群体或两个时期的教育情况为目的的调查,如甲地区与乙地区初中化学实验教学情况调查,优秀化学教师与普通化学教师教学风格的对比调查等等。这类调查往往能起到总结经验、吸取教训的作用,为落后者提供先进的经验。

(2)依据调查内容的性质可分为事实调查和征询意见调查

事实调查是指在调查过程中调查对象提供现成的事实或数据,如安徽省中小学教师学历水平调查。征询意见调查是指在调查过程中,要求调查对象提出对某个问题的看法和意见。这类调查一般是为了改进和提高教育教学工作,如关于如何处理化学实验中的意外事故的调查等。

(3)依据调查范围的大小可分为全面性调查和非全面性调查

全面性调查亦称普遍性调查,即对全部调查对象进行调查,如某个班级学生期末考试情况的调查。全面性调查的优点是可以了解问题的全貌,是一种可信度很高的调查。缺点是往往要花费大量的人力物力财力。非全面调查是从调查对象中抽选部分有代表性的作为样本进行调查,根据调查所得的数据资料推断总体情况。这类调查的对象较少,因而比较省时省力。非全面性调查若选择样本的方法正确,也会收到很好的研究效果,因此这类调查应用得比较广泛。

3.实施步骤

(1)制订调查计划

首先要弄清调查的目的,并把它分解成若干个目标,然后再确定调查的对象和范围,最后经过初步研究,拟订调查活动提纲,并根据提纲制订调查计划。

(2)实施调查计划

着手调查时,可以以时间发展为序对单一对象进行调查(纵向调查),也可以在同一时间对几个样本或总体样本进行调查(横向调查)。调查方法有很多,分为实地考察、开调查会、访问、发问卷等,可单独运用,也可根据实际需要综合运用。调查完毕后将得到的数据材料进行汇总。需要注意的是,在搜集资料时,要力求全面、系统、典型、客观、真实。

(3)整理资料料

搜集得来的资料需加以整理分析,使之系统化。资料按性质通常分为两大类:一为叙述性资料,如中学化学教师对教学中存在的问题的反馈等,这类资料要用明白流畅的文字加以整理;二是数字类资料,如某地区中学学生艺术活动课程开设的次数等,这类资料要用统计法、列表法、图示法等加以整理。

（4）撰写调查报告

在系统整理资料的基础上,探索其优缺点,认真分析原因,并得出结论,并且提出改进的意见或措施。最后以书面的形式提交调查报告。

（二）教育访谈法

1.概念与目的

教育访谈法是指采访者通过与采访对象进行有目的、有计划、有准备的交谈,以此收集各种客观性的、有价值的资料的一种教育研究方法。教育访谈法是一种常用的方法,主要用于教育教学调查、学校心理咨询、征求意见等科研活动,既有事实的调查,也有意见的征询。

教育访谈法的目的有三:一是全面获取研究对象的第一手资料;二是对已有的研究结论进行论证;三是深入地了解人们的观点、世界观、理想、态度和情感,弥补问卷、观察等调查方法的不足。

2.教育访谈法的类型

教育访谈法又分为结构性访谈和非结构性访谈。

（1）结构性访谈

结构性访谈也称标准式访谈,即访谈员按事先拟好的访谈调查提纲依次向被访者提问并要求被访者按规定进行回答。这种访谈严格按照预先拟订的计划进行,它最显著的特点是访谈提纲的标准化。采用这种方法能比较完整地收集到研究所需要的资料。这类访谈有统一设计的调查表或访谈问卷,访谈内容已在计划中做了周密的安排。访谈计划通常包括:访谈的具体程序、问题、提问方式、记录表格等。

结构性访谈的优点是:指向性强,问题具体明确,易于控制访谈过程;所获的资料易于整理和比较;访谈对象的注意力不易受无关因素的影响。结构性访谈的不足是:由于人的思维的不可控性,访谈者和访谈对象之间的交谈很难完全按照预定的模式进行,所以访谈者并不能绝对掌控谈话进程。

（2）非结构性访谈

非结构性访谈也称自由式访谈。非结构性访谈事先不制订调查问卷和详细的访谈提纲,也不规定标准的访谈程序,而是由访谈员按一个大致的访谈提纲或某一个主题,与被访者交谈。这种访谈相对自由和随意,较有弹性,能根据访谈员的需要灵活地转换话题,变换提问方式和顺序,追问重要线索。通过这种访谈,研究人员往往能收集到丰富且深层次的资料。质的研究、心理咨询和治疗常采用这种非结构性的"深层访谈"。

非结构性访谈的优点是:可以对某个事物或者问题进行更为深入的调查,适合于动机、态度、价值观等方面的研究,所获得的材料往往具有较高的真实性。不足是:由于没有详细的提纲,访谈者可能对谈话过程缺少系统的把控,资料记录和量化比较困难,对不同访谈对象的访谈信息也很难进行适当的比较。

由于访谈中可能会发现新的问题或者需要根据访谈对象的谈话进行有针对性的提问,所以在具体的实施中,访谈者可以将上述两种方法结合起来使用。

3.实施步骤

(1)选择访谈对象

访谈对象的选择是否合适将直接关系到资料收集的成败。选择访谈对象要注意以下问题:①根据研究目的来确定抽样范围。②要有代表性。③考虑样本的特殊情况,如访谈对象是否愿意参加访谈,访谈对象是否能够正确清楚地表达自己的想法。④基于研究条件进行选择,即要考虑研究经费是否充足,访谈人数,访谈的复杂程度、耗时长短等,以决定取样范围与访谈对象的数量。具体做法有:随机抽样、方便抽样、滚雪球抽样。

(2)设计访谈提纲

设计访谈提纲是访谈至关重要的一个环节,能否编制一份比较严格、规范的访谈提纲直接关系到访谈的效果。访谈前一定要制订详细的提纲,访谈提纲越详细,访谈越容易进行。

访谈提纲通常包括:访谈的具体项目、程序、重点、提问形式、分类方式、指标系统、记录表格等。在结构性访谈中,调查表和访谈问卷是访谈人员的主要工具。调查表的要素主要有:

导语:访谈员的自我介绍,关于访谈目的和内容的简要说明。

表头:用于了解被访者的基本情况,如年龄、学历、职业等。

正题:需要调查的主要问题,问题可以是开放性的,也可以是封闭性的。

结束语：对被访者的合作表示感谢。

其中特别要指出的是正题部分，正题不仅包括所问问题，有时也包括对所问问题的一般回答。问题要紧紧围绕研究目的设定，即根据研究目的提出研究的具体内容，再设计出与研究内容相对应的问题。提问方式要根据访谈对象来设定，尽量口语化，不带有个人感情色彩，以保证获取访谈对象的真实想法。

目前很多访谈者在使用访谈法时总想跳过提纲设计这一环，或者只是心里稍微构思，然后就直接进入访谈阶段，结果无法收到预期效果。一个成功的访谈者往往具有勤于思考、善于提问，并且认真准备的良好习惯。

（3）访谈前的准备

①熟悉访谈的内容和程序

访谈前要尽量收集关于访谈对象的经历、地位、职业、兴趣、知识结构以及禁忌等方面的资料。事先对访谈对象进行了解，有利于根据访谈对象的特点与其交谈，创造良好的访谈氛围，避免因触及访谈对象的禁忌而导致场面尴尬，影响访谈的进展。

②取得访谈对象的信任和合作

只有访谈对象积极参与访谈，访谈才能收到好的效果，因此，访谈之初取得访谈对象的信任和合作是必不可少的。访谈者最好提前告知访谈对象访谈的目的、意义与内容，访谈可能需要花费的时间，研究的结果将以什么形式呈现，以及研究报告是否将出版及在何处出版，等等。

③选择访谈的时间和地点

正式访谈前访谈者需要先确定好访谈的时间和地点。

④资料、证件、记录设备（仪器）等的准备

进行访谈前，访谈者要检查是否带齐了调查所需的资料、访谈工具。访谈者一定要随身携带有效证件以证明自己的身份，这样可以消除访谈对象的顾虑，取得访谈对象的信任，尤其当访谈对象不愿与陌生人接触时，证件能发挥很好的作用。

最常用的访谈工具有照相机、录音笔、纸张、钢笔等。在访谈中应尽量使用这些工具以便资料的收集，但是这些工具的使用必须征得访谈对象的同意，否则容易引起误会，使访谈受阻。

（4）正式访谈

在谈话双方已经建立起较为融洽的气氛后,访谈者就可以按照事前设计好的提纲进行正式访谈了。在访谈过程中,访谈者要尽可能将提纲上的问题都问到,以保证访谈的实际效果。

（三）个案研究法

1.概念与类型

（1）概念

个案研究法是教育研究中常用的质性研究方法,是指采用各种手段,广泛系统地搜集单一典型的研究对象的有关资料,以了解其发展变化的某些线索和特点的一种方法。

（2）类型

按照研究对象的不同,可以把个案研究分为个人个案研究、团体个案研究和事件个案研究三类。

①个人个案研究。个人个案研究是指以单个特殊的个体为研究对象,在教育科学研究中主要是指对某个学生或教师所进行的研究。

②团体个案研究。团体个案研究是指以某一个团体为研究对象。这里的团体既包括有组织的正式团体,如一所学校、一个年级、一个班级等;也包括自发组成的非正式团体,如学校中的各种兴趣小组、协会、学术沙龙等。

③事件个案研究。事件个案研究是指以特殊事件为研究对象进行的研究。

2.实施步骤

个案研究包括在各种现象中识别所研究的个体,对个案进行深入的调查研究,搜集有说服力的资料和数据,制订、调整方案,通过跟踪调查验证措施的有效性等。具体步骤如下:

（1）认识个体,确立研究对象

在教育教学过程中,教师可以根据课题的要求或研究的目的,选定在某一方面具有典型特征的研究对象。

（2）个案的资料搜集

资料搜集是个案研究的重要组成部分。以学生个案为例,资料搜集重在以下几个方面:①对其以前的生活资料的搜集;②对其现在的生活资料的搜集;③了解学生的内心世界。

需要注意的是,个案研究的准确性和客观性要求搜集的资料要具有准确性,但对问题见解的陈述必须与个案本身的报告相分离。

(3)分析整理资料

分析整理资料的目的在于找出个案资料中现象与现象之间的因果联系。学生行为出现问题,其原因是多方面的,研究者必须深入调查分析,透过现象找出根本原因。

资料分析的常见方法有以下几种:

①动力性分析。即对研究对象的内在动力因素进行分析。如学生的世界观、人生观、价值观及其与行为及结果的关系,以及影响这些动力的内在与外在的因素,诸如健康、情绪、个性、需要、环境和具有触发意义的重大事件与人物等。

②发展性分析。即对研究对象的整个发展过程进行分析,其目的是了解研究对象某些动机、行为形成和发展的过程及其具体的原因。

③临产性分析。即对研究对象的发展与环境的适应性方面进行分析,其目的是了解研究对象的生理、心理特点。

(4)形成报告,提出改进建议

个案研究报告是个案研究的表现形式,是个案研究过程中必不可少的一环。通过个案研究报告,我们可以了解个案的基本情况及处理的过程。正如医生为病人写的病历一样,可以为以后的诊断、治疗提供依据。

①个案研究报告的类型

描述性报告。描述性报告对个案资料的叙述较为详细,可以将些片段并列或串联,不用转述而用原话,通过客观描述来呈现对个案的解释。但整理报告的时间较长,重心难以把握,较为繁复。

简介性报告。简介性报告着重反映个案的主要特征,比较简洁。报告整理时间较短,能突出问题的重心,不过往往难以详细获知个案细节。

分析性报告。分析性报告通常对论点进行直接的论述,论证时均需提供论据,并需说明个案的各种可能现象及推理过程。分析性报告是一种企图利用客观方式呈现个案资料,但又无法全然放弃主观判断的呈现方式。

②个案报告的基本格式

个案研究实际上就是用各种方法收集个案的相关资料,通过科学的推理,提出解决问题的策略,进而评价其效果。典型的个案报告的格式大致涉及以下几个方面:

1.基本资料:姓名、性别、年龄、学习程度、籍贯等。

2.个案来源:别人介绍、自己寻来或其他关系等。

3.背景资料:父母及其他人的年龄、受教育程度、职业等。

4.主要问题的描述。

5.诊断和分析。

6.指导策略。

7.实施指导策略。

8.实施结果。

9.跟踪及讨论。

3.特点与局限性

（1）特点

①研究对象的单一性。个案研究的对象通常是单一个体或单一群体,即使研究中有多个被试,通常也把他们作为一个整体来看待。

②研究目的的针对性。个案研究的目的是通过发现个案存在的问题,探索问题的根源,以便更好地、有针对性地矫正,促进其成长和进步,针对性比较强。

③研究方法的综合性。个案研究收集资料的方法是多样的,研究的手段是综合的。在研究过程中常常要用到测验法、访谈法、调查法、观察法、实验法、文献法等多种方法。

④研究内容的深入性。个案研究需要对个案进行持续的跟踪研究,不但要研究个案的现状,也要研究个案的过去,还要研究个案未来的发展,因此其研究周期一般比较长,有的持续几年甚至几十年。

（2）局限性

由于个案研究的对象数量较少,难以从中得出普遍性的规律和结论,其研究结果的适用性也常常受到质疑。个案研究一般只能揭示对象的类型特征,且常常采用定性分析方法,易得出主观的、不精确的结论。此外,个案追踪研究需要较长时间,需要研究对象的长期配合,部分研究对象的流失也会给研究带来一定的影响,因此其研究结论的可靠性常常被削弱。

(四)行动研究法

1.内涵与特点

（1）内涵

行动研究法是指教师在研究人员的指导下,研究本校、本班的实际情况,以解决日常教育教学中的问题,改进教育教学工作的一种研究方法。

教育行动研究的过程也是解决问题的过程。行动研究主要适用于中小规模的教育实际问题而不是宏观理论问题。行动研究法主要针对教育的实际情境,从现实中来,又回到现实中去,其目的不在于创建理论、总结规律,而在于不断探索和解决教育实际问题。

（2）特点

①关注问题的解决。行动研究法关注现实问题的解决,研究的课题是实际生活中迫切要解决的问题。行动研究法的提出,使教师有了参与研究的途径,有助于教师开展反思性教学。

②互动式参与。在典型的教育行动研究法中,全体小组成员,包括研究者、教师和行政人员,都要参与行动研究实施的全过程,包括计划的制订、计划的施行、结果检测、反思和修正等。行动研究法以共同参与和研究的方式在研究者与教师之间架起桥梁,使之共同合作,扬长避短。

③研究系列。教育行动研究法不是一种方法,而是一组方法,是一个研究系列。教育行动研究法包括问卷调查、访谈调查、文献检索和教育实验等多种方法。

④灵活性。行动研究法的灵活性表现在允许研究者在研究进程中根据具体情况边行动边不断修改、调整方案,增加或取消子目标。研究的设想和计划都处于一个开放的动态系统中,都是可修改的。实验条件的控制相对比较宽松,更注重实际的教育环境,有利于研究复杂的教育现象。

2.实施的步骤

（1）确定问题

在开展教育行动研究之前,必须要发现和明确问题,中学教师应该从教学实践中去找问题,对自己实际工作中已经存在的问题展开研究。

（2）制订计划

在确定具体的问题后,教师需要对其进行界定和分析,诊断其原因,并确定其范围,以便对问题的本质有较清晰的认识。接下来教师需要在收集相关资料的基础上,提出一个总体的计划,计划的呈现形式一般以开题报告为主。总体计划一般包括以下内容:

①课题名称。课题名称应能准确反映研究的范围、对象、内容、方法,简洁明了,避免冗长和表述不清。

②课题研究的内容。即要解决的主要问题。必须明确研究的核心问题是什么,进而对这一问题进行细化,这有利于制订解决问题的具体行动方案。

③研究方法。研究者可以综合采用多种方法对课题进行研究。

④研究步骤及时间安排。为了确保研究的顺利开展,研究者必须制订研究进度表,对工作进行合理的分工,并规定各项工作完成的期限。

⑤成果形式。行动研究的成果呈现形式包括研究论文、调研报告、教育案例、教学反思等。

行动研究的计划并不是一成不变的,研究者应在研究过程中根据新情况不断对计划进行修正和改进。

（3）实施计划

在计划实施过程中,研究者要对研究情况进行观察和记录,收集有关资料,以便及时了解计划实施的情况,并最终对研究的过程和结果做出比较全面和透彻的分析。

（4）进行反思

反思是在行动后做出的,它是对整个行动研究进行再认识的过程。反思的目的在于弄清研究在多大程度上解决了计划要解决的问题。

（5）总结成果

行动研究结束后,研究者对研究的过程及结果进行总结。表现形式可以是研究论文、研究日志、教育案例、教学反思等。

第二节　　调查问卷

在教育研究中,无论运用哪种方法,都必须对研究对象作较为深入的了解,以获得可靠的资料。而问卷由于简单明了、调查面广,且经过技术处理后可以量化,成为一种常用的收集资料的工具。

（一）调查问卷的特点

调查问卷是社会调查中用来收集资料的一种工具,具有以下优缺点。

1.优点

（1）可以兼顾描述和解释两种目的;

（2）具有比较严格、规范的操作程序,研究结果可信度高,描述和概括事物的准确性高;

（3）可迅速、高效地提供有关某一问题的丰富资料和详细信息;

（4）应用范围广泛。

2.不足

（1）在探讨和分析变量之间的因果关系时,不如实验研究有力;

（2）在深入理解和解释事物以及在研究效果方面,不及实地研究。

（二）调查问卷的种类

1.根据答案的类型,可分为结构式、开放式、半结构式3种

①结构式。通常也称为封闭式或闭口式。在这种问卷中,答案选项早已被研究者确定,调查对象只要从中选择答案就可以了。

例如:课前你有预习的习惯吗?( )

A.有　　　B.没有

②开放式。也称之为开口式。这种问卷不设置固定的答案,让调查对象自由发挥。

例如:你如何看待大学老师对课堂纪律的管理?

③半结构式。这种问卷介乎于结构式和开放式两者之间,问题的答案既有固

定的、标准的,也有让调查对象者自由发挥的。这类问卷在实际调查中运用还是比较广泛的。

2.按调查方式分,可分为自填问卷和访问问卷

①自填问卷。即由被访者自己填答的问卷。

②访问问卷。即访问员在采访后填写的问卷。

3.按问卷用途分,可分为甄别问卷、调查问卷和回访问卷(复核问卷)

①甄别问卷。是为了保证被访者确实是调查项目的目标受众而设计的一组问题。它一般包括对个体自然状态变量的排除、对产品适用性的排除、对产品使用频率的排除、对产品评价有特殊影响状态的排除和对调查拒绝的排除5个方面。

②调查问卷。是问卷调查的基础部分,也是研究的主体形式。任何调查,可以没有甄别问卷,也可以没有复核问卷,但是必须有调查问卷,它是分析的基础。

③回访问卷。又称复核问卷,即为了检查调查员是否按照访问要求进行调查而设计的一种监督形式问卷。它由卷首语、甄别问卷中的所有问题和调查问卷中的一些关键性问题所组成。

(三)调查问卷的编制

1.调查问卷的基本结构

一份完整的调查问卷通常由标题、前言、指导语、问题以及结束语组成。

(1)标题

一个好的问卷设计在开篇会拟定一个好的标题。一个好的标题既要反映出问卷的主旨,又要简明扼要,能够激发起被调查者的兴趣。

(2)前言

前言在标题之后,一方面要说明问卷调查的目的、意义和内容;另一方面应表达出研究者的真诚,使被研究者(被访问者)心理上有准备,能够重视并积极投入到问卷调查中,增强问卷的可靠性和真实性。所以,一般而言,前言中都会带有"答案没有对错之分"、"可以不填写真实姓名"、"仅供科学研究所用"、"感谢您的配合"等字样。

（3）指导语

指导语跟前言有什么不同呢？指导语是指针对填写问卷时要注意的事项进行的文字性说明，比如答题的方式、时间要求等。比如："请在最符合自己情况的答案后打"√""注意每一个问题只能选一个答案""答案没有好坏之分，请独立完成，不要与他人商量"等类似的语言。

（4）问题

问题是问卷的主要构成部分，根据不同的目的，对不同的研究对象，应提不同类型的问题，与之对应的结果分析手段也不同。问题设计得是否科学、合理决定着问卷质量的高低。

（5）结束语

在问卷的最后，要对被调查者表示感谢，或者让被调查者对问卷做出一些简短的评价。

2.问卷设计的基本步骤

（1）确定调查主题，明确调查对象

进行调查问卷设计时首先需确定调查主题和调查对象。主题决定了问题的设置；调查对象则关系到题目的表达方式，研究者应根据调查对象的特点设计题目的表述方式。若以儿童为调查对象，则题目应避免抽象化，尽量简单易懂、活泼有趣。

（2）收集相关资料

通过收集资料了解其他研究者进行相关调查时使用的工具、题目的设置等，扬长避短，为问卷编制打下基础。

（3）设计问卷标题

该步是问卷设计的重点与核心，应注意以下问题：

①注意用词准确、简洁易懂，避免有歧义甚至诱导性；

②注意答题者回答问题的能力以及题目间的顺序与逻辑性；

③问卷中的题目不宜过多，一般控制在20分钟以内完成，否则易使应答者感到浪费时间，导致放弃答题或者敷衍答题；

④为便于后期工作的开展，变量不宜设置太多，尽量用较少的变量解决较多的问题。

（4）评价与完善问卷

问卷草稿设计好后，设计人员应对问卷进行评估，评估时主要考虑以下问题：

①问题是否必要；

②问卷是否太长；

③问卷是否涵盖了所需的信息；

④开放试题是否留足空间；

⑤问卷说明是否用了明显字体等。

（5）进行预调查

为确保问卷质量，在进行正式调查之前需进行预调查，以及时发现问卷中隐藏的问题。

（6）完成问卷设计

根据预调查结果，对问卷进行完善与修改，完成问卷设计。

3.问题的设计

（1）问题的种类

①背景性问题。主要是指受访者的个人信息等。如性别、年龄、民族、文化程度、婚姻状况等，有时也包括其家庭情况，如家庭人口、家庭收入等。

②客观性问题。即在受访者身上曾经发生过的、现存的或者将要发生的事件或者实际行为等。如："您今年旅游去过哪些地方"等。

③主观性问题。即人们的思想、情感、态度、愿望等主观方面的问题。如："您对目前国内的社保制度有什么看法？"等。

④检验性问题。为了检验回答是否真实、准确而设定的问题，一般会安排在问卷的不同地方，通过互相检验来验证受访者答案的准确性和真实度。

需要注意的是，在任何问卷中，背景性问题都不可缺少，其他三类问题依照具体情况而定，而检验性问题通常出现在比较复杂的问卷中。

（2）问题设计的原则

①客观性原则。设计的问题必须符合客观实际，不能凭空臆想。

②必要性原则。即必须依据调查目的设置必要的问题，问题的数量不能太少，否则无法得出相对准确的结论，也不能太多，否则答题者将感到厌烦。

③可行性原则。问题的设置不能太复杂，不可以超出受访者的理解能力、计

算能力、记忆能力等,而且不能太专业化。

④自愿原则。要考虑到受访者是否愿意回答某类问题。尤其是一些敏感性问题,尽量不要正面提出。

（3）问题描述的原则

①具体性原则。描述的问题内容要具体,不能太笼统或者抽象,这样不利于之后的分析。

②单一性原则。问题应该单一,不要把两个或两个以上的问题放在一起问。

③通俗性原则。描述问题的时候,语言应该通俗易懂,不要说受访者听不懂的话,尤其是专业术语。

④准确性原则。问题内容要准确,不能模棱两可、含糊不清、产生歧义等。

⑤简明性原则。描述问题时,语言应当简练,不能冗长啰唆。

⑥客观性原则。提问时态度要客观,不能带有主观色彩或者引导性语言。

⑦非否定性原则。即尽量不使用否定句式描述问题。

（4）问题的排列方式

我们知道,问卷中问题的排列组合方式非常重要,为了便于受访者理解,保证答题的质量和效果,通常可以采用以下几种排列方式:

①按照问题的复杂程度或难易程度排列。一般来说,问题应该先易后难,由浅入深,先是客观性问题,后为主观性问题,先一般性质的问题,后特殊性质的问题。敏感性或者威胁性大的问题,应该放在最后面。

②按照问题的性质或者类别排列。要注意把相同类别和相同性质的问题放在一起,这样受访者可以一起回答,避免思路出现中断。

③按照问题的时间顺序进行排列。一般来说,问题应该按照事情发生的时间顺序进行排列,也可以反过来,即由近到远。最不应该的是时间混杂,这样容易扰乱受访者的思路。

（5）设问的方式

设问的方式可以分为以下两种:

①封闭式提问。即在每个问题后面给出若干个选项,被调查者只能在这些选项中进行选择。

②开放式提问。允许被调查者用自己的话来回答问题。采取这种方式提问

会得到各种不同的答案,不利于资料的统计分析,因此在调查问卷中不宜运用过多。

(四)问卷调查的实施

1.问卷的预测试

当问卷初稿编制完成后,不宜直接用其进行正式调查,必须预先测试以发现问卷中存在的问题并予以修改。问卷预测试的方法主要有预调查法和专家评价法。

(1)预调查法

预调查是指从正式调查的被调查者中抽取一部分人预先进行问卷测试。通过预调查,可以提前发现问卷实施中可能出现的问题,并对问卷等进行调整与修改,从而避免在正式调查时出现差错。

预调查之后,需要对问卷中的问题进行统计分析。题目分析一般包括题目的回答率、难度、区分度等。难度和区分度分析一般只针对量表型问卷或问卷中的量表型问题。区分度越高的题目越有测试的价值。如果题目不多,可计算每道题目之间的相关性。如果两道题目之间存在高相关(大于0.80),可考虑这两道题目在内容上是否重复。若有,可酌情删除其中一题。题目分析还包括对问卷中开放式问题的答案进行编码分析。

在对预调查结果进行分析时,需关注以下方面:

①选择率很低的选项(选择率在5%以下);选择过度集中的选项;选项之间是否存在包含关系;选项是否包含了所有可能。

②与问卷调查目标不一致的题目;存在错误选项或答案的题目;多数被调查者没有回答的题目;表达有误的题目。

③前言、指导语是否存在问题;问题的排列顺序;排版、印刷等错误。

④问卷实施的时间、场合、方式。

(2)专家评价法

专家评价法即邀请相关领域的专家,对问卷的概念维度、总体结构、问题设计、选项编排等进行总体评价。

专家评价法所需的专家人数不必很多,2—10人即可。建议问卷的设计者也作为"专家"的一员,参与问卷初稿的评价。亲自"正式地"做一遍自己编制的问卷,这对问卷的修订很有帮助。

2.问卷的修订

问卷预测试完成之后,研究者根据预测试中发现的问题对问卷进行修订,修订的核心为问卷的题目,例如删除不必要的题目、修改表达不恰当的题目、增加新的题目等,除此之外,问卷的前言、指导语、排版等若有问题也需要进行修改。

值得注意的是,若问卷的修改幅度较大,则修订完之后还需要再进行预测试,直到问卷达到较高的信度和效度为止。

3.问卷调查的注意事项

问卷使用是否得当,对研究结果的影响极大。要用好问卷,就必须注意如下问题:

（1）试卷及试答问卷

在正式使用问卷之前,先要在小范围内对问卷进行试用及试答,检查问卷的内容是否恰当,问题是否明了,存不存在上文所指出的那些问题。如果有可能的话,还可与少量试答者进行交谈,了解他们对以下问题的看法:完成整份试卷花了多少时间? 问卷的要求是否清楚明白? 哪些问题不够明确或模棱两可? 为什么这样说? 答题时有没有拒绝回答试卷中的某些问题? 还有什么重要的问题被试卷遗漏了? 问卷的外观是否整洁? 重点问题是否引人注目?

（2）当面派发,确保回收率

派发问卷的最好办法是当面派发,派发时要讲清问卷的目的和应答注意事项。有可能的话还可让被调查者当面作答。如果被调查者有什么问题,研究者可当面解释。若无法做到当面派发,可考虑通过与研究者有直接接触的人协助派发问卷,如让学生将问卷带给他们的家长;也可考虑利用内部的联系网络,如函授网来派发问卷。再不行的话,就只好通过邮寄来派发了。当研究者无法与被调查者直接沟通时,应附上一份清楚详尽的说明,说明问卷的目的、应答方法、回收时间和办法,以及其他需要说明的问题。注意采取适当的回收手段,如:通过班主任向学生回收问卷;通过函授教师向接受在职培训的教师回收问卷;通过教研员向学科教师回收问卷;通过行政领导机关向下级回收问卷;等等。如果没有一定的方法保证问卷的回收率,就会影响到预先设计好的样本量和样本分布,从而影响研究的信度。

对回收的问卷,在剔除废卷的同时,要统计有效问卷的回收率。如果回收率在30%以下,所得资料只能用作参考;回收率在50%左右,所得资料可以作为提出建议的依据;回收率在70%以上,方可根据所得资料得出研究结论。如果回收率比较低,在可能的情况下,可以进行二次补救调查。

(五)问卷的处理与数据分析

1.问卷的处理

问卷的处理主要包括问卷回收、问卷编码及问卷数据的录入与校订三个部分。

(1)问卷回收

①检查回收的问卷

在回收的问卷中,难以避免地会出现一些不合格的问卷,如果不经审查而直接加工整理,就有可能造成中途被迫返工、调查质量下降甚至得不到想要的研究结果的不利局面。因此,问卷回收之后的检查必不可少。

a.初步检查问卷

●检查相关配额。检查回收的问卷的份额是否与发放的份额一样。

●答案是否正确、齐全。问卷的答案是否存在逻辑矛盾,如有,应核实清楚,确实无法核实的只能将该题作为遗漏值来处理。

●字迹是否清楚,尤其是开放题。有时被调查者的字迹比较潦草,或用自己的一些符号和缩写来代替,应在收卷时跟其确认清楚。

●将问卷按照配额要求分成几叠,方便下一步的录入工作。

b.答案空白与乱填等不完整问卷的处理

●答案空白与不完整问卷的处理。问卷有时由于问题不合适,或者被调查者不喜欢回答某些问题,或被调查者本身的疏忽而导致问卷中某些问题没有作答,这时如果可以联系上被调查者,可以可以请其补充答案;如果无法取得联系,就以遗漏值的方式进行处理。

●乱填问卷的处理。这种问卷一定要作为废卷处理,如果把这种问卷也纳入分析的样本,会影响整个研究结果。

c.对于有多项答案的问卷的处理

若是单项选择题,但由于问卷上并没有注明,或者是被调查者觉得答案应有两个以上,而选择两个或两个以上答案,对于这种问卷,目前的处理方法主要有两种:

● 把它视为遗漏值处理。如果只有极少数的问卷存在这种情况,则对于整个研究分析并不会造成影响,可以直接以这种方式处理。

● 用加权法的方式来处理。如果问卷中这种样本很多,把它视为遗漏值来处理会影响整个数据分析时,可先把这种答案录入数据库,然后由研究员采用加权法的方式来进行处理。

d.无效问卷的判定

如果在正式分析的数据中没有剔除无效问卷,那么其结果的可靠性将大大降低,以下为筛选无效问卷的原则与标准。

● 问卷漏答数过多。一般以漏答总题数的2/3为准,例如有10题,漏答6题以上者即为无效问卷。

● 问卷通常设计有反向问项,若正反问项出现矛盾即可将该卷视为无效问卷,例如第1题"我乐意帮助工作上有问题的同事"的答案选"非常同意",而第6题"我通常以做好分内的工作为主,不会轻易帮助工作上有问题的同事"的答案也选"非常同意",答案前后不一,该份问卷即可视为无效问卷。

● 整份问卷所勾选的选项皆为同一个,例如通通勾选"同意",则该卷为无效问卷。

● 整份问卷所勾选的选项有规律性,例如选项填1,2,3,1,2,3,1,2,3,则该份问卷为无效问卷。

● 未按问卷所指示之题项填答,例如第1题问:"请问您有无网络购物的经验,若有请继续填答以下2—15题,若没有请跳至第16题。"但第1题选没有的,却仍填2—15题,则该份问卷视为无效。

● 题目为非复选题,却填2个以上(含)的选项,该卷视为无效。

● 未按照设计好的进行,例如设计的是随机抽样,却以立意抽样的方式进行问卷调查。或是研究对象为ACER的员工,却找ASUS的员工填。

● 一人重复填两份以上的问卷,则该人所填的第二份及之后的问卷皆视为无效。

（2）问卷编码

检查完问卷之后，接着就是对问卷及答案进行编码。首先是对问卷进行编码，问卷编码很简单，只要注意一点：不要重复就可以了。

其次是答案编码，就是把问卷的答案量化成电脑可以接受的语言，如1,2,3,4,5等。一般而言，答案分几类就有几种编码。

（3）问卷数据的录入与校订

在进行问卷分析之前，首先要做的就是对数据进行录入和校订，录入相对简单，重要的是如何校订问卷中的数据。

所谓校订是指对回收的问卷资料进行检查，以确定其有效性及合理性。一般分三个步骤：

a.对所有数据进行抽查。对每个录入员录入的数据进行随机抽查，如果发现错误则对该录入员的数据进行加倍的抽查，直到抽查错误率在2%以内为止。

b.对项目要求的总体配额进行核查。检查配额是否与项目要求的配额一致。

c.对数据的完整性进行核查。对有遗漏值的地方进行检查核实。

2.数据分析及处理

通过问卷调查，我们会取得不少数据，如何对这些数据进行整理分析，从而找出研究对象的特征、结构以及发展变化规律？当前最常用的一款数据处理软件是SPSS，下面我们将重点介绍其应用。

SPSS功能强大，但操作简单，这一特点突出地体现在它的使用流程中。SPSS进行统计处理的基本步骤如下：

①数据的录入

将数据以电子表格的方式输入到SPSS中，也可以从其他可转换的数据文件中读出数据。数据录入分两个步骤，一是定义变量，二是录入变量值。

②数据的预分析

在原始数据录入完成后，要对数据进行必要的预分析，如数据分组、排序、分布图、平均数、标准差的描述等，以掌握数据的基本特点和基本情况，保证后续工作的有效性，同时为选择何种统计检验方法提供依据。

③统计分析

按研究的要求和数据的情况确定统计分析方法，然后对数据进行统计分析。

④统计结果可视化

在统计完成后，SPSS会自动生成系列数据表，其中包含了统计处理产生的整套数据。为了能更形象地呈现数据，需要利用SPSS提供的图形生成工具将所得数据可视化。如前所述，SPSS提供了许多图形来进行数据的可视化处理，使用时可根据数据的特点和研究的需求来进行选择。

⑤保存和导出分析结果

数据生成之后，则可以SPSS自带的数据格式对其进行存储，同时也可利用SPSS的输出功能以常见的数据格式进行输出，以供其他系统使用。

参考文献

1.加尔·雷纳德.演说之禅——职场必知的幻灯片秘技(第2版)[M].王佑,汪亮译.北京:电子工业出版社,2017.

2.萨尔曼·可汗.翻转课堂的可汗学院:互联时代的教育革命[M].刘婧译.浙江:浙江人民出版社,2014.

3.东尼·博赞.思维导图完整手册[M].郭胜阳译.北京:中信出版社,2018.

4.刘恩山,曹保义.普通高中生物学课程标准(2017年版)解读[M].北京:高等教育出版社,2018.

5.赵茜,尹珮.基于核心素养的学业质量标准综述[J].今日教育,2017(1):42-45.

6.杨向东.指向学科核心素养的考试命题[J].全球教育展望,2018,47(10):39-51.

7.禹萍.高三生物学模考原创命题中应有的五点意识[J].生物学教学,2019,44(02):54-57

8.马振华."变式作业"的设计与布置——以欧姆定律为例[J].中学物理教学参考,2018,47(24):14-15.

9.崔莉丽.浅谈课后作业的布置[J].文学教育(上),2019(03):179.

10.郝苏菊.农村小学高效性作业布置形式探究[J].学周刊,2018(36):48-49.

11.陈发煊.高效课堂下初中数学作业布置与批改的差异化探析[J].数学学习与研究,2019(3):60.

12.李宽珍."评""讲"并举 有效提高——也谈高三试卷讲评课的几点有效策略[J].中学数学,2013(21):25-28.

13.刘海涛,王林发.实践教学的途径与应用[M].福州:福建教育出版社,2017.

14.赵恺.数字化实验教学设备的发展及应用——以朗威数字化信息系统实验室为例[J].中国教育技术装备,2015,(05):5-8,11.

15.布鲁斯·乔伊斯,玛莎·韦尔,艾米莉·卡尔霍恩.教学模式(第八版)[M].北京:中国人民大学出版社,2017.

16.中华人名共和国教育部 义务教育物理课程标准(2011版)[M].北京:人民教育出版社,2011.

17.中华人民共和国教育部 义务教育化学课程标准(2011版)[M].北京:人民教育出版社,2011.

18.严文法,包雷,李彦花.国外"翻转课堂"教学模式的理论与实践探析[J].电化教育研究,2016(11):121.

19.王慧君,王海丽.多模态视域下翻转课堂教学模式研究[J].电化教育研究,2015(12):70.

20.刘建浩.物理复习课中发挥学生能动性的教学策略[J].物理教学探讨,2018(12):73.

21.余建国.如何培养学生发现与提出问题的能力——以一节高一上学期函数复习课为例[J].教育研究与评论,2019(1):74.

22.李南亮.历史课堂教学有效性探析[J].教育研究与评论·中学教育教学,2011(01):74.

23.戴汝潜.说课论[M].北京:北京科技出版社,1996.

24.庞维国.自主学习:学与教的原理和策略[M].上海:华东师范大学出版社,2003.

25.R.M.加涅等.教学设计原理(第五版修订本)[M].王小明,等译.上海:华东师范大学出版社,2018.

26.皮连生,刘杰主编.现代教学设计[M].北京:首都师范大学出版社,2005.

27.崔鸿.中学生物学教学设计[M].北京:高等教育出版社,2016.

28.张亚慧,郭莉,杨文源."酶的活性"实验教学设计与实施[J].生物学通报,2018,53(6):25-28.

29.李作林,恽竹恬,高茹.STEM教育:让学生面对更真实的未来世界——人大附中STEM课程的实施与思考[J].中小学数字化教学,2018(9):19-21.

30.吴彦文,荣谦,杜帅.SPOC教学引入"抢单式"互动教学活动实证研究——以高中作文教学为例[J].教育导刊,2019(2):65-70.

31.原显利,陈英."群落的演替"教学设计[J].中学生物教学,2018(22):44-45.

32.汤美仪.高中语文古诗词专题阅读教学设计研究[J].科教文汇,2018(11):

106-107.

33.李丽芳.教育科学研究方法[M].石家庄:河北人民出版社,2005.

34.陈捷.SPSS在教育教学研究中的应用[J].北京教育学院学报(自然科学版),2008,3(6):17-20.

35.蒙黄林,李敬维.基于SPSS软件对教育调查问卷分析中的相关应用[J].智能计算机与应用,2013(1):81-83.

36.杨代庆,李晟,梁典.几种利用SPSS对试卷进行分析的方法[J].贵州教育学院学报(自然科学版),2005(4):75-78.

37.潘淑霞等.数据分析与SPSS软件应用[J].吉林医药学院学报,2005,26(03):145-147.

38.孙涛,杜鹏东.统计软件SPSS在试卷再测信度计算中的应用[J].实验技术与管理,2008(3):89-91.

39.王力发,杨丽敏.教育统计与测量[M].哈尔滨:哈尔滨工程大学出版社,1994.

40.闫蒙钢.化学教育科学研究方法[M].合肥:安徽人民出版社,2008.

41.郑金洲.教师如何做研究[M].上海:华东师范大学出版社,2012.

42.杨伟东.基础教育教学课题研究十八问[M].郑州:大象出版社,2017.

43.沈玉红."课例研究"的调查与研究[J].教学与管理,2018(12).

44.刘金,许晓云.初中地理情境教学的实践与思考——以湘教版"世界的聚落"为课例[J].地理教学,2019(01):37-40.

45.姚穗珍.生活化资源挖掘课例思考[J].中学政治教学参考,2018(12):50-51.

46.王鑫.教育研究方法全攻略[M].长沙:湖南少年儿童出版社,2013.

47.于泽元.教育研究方法基础[M].北京:高等教育出版社,2009.

48.李强.教育研究方法教程[M].北京:北京理工大学出版社,2009.

49.张湘洛.教育科学研究方法[M].北京:国家行政学院出版社,2013.

50.肖监铿.试论数学教研论文的撰写[J].教育学术月刊,2004(02):78-81.

51.叶文生.中小学教科研课题相关论文的撰写[J].中小学教师培训,2004(7):31-32.

52.张斌.撰写教育科研论文应该注意的问题[J].继续教育,2007(5):23-24.

53.钱胜.中学化学教研论文选题与撰写的经验[J].化学教育,2018,39(1):71.